圣经
人名词典

［汉英对照］

Biblical Name Dictionary

白云晓 编译

中央编译出版社
Central Compilation & Translation Press

《启示录》预言末世及未来，出多作工，特别关心亚细亚的七所教会。其著作除了《约翰福音》及《启示录》外，还有约翰一、二、三书。被称有"爱的使徒"。在众使徒相继去世后，只有约翰一直到老年，深受当世及后世

使徒约翰

是杰出的使徒之一，他的事迹从约翰福音中可以看得很清楚。他本是施洗约翰的门徒，后跟从耶稣，是我主最初所招的六个门徒之一，与主很近，被称为"主所爱的那个门徒"。他和雅各是西庇太的儿子。当时正在加利利海滨与其父兄同在舟中补网。主耶稣说来跟从我，我要使你得人如得鱼一样。他就撇弃丢弃了世所有的一切，跟从基督。他曾眼见了基督的荣，亲见基督登山变象，亲见基督医病赶鬼使死人复活，曾随主在园中祷告。主被钉在十架上时曾把他的母亲托给约翰。可见情谊深切。

约翰有急躁，求报复仇，但对主极坚数。一世多经磨难。晚年被囚于爱琴海中的拔摩海岛，孤独寂寞，与主亲近，得蒙异象，乃著述

作者手稿卡片

约翰福音的作者 约翰

本书是使徒所写的四福音中的第四卷。后人根据史料发现，在第一世纪末本书就已有记载。而在第二世纪时已列入各统系当时教会宣读的圣书。作者是耶稣在世时所爱的门徒之一约翰。这书乃是约翰以所见所闻的纪实，这实是比金钱都有价值。可贵的。并且还有当代人及客观材料可予考证。本书关键特别提到那"耶稣所爱的那个门徒"（即约翰）有九次多。书中所引用的人物事迹，记载的社会情况等都是以说明本书作者是使徒约翰。特别是书中的内容和语言都有独到的见地，领受很深。其深刻的程度，明显说明本书乃是出自当时年令最小而最后晚年中仍健在三位一体中的爱徒约翰矣。

作者手稿卡片

圣经词典再版序言
——残念故人

　　"圣经词典"丛书，是由最早的五册书合编而成的。

　　20世纪80年代初，不少人开始阅读圣经。但是当时的青年人读圣经很感困难。例如新约圣经中提到了好几个约翰，好几个马利亚，难免有些困惑。所以我的妻子白耀轩便利用少数参考书，编写出一些解释：一共有几个约翰，各自不同的背景是什么；一共有几个马利亚，各自不同的背景又是怎样的，如此等等。她写完后，由我写在一些卡片上，供青年读者传抄参阅。后来耀轩的身体越来越坏，1987年，竟住院87天。编写的工作大部落到了我的身上。陆续地写出了更多的人名介绍。这些卡片，略如附图。

　　以后在1989年和天津人民出版社联系，由该社出版了《圣经新约人名辞典》。编译者使用了一个笔名：白云晓。

　　以后为了早日出版旧约人名词典和地名词典，便由游约伯兄、邓福珠大姐、陈明韬弟、夏威卿弟、许其亨张寿英夫妇二位、陈恩临马世芬夫妇二位，分工合作、同心执笔，分写初稿，再由我略加修订、整理成正式书稿付印。这样就在20世纪90年代初，又由天津人民出版社出版了《圣经旧约人名辞典》，并由天津科技翻译公司出版了《圣经新约地名词典》和《圣经旧约地名词典》。另有一对夫妇，始终不愿署名，其实《圣经语汇词典》的大量词条，多是他们撰写后，又由我略加了英语词汇等少许补充内容、修订而成的。大约在1993年，《圣经语汇词典》由天津南开大学出版社出版问世。

《圣经新约人名词典》出版前，按当时的习惯，出版社要作者包销七千册的书。并且要求签订合同，在出书一个半月时把全部书费交付出版社。当时我们经济困难，我很犹豫。但爱妻耀轩坚决主张签约。那份合同是由她签字的。说来真是神迹，到了一个半月的时候，七千册的书款竟然基本齐了。我按时到出版社去交款。出版社的人非常惊讶，他们异口同声地说，这是他们出书以来第一份由作者主动按时送款上门来的，对我非常客气。后来他们知道了我是基督徒，不但毫无轻视我迷信的态度，反而有信任、钦佩的表示。

2002年由中央编译出版社把上述五册书合并为现今的三本圣经词典，供应了许多的读者。我现已风烛残年，仍常祷望，愿上帝佑我中华。当今再版之际，恰值爱妻耀轩去世13年。许多当年撰稿的老友们也走的走了，老的老了，留下这套词典，愿它对读者略有贡献，也算对故人的追思，对旧情的纪念吧！

边云波　谨序

2014年2月20日　凌晨　于洛杉矶客居陈宅

前　言

....

（一）某些西方著作中，时常不加注释地引用圣经中的一些人名，给我们的读者或翻译人员带来了一定的理解困难。本书是供各界读者查阅的工具书。

（二）本书是依据詹姆斯·奥尔博士（Dr. James Orr）等人编著的《圣经百科全书》（*The International Standard Bible Encyclopedia*）和 J. D. 道格拉斯（J. D. Douglas）等人所写的《新圣经词典》（*New Bible Dictionary*）摘要编写编译的。上述两书的主要根据是圣经。本书也是引用圣经的原句或原意互相释解，只有在必要时，才选用少许历史考证，或加以说明。正文中简称"圣经记载"。

（三）为了不失圣经的实质本意，本书在文字上也力求适应圣经上的语句，尽量保持圣经中某些古老的语言风格。

（四）圣经中的人名众多，本书只是摘要选编了主要的人名300余个略加介绍，并在正文后面附录了一些资料，以便读者更好地查阅使用本书。

（五）本书把圣经中有关某人的记载集中在一起，系统地加以介绍。限于篇幅，只能作概括简单的叙述，但也力求使读者能对这些人有个比较完整的认识。

（六）编译本书时，还参考了下列书籍：

1. *Halley's Bible Handbook*

　　（by Henry H. Halley）

2. *Analytical Concordance to the Bible*

　　（by Robert Young）

3. *New Bible Commentary*

　　（by D. Guthrie）

（七）本书中所提供的年代数字，只能作为查阅本书人名的参考，实在难于断言它的确切性。因为：

1. 上列《圣经百科全书》、《新圣经词典》及其他参考书籍中，对古时记述的年代考证，并不完全一致。

2. 历史上本来要以耶稣降生的当年为公元元年。但现已公认，从起初计算时，便出现了几年的误差。因此就更增加了后世各家学者的推算困难。我们手边缺乏足够的资料，实在不敢轻易改动或取舍原著中的年代。这样，极其个别的地方就难免相互间略有出入。

除了年代问题之外，其他方面也很可能有一些疏漏错误，恳请读者给予指正。

编著者

2001 年 12 月

目　录

使用说明

....

（一）本书引用圣经各卷的略语缩写如下：

汉语经卷名称	略语	英语经卷名称	略语
旧约圣经			
1. 创世记	（创）	Genesis	（Gen.）
2. 出埃及记	（出）	Exodus	（Ex.）
3. 利未记	（利）	Leviticus	（Lev.）
4. 民数记	（民）	Numbers	（Num.）
5. 申命记	（申）	Deuteronomy	（Deut.）
6. 约书亚记	（书）	Joshua	（Josh.）
7. 士师记	（士）	Judges	（Judg.）
8. 路得记	（得）	Ruth	（Ruth）
9. 撒母耳记上	（撒上）	Ⅰ Samuel	（Ⅰ Sam.）
10. 撒母耳记下	（撒下）	Ⅱ Samuel	（Ⅱ Sam.）
11. 列王纪上	（王上）	Ⅰ Kings	（Ⅰ Kgs.）
12. 列王纪下	（王下）	Ⅱ Kings	（Ⅱ Kgs.）
13. 历代志上	（代上）	Ⅰ Chronicles	（Ⅰ Chr.）
14. 历代志下	（代下）	Ⅱ Chronicles	（Ⅱ Chr.）

15. 以斯拉记	（拉）	Ezra	（Ezra）
16. 尼希米记	（尼）	Nehemiah	（Neh.）
17. 以斯帖记	（斯）	Esther	（Esth.）
18. 约伯记	（伯）	Job	（Job）
19. 诗篇	（诗）	Psalms	（Ps.）
20. 箴言	（箴）	Proverbs	（Prov.）
21. 传道书	（传）	Ecclesiastes	（Ecc.）
22. 雅歌	（歌）	Song of Songs	（Song）
23. 以赛亚书	（赛）	Isaiah	（Is.）
24. 耶利米书	（耶）	Jeremiah	（Jer.）
25. 耶利米哀歌	（哀）	Lamentations	（Lam.）
26. 以西结书	（结）	Ezekiel	（Ezek.）
27. 但以理书	（但）	Daniel	（Dan.）
28. 何西阿书	（何）	Hosea	（Hos.）
29. 约珥书	（珥）	Joel	（Joel）
30. 阿摩司书	（摩）	Amos	（Amos）
31. 俄巴底亚书	（俄）	Obadiah	（Obad.）
32. 约拿书	（拿）	Jonah	（Jon.）
33. 弥迦书	（弥）	Micah	（Mic.）
34. 那鸿书	（鸿）	Nahum	（Nah.）
35. 哈巴谷书	（哈）	Habakkuk	（Hab.）
36. 西番雅书	（番）	Zephaniah	（Zeph.）
37. 哈该书	（该）	Haggai	（Hag.）
38. 撒迦利亚书	（亚）	Zechariah	（Zech.）
39. 玛拉基书	（玛）	Malachi	（Mal.）

新约圣经

1. 马太福音	（太）	Matthew	（Mt.）
2. 马可福音	（可）	Mark	（Mk.）
3. 路加福音	（路）	Luke	（Lk.）

4. 约翰福音	（约）	John	（Jn.）
5. 使徒行传	（徒）	Acts	（Acts）
6. 罗马书	（罗）	Romans	（Rom.）
7. 哥林多前书	（林前）	I Corinthians	（I Cor.）
8. 哥林多后书	（林后）	II Corinthians	（II Cor.）
9. 加拉太书	（加）	Galatians	（Gal.）
10. 以弗所书	（弗）	Ephesians	（Eph.）
11. 腓立比书	（腓）	Philippians	（Phil.）
12. 歌罗西书	（西）	Colossians	（Col.）
13. 帖撒罗尼迦前书	（帖前）	I Thessalonians	（I Thes.）
14. 帖撒罗尼迦后书	（帖后）	II Thessalonians	（II Thes.）
15. 提摩太前书	（提前）	I Timothy	（I Tim.）
16. 提摩太后书	（提后）	II Timothy	（II Tim.）
17. 提多书	（多）	Titus	（Tit.）
18. 腓利门书	（门）	Philemon	（Phlm.）
19. 希伯来书	（来）	Hebrews	（Heb.）
20. 雅各书	（雅）	James	（Jas.）
21. 彼得前书	（彼前）	I Peter	（I Pet.）
22. 彼得后书	（彼后）	II Peter	（II Pet.）
23. 约翰一书	（约壹）	I John	（I Jn.）
24. 约翰二书	（约贰）	II John	（II Jn.）
25. 约翰三书	（约叁）	III John	（III Jn.）
26. 犹大书	（犹）	Jude	（Jude）
27. 启示录	（启）	Revelation	（Rev.）

（二）圣经章节表示法举例：

（1）"约翰福音第 3 章第 16 节"可缩写为"约 3：16"。

（2）"罗 12：1"表示罗马书第 12 章第 1 节。

（3）"太 6：9—13"表示马太福音第 6 章第 9 节至第 13 节。

圣经人名条目目录

（以首字汉语拼音为序）

C

D

E

F

G

A.

阿摩司（Amos）

1. 简介：阿摩司是耶稣降生前700多年时以色列人被掳到亚述以前的先知。是旧约阿摩司书的作者。

2. 圣经记载和有关论述：

   1）阿摩司是提哥亚城的牧羊人。（摩1：1）提哥亚乃是所罗门王的儿子罗波安修建的城堡（代下11：6），距离耶路撒冷约30里，位于900米左右的高山上。从这里可以遥望犹大旷野。阿摩司牧羊于此地，想到以色列人过去如何蒙恩，其后怎样犯罪，以及被掳后的苦境，他在耶和华神面前不可能不为以色列人祷告。（摩7：2）

   2）他并不以自己出身卑微为耻。他说自己是个牧人，也是修理桑树的。"原不是先知，也不是先知的门徒。"只因耶和华神

的选召，才为神工作。（摩 7：14—15）

3）阿摩司传讲神的话。（摩 3：13—15）他指责一些以色列人的
罪恶——"欺负贫寒的，压碎穷乏的"。（摩 4：1）他警告人
们说："你当预备迎见你的神。"（摩 4：12）

4）阿摩司曾提到耶和华的预言说："日子将到……人饥饿非因无
饼，干渴非因无水，乃因不听耶和华的话。"（摩 8：11）

5）但他也论到了耶和华的另一个预言说："日子将到……大山要
滴下甜酒，小山都必流奶。我必使我民以色列被掳的归回。
他们必重修荒废的城邑居住。"（摩 9：13—14）后来上述预
言确实都应验了。（拉 1：1—4；尼 2：1—8）

阿尼色弗（Onesiphorus）

1. 简介：阿尼色弗是以弗所教会的信徒，与使徒保罗是有着患难之
交的知心同道。当保罗自知即将殉道时，在罗马监狱里给提摩太
的第二封书信中曾两次提到阿尼色弗。（提后 1：16；4：19）

2. 圣经记载：

1）起初保罗在亚细亚境内的以弗所传道时，曾遭受到当地信奉
异教的人们的许多诽谤和围攻，一度非常危险。（徒 19：23—
34）而阿尼色弗在以弗所时就曾多方帮助保罗。（提后 1：18）

2）保罗为了传道给以弗所的信徒，曾把个人的安危置于度外
（徒 19：29），按道理讲该处信徒应当与保罗十分亲密，但是
后来保罗为福音而被囚之后（提后 1：8），亚细亚的信徒竟
纷纷离弃了保罗。（提后 1：15）惟独阿尼色弗一家并不因为
保罗入狱而感到羞耻畏惧。（提后 1：16）虽然当时罗马皇帝
尼禄正在逼迫基督徒，但阿尼色弗一到罗马就冒着危险到处

寻找保罗（提后 1：17），找到之后，便屡次到监狱中看望保罗，使保罗很得安慰。（提后 1：16）

阿尼西母（Onesimus）

1. 简介：阿尼西母原是歌罗西城的居民，曾为当地基督徒腓利门的家奴。但阿尼西母当时并未信奉耶稣，可能因在腓利门家中偷窃了财物而逃至罗马城。那时保罗正被当作囚犯押解到罗马，和一个看守他的士兵另住在监外。（徒 28：16）保罗在自己所租的房子里住了两年之久，虽不能随意外出，但却可以接待来访的人们并传讲福音。（徒 28：30，31）当时阿尼西母曾去保罗处听到福音而悔改成为基督徒。因此保罗把他当作在监狱中所得的儿子。（门 8—10）

2. 圣经记载：

1）保罗认为悔改的阿尼西母不再是奴隶，保罗向腓利门及歌罗西全教会介绍他是一位"亲爱忠心的兄弟"。（门 16；西 4：9）

2）阿尼西母信奉基督后，生活为人有了明显的改变。保罗在罗马被软禁时，写信给腓利门（门 19），向腓利门说：阿尼西母未悔改之前对腓利门固然无益，但他悔改成为基督徒之后，却是对腓利门和保罗都有益处，甚至保罗说阿尼西母是保罗心上的人。（门 11，12）

3）保罗要求并帮助阿尼西母对付罪恶，赔偿腓利门的损失。本来保罗可以把阿尼西母留在罗马伺候自己（门 13），但是考虑到阿尼西母原是腓利门的奴仆，按当时的主仆关系，便打发阿尼西母到腓利门处去承认自己的过失，并说阿尼西母所亏欠腓利门的，保罗都愿代为偿还。（门 18）

安得烈 （**Andrew**）

1. 简介：安得烈是加利利一带伯赛大城的人（约1：44），以捕鱼为业。
（太4：18）乃是耶稣的十二使徒之一，是彼得的兄弟。（约1：40）

2. 圣经记载：

1）安得烈本是施洗约翰的门徒，当他听到约翰说耶稣是神预备为
人赎罪的羔羊（即人类的救主）时，便跟从了耶稣，与耶稣
同住在一起。（约1：35—40）

2）安得烈信从耶稣后，立即传福音给他的哥哥彼得，带领彼得认
识耶稣。（约1：41，42）

3）作为耶稣的门徒，安得烈曾随同耶稣在迦拿被请去参加当地一个
娶亲的筵席（约2：1），和耶稣同住在迦百农（约2：12），又到
犹太和撒玛利亚等处去给其他信徒施洗。（约3：22；约4：1—4）

4）其后安得烈和彼得回加利利故乡后又在海边打鱼，耶稣第二次
呼召他们，便终身随从耶稣。（太4：18—20）

5）安得烈与彼得曾在自己的家中接待耶稣，并亲眼得见耶稣医治
了彼得的岳母。（可1：29—31）

6）再后安得烈被选立为十二使徒之一。（可3：13—18）

7）耶稣在加利利海边曾有数千人跟随他，当时乃是安得烈向耶稣
说有个孩童带着五个饼两条鱼，耶稣便行神迹用这五个饼两条
鱼使5000人得以吃饱。（约6：8—14）

8）逾越节时有几个希利尼人（即希腊人）要见耶稣，乃是腓力
和安得烈把他们引见给耶稣的。（约12：20—22）

9）安得烈十分关切耶稣的预言。耶稣曾预言说将来耶路撒冷及圣
殿要被拆毁，并说他受难后要第二次到世上来。安得烈便和其
他三位门徒请问耶稣，什么时候会发生这些事，并问那时会有

什么预兆。（可 13：3—4）

暗利（**Omri**）

同名叫暗利的有四人。

1. 以色列国的第六位国王暗利。当年暗利本是一位元帅，当以色列人听说他们的王被叛臣心利杀害时，在混乱之中以色列人便立元帅暗利作了以色列王。暗利率领以色列人去围攻心利。心利作王只有七天，眼看大势已去，便进入王宫，放火焚烧宫殿，自焚而死。暗利作王 12 年间，曾买了撒玛利亚山，在山上建造了撒玛利亚城。他行耶和华眼中看为恶的事，比他以前的列王作恶更甚。他死后，他的儿子亚哈接续他作王。（王上 16：15—28）

2. 便雅悯人比结的儿子暗利。（代上 7：8—9）

3. 犹大人法勒斯的子孙暗利。（代上 9：4）

4. 米迦勒的儿子暗利。（代上 27：18）

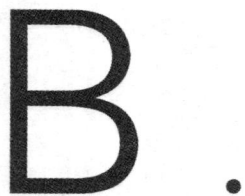

巴底买（**Bartimaeus**）

1. 简介：是耶利哥附近被耶稣治好的一个讨饭的瞎子。

2. 圣经记载：

   耶稣同门徒并许多人出耶利哥的时候，巴底买呼求耶稣可怜他。
   有许多人责备他不许他作声。但他却越发呼求耶稣的怜悯。后来
   耶稣站住医治了他，巴底买"立刻看见了，就在路上跟随耶稣"。
   （可 10：46—52）

巴多罗买（**Bartholomew**）

一般人认为巴多罗买即使徒拿但业。见"拿但业"条。

巴拉 （Barak）

巴拉是亚比挪庵的儿子，是以色列人建国以前的一位被耶和华神重用的人。当时迦南人和以色列人时常争战，以色列的女先知底波拉便叫巴拉率领一万人抵御迦南人。巴拉率领的以色列军队缺乏武器军械，但依靠耶和华而争战，因此战胜了迦南人。迦南人的将领西西拉全军倾覆在基顺河中。西西拉逃跑后，藏在一个名叫雅亿的妇人的帐幕中。雅亿趁西西拉沉睡的时候，取了一个木橛子，把它钉进西西拉的发鬓中，杀死了西西拉。底波拉和巴拉于是作歌颂赞耶和华。（士 4：1—24；5：1—12）

巴拉巴 （Barabbas）

1. 简介：是个强盗。曾因作乱杀人而下狱。（路 23：19）
2. 圣经记载：

   耶稣受难时正当逾越节，按犹太人的惯例，罗马巡抚可以在亥节期释放一个犯人免死。巡抚彼拉多起初有意释放耶稣，但犹太教的祭司长等人喊着，一定要求把耶稣钉死，彼拉多终于释放了强盗巴拉巴，却把耶稣交付犹太人去钉死在十字架上。（可 15：6—15）

巴兰 （Balaam）

1. 简介：巴兰自谓凡事不越过神的命令，扬言神所说的他必遵行，形同神的先知。（民 22：18；23：26）但彼得论到假先知有贪心用捏造的言语在信徒身上取利时，即以巴兰为例。（彼后 2：1—16）巴兰本是术士（书 13：22），却自称传讲神的话（民 24：13），因此他比一般术士的迷惑危害更深更大。

2. 圣经记载：

1）当摩押人与摩西等以色列人对敌时，摩押王巴勒派人带着重金召求巴兰来咒诅神的选民以色列人。从起初耶和华神就对巴兰说不可去咒诅以色列人。但是巴勒又一次派了更多更尊贵的使臣去求巴兰。巴兰贪图财利，竟应召骑着驴去见巴勒。（民 22：1—21）实际上是被雇用而去的。（尼 13：2）

2）耶和华神因此发怒，乃派天使手里拿着刀在半路上阻挡他。驴看见了天使阻挡，曾三次躲避不前。巴兰却再三打驴叫它前行，以致在墙边挤伤了巴兰的脚，最后耶和华神叫驴"以人言拦阻先知的狂妄"。（彼后 2：16）但巴兰至终还是去会见巴勒。（民 22：22—35）

3）巴兰会见巴勒的目的原本是为了财利应召前去咒诅以色列人的，但神使那咒诅变为对以色列人的祝福。（民 23：1—24：25）只是巴兰在离开当地返回家乡前后，却教导巴勒，由摩押女子与以色列人淫乱犯罪，引诱以色列人随同摩押女子去敬拜假神偶像，并给假神献祭，这样耶和华真神必会向他的选民以色列人发怒而惩罚他们。巴勒依计而行，果然以色列人遭受瘟疫。（民 25：1—9）后来以色列人改正错误之后，在摩西攻打米甸时杀了巴兰。（民 31：7—8）

4）旧约时代（耶稣降生前）的先知们时常提醒以色列人，应当警戒并防备类似巴兰的计谋。（弥 6：5；尼 13：2）

5）在新约时代（耶稣降生后），彼得曾警告信徒们说："将来在你们中间，也必有假师傅，私自引进陷害人的异端，连买①他

---

① 即救赎。

们的主，他们也不承认，自取速速的灭亡。"（彼后2：1）并且还说："他们离弃正路，就走差了，随从比珥之子巴兰的路，巴兰就是那贪爱不义之工价的先知。"（彼后2：15）

6）耶稣的兄弟犹大说：有些人"与那没有灵性的畜类一样……为利往巴兰的错谬里直奔"。（犹10，11）

7）使徒约翰说："有人服从了巴兰的教训，这巴兰曾教导巴勒将绊脚石放在以色列人面前。"（启2：14）

巴拿巴（**Barnabas**）

1. 简介：巴拿巴是著名的基督徒，热心传道，也被称为使徒。（徒14：14）属于以色列族中利未支派的人。生在居比路岛（今塞浦路斯）。原名约瑟，使徒们称他为巴拿巴，巴拿巴的意思是"劝慰人的人"或"鼓励人的人"。（徒4：36）

2. 圣经记载：

1）巴拿巴曾有些田地，他把它卖了，把价银拿来交给使徒们，分给别人使用。（徒4：37）

2）保罗悔改成为耶稣门徒的初期，由于他以前曾极力逼迫基督徒，所以他"到了耶路撒冷，想与门徒结交。他们却都怕他，不信他是门徒。惟有巴拿巴接待他，领去见使徒"。从而使保罗和门徒多有交往，得以在耶路撒冷传道。（徒9：26—28）

3）教会初期，那些受逼迫遭患难的门徒四散到各地传讲耶稣的救恩，各地信而归从耶稣的人很多。耶路撒冷教会便差派巴拿巴去看望、勉励那些初信耶稣的人。巴拿巴原是个好人，大有信心，热心传讲圣经真理，于是又有许多人归向了基督。（徒11：19—24）

4）巴拿巴还曾到保罗的故乡大数去找保罗。"找着了，就带他到安提阿去。他们足有一年的工夫和教会一同聚集，教训了许多人。"耶稣基督的门徒被称为基督徒，就是从安提阿开始的。（徒11：25—26）

5）当天下有了饥荒的时候，安提阿的"门徒定意，照各人的力量捐钱"，托巴拿巴和保罗把捐项送到耶路撒冷的长老那里，以便供给信徒。（徒11：28—30）他们办完了供给的事，便带着马可一同离开耶路撒冷，返回安提阿。（徒12：25）马可是巴拿巴的表弟，即后来书写马可福音的作者，详见"马可"条。

6）安提阿教会很兴旺，圣徒禁食祷告的时候，圣灵感动他们分派巴拿巴和保罗带着马可外出传道。（徒13：1—6）他们历经居比路、别加、彼西底、以哥念、路司得、特庇等地游行布道。中途马可离开了他们，自己回家到耶路撒冷去了。巴拿巴和保罗二人又返回安提阿。（徒13：4—14：28）

7）巴拿巴、保罗二人再次受安提阿教会的委托，去到耶路撒冷，与那里的使徒和长老一同交谈。所谈的主要内容是：外邦人（即犹太族以外的各族人），在他们悔改信奉基督之后，要不要像犹太人那样必须遵守传统的割礼①和许多规条。这是教会历史上很重要的一次集会。会后决定：不要把摩西所传的割礼和规条加在外邦信徒的身上。只要求各地各族的信徒：不拜偶像；不吃祭过偶像的食物；不吃血和勒死的牲畜；不要有淫乱行为。会后他们二人又返回安提阿。（徒15：1—35）

---

① 犹太男子必须割去一块阳皮，称为割礼。外籍人加入犹太籍，也必须受割礼。

8）巴拿巴和保罗一起传道，后来保罗的工作比较明显。但是起初保罗却是巴拿巴所带领的。圣经中提到他们二人时，起初常是巴拿巴在先，称作"巴拿巴和保罗"。（徒11：30；徒12：25；徒13：2，7）但是逐渐地却常是保罗在先了，后来常称作"保罗和巴拿巴"。（徒13：43，46，50；徒15：2，22，35）从此可以看出巴拿巴何等乐于帮助一个同工，作出比自己更好的工作来。这件事也使人看到，若是多有几个巴拿巴，将会带出更多的保罗。显明耶稣说的"在后的将要在前"是一件美事。（太19：30）

9）巴拿巴虽是最初带领保罗的人，但是自己有了过错，也很愿接受保罗的提醒指正。（加2：11—14）

10）巴拿巴与保罗虽是很好的同工，但有时在工作上也有不同的看法。他们准备第二次外出布道时，巴拿巴有意仍带青年传道人马可同去。但是保罗认为第一次外出布道时，马可曾半途离开了他们，觉得不宜再带他去。然而巴拿巴仍要帮助这个青年人继续作福音工作，二人竟因此分手而各自从事传道工作。（徒15：36—41）后来的事实证明，在巴拿巴的帮助带领下，马可长进很大，不仅成了彼得亲切的助手（彼前5：13），而且对保罗晚年的工作也十分有益。（提后4：11）

11）巴拿巴和保罗虽然看法不同而分开传道，但是彼此仍很亲密。不少的人认为，保罗所提到的一位众教会称赞挑选的弟兄，便是巴拿巴。从此说明了真正传道人之间的关系正是这样切实相爱的。（林后8：18—19）

巴沙（**Baasha**）

1. 巴沙是以色列第三位国王，为亚希雅之子。（王上15：27，33）巴

沙是在前王拿答围困基比顿时将拿答杀死而篡夺王位的。（王上
15：27—30）

2. 巴沙常与犹大王亚撒争战，修筑拉玛以阻止亚撒从那里出入，亚
撒因此求助于亚兰王便哈达。便哈达出兵攻击以色列迫使巴沙停
止修筑拉玛。（王上 15：16—21；代下 16：1—5；参看"亚撒"
条）

3. 巴沙在位 24 年，行耶和华眼中看为恶的事。巴沙死后，他的儿
子以拉继位仅二年，臣子心利便将以拉杀死夺了王位，又杀了他
全家。这是因巴沙和其子以拉使以色列人陷在罪里，惹怒耶和华
所致。（王上 16：8—13）

巴耶稣 （Bar-jesus）

1. 简介：巴耶稣又叫以吕马（Elymas），是"一个有法术假充先知的
犹太人"，曾拦阻罗马巡抚信从耶稣。（徒 13：6，参看徒 13：8）

2. 圣经记载：
当保罗和巴拿巴到居比路（即现今的塞浦路斯）去传道时，驻在
居比路的罗马方伯（即罗马巡抚）是个通达人。罗马方伯请了巴
拿巴和保罗来，"要听神的道"。但是巴耶稣（即以吕马）是罗马
巡抚的随从亲信，巴耶稣与使徒保罗作对，"要叫方伯不信真
道"。保罗斥责巴耶稣，巴耶稣的"眼睛立刻昏蒙黑暗，四下里
求人拉着手领他"。方伯看见这件事，"很希奇主的道，就信了
（基督）"。（徒 13：4—12）

巴约拿 （Bar-jornah）

是使徒彼得的另一个名字。（太 16：15—17，详见"彼得"条）

拔示巴（Bathsheba）

1. 简介：拔示巴是赫人乌利亚的妻子。（撒下11：3）乌利亚是大卫部下的勇士。（撒下23：39，参看撒下23：8）乌利亚被大卫害死后，拔示巴作了大卫的妻子。（撒下11：26—27）

2. 圣经记载：

   1) 当乌利亚随同大卫王的元帅约押出征时，"一日太阳平西，大卫从床上起来，在王宫的平顶上游行，看见一个妇人沐浴，容貌甚美。大卫就差人打听那妇人是谁，有人说：'她是以连的女儿，赫人乌利亚的妻拔示巴。'"大卫差人去把拔示巴接来与她同房。她回家后怀了孕，就打发人去把自己怀孕的事告诉了大卫。"大卫差人到约押那里说：'你打发赫人乌利亚到我这里来。'约押就打发乌利亚去见大卫。"大卫向乌利亚问了问前方的战事，就叫乌利亚回家去休息。但乌利亚却睡在宫门外，没有回家去。大卫就问乌利亚从远路回来，为什么不回家去呢？乌利亚说约押和战士们都住在帐棚里，在田野安营，自己岂可回家吃喝与妻子欢乐呢？乌利亚说他决不能这样做。"大卫吩咐乌利亚说：'你今日仍住在这里，明日我打发你去。'于是乌利亚那日和次日住在耶路撒冷。大卫召了乌利亚来，叫他在自己面前吃喝，使他喝醉。到了晚上，乌利亚与他主的仆人一同住宿，还没有回到家里去。次日早晨，大卫写信与约押，交乌利亚随手带去。信内写着说：'要派乌利亚前进，到阵势极险之处，你们便退后，使他被杀。'"约押按大卫信中所写的作了，乌利亚因而战死。拔示巴听见丈夫死了，就为他哀哭。"哀哭的日子过了，大卫差人将她接到宫里，她就作了大卫的妻，给大卫生了一个儿子。但大卫

所行的这事，耶和华甚不喜悦。"（撒下 11：1—27）

2）耶和华击打大卫与拔示巴犯罪后所生的孩子，使孩子早年便死去了。（撒下 12：15—18）

3）拔示巴生了另一个孩子叫所罗门。（撒下 12：24）大卫早年间就确立了所罗门继承王位（代上 23：1），并嘱咐所罗门将来要建造圣殿。（代下 22：5）

4）有些参考资料论到大卫与拔示巴犯罪时，认为敬畏耶和华的人本应清晨起来祷告。（诗 5：3）但大卫却在太阳平西时从床上起来，这种懒怠便是犯罪的开端。而拔示巴沐浴，她理应想到王宫平顶上可能会有人看见，因此该密闭或遮掩门窗。大卫与拔示巴犯罪后，过了些年，大卫的另一个儿子押沙龙叛变并要追杀他们，乃是耶和华对大卫的惩罚。（撒下 12：11—12）

5）只是大卫与拔示巴犯罪后能痛心认罪（诗 51：3—4），求神给他造清洁的心，使他里面重新有正直的灵。（诗 51：10）而神对忧伤痛悔的心必不轻看。（诗 51：17）所以大卫仍能以神的道指教有过犯的人，使罪人归顺神。（诗 51：13）

百基拉（**Prisca，Priscilla**）

1. 简介：是亚居拉的妻子，亚居拉是出生在本都的犹太人。（徒 18：1—2）他们以"制造帐棚为业"。（徒 18：3）二人时常外出传道。

2. 圣经记载：

1）百基拉夫妇原来住在罗马城，因为罗马皇帝革老丢于公元 52 年命令犹太人都离开罗马，他们便从意大利来到哥林多居住。他们在哥林多时，"保罗因和他们同业"，"就投奔了他们"，

"和他们同住作工"（徒18：1—3），共约一年零六个月。（徒18：11）保罗曾说百基拉夫妇"在基督耶稣里"与保罗同工。（罗16：3）

2）以后保罗"坐船往叙利亚去。百基拉、亚居拉和他同去"。（徒18：18）"到了以弗所，保罗就把他们留在那里。"（徒18：19）当时亚细亚省的以弗所教会，便在百基拉夫妇的家中聚会。（林前16：19）

3）当百基拉和亚居拉在以弗所的时候，亚波罗曾到以弗所传道。（徒18：24）亚波罗是个有学问的传道人，最能讲解圣经，而且心里火热，放胆讲道。只是讲的不够完备。"百基拉、亚居拉听见，就接他来，将神的道给他讲解更加详细。"（徒18：24—26）在这里，百基拉夫妇甚至还帮助了传道人亚波罗。

4）保罗说，百基拉和亚居拉曾为保罗的命把他们自己的颈项置于度外，不但保罗感谢他们，就是外邦的众教会也感谢他们。（罗16：3—4）他们和保罗以及众圣徒真是以爱相系患难与共的。

5）以后罗马皇帝革老丢收回了驱逐犹太人的命令，百基拉夫妇便又回到罗马居住。保罗写信给罗马信徒时，曾问候百基拉夫妇并问"他们家中的教会安"。（罗16：5）可见当时罗马的教会常在他们的家中聚会。

6）百基拉、亚居拉以后又去以弗所，那时提摩太正在以弗所传道。当保罗自知即将殉道时，还在给提摩太的信中向百基拉、亚居拉问安。（提后4：19）

7）圣经中共有六处同时提到百基拉、亚居拉夫妇二人（徒18：2；徒18：16；徒18：26；罗16：3；林前16：19；提后4：19），其中竟有四处是百基拉的名字在前。足见百基拉的热心爱心不下于她的丈夫，因此深受保罗及众圣徒的敬爱。

百尼基（Bernice, Berenice）

根据有关历史记述，百尼基是个婚姻混乱、生活淫乱的女人。她是希律亚基帕一世（Herod Agrippa I）的长女。希律亚基帕一世曾杀害使徒雅各，下手苦害教会中的圣徒。（徒12：1—2）后来被虫咬死。（徒12：23）百尼基最初嫁给了她的叔父查西斯希律（Herod of Chalcis）。查西斯希律死后，她又嫁给她的同胞哥哥希律亚基帕二世（Herod Agrippa II）。不久，百尼基又一度改嫁西西里王波利门（Polemon）。跟着便和波利门离婚，又与亚基帕二世复婚。这时亚基帕二世正受宠于罗马皇帝，被分封为王，曾亲自审问过使徒保罗。而百尼基竟无耻地随同亚基帕大张声势一同听审。（徒25：13,23；徒26：30，31）有些史料记述，百尼基更与后来成为罗马皇帝的提多父子（Titus）及罗马元帅等人行为暧昧，这样一个女人竟去听审保罗！但保罗的分诉却既有礼节又有能力，即使在当时被审的公厅上，保罗仍在传讲福音，希望罪人悔改。（徒26：1—30）

半尼其（Boanerges）

半尼其是耶稣呼召雅各和约翰作使徒时给他们起的名字，半尼其的意思是"性如暴雷的人"（可3：17），雅各和约翰的性情原本相当暴烈，但是后来在真道上多受造就，变化很大。雅各因事奉基督被希律亚基帕一世刀斩，至终坚贞不移。（徒12：1，2）约翰因传扬耶稣曾被囚在拔摩海岛上（启1：9），出离拔摩海岛之后，他所写的约翰书信中充满了爱心。（约壹3：1，14；约壹4：7—21）他们的"暴雷性格"，全然消失了。

保罗（**Paul**）

1. 简介：保罗是一个著名的传道人。原名扫罗（Saul），扫罗是希伯来人惯用的名字。保罗是罗马人惯用的名字。为了便于在罗马人的辖地传道，后来他便常用保罗这个名字。保罗本来是极力逮捕、关押、刑讯基督徒的，有些基督徒无辜地被处死之前，他也出名定案。（徒26：10，11）但后来他自己却悔改成为虔诚的基督徒，并且尽力宣扬耶稣的救恩。为了传讲福音，他曾屡遭苦难，最后甚至殉道而死。全部新约圣经共有27卷，古代信徒都认为，其中有13、14卷是保罗在神的感动下写出来的。

2. 圣经记载及有关记述：

    1）出生地大数对他的影响：保罗出生在大数城。（徒21：39；徒22：3）当时大数是基利家省的省会，乃是政治文化中心，城内有各派哲学和文学方面的书院。保罗自幼生活于该城，受其熏陶，对各种学术多有接触。后来他把自己具有的这些学识献给了救主基督。当他在希腊和罗马这些文化较高的地区传道时，这些知识起到了一定的作用。

    2）罗马公民的身份：保罗生来就是罗马人（徒22：28），又受过较好的教育，学术上也有相当的成就。当时罗马是统占欧、亚、非三洲许多地区的大国，罗马公民自然就被人重视。保罗传道，从他的书信及言行看来，向来只是高举并夸耀耶稣的十字架救恩，除此以外，他绝不以其他事物夸口。（加6：14）但是神既使他取得了罗马公民的资格，便因此使他能更好地为福音效力。当保罗因传道而被关在腓立比监狱的时候，他曾提到自己是罗马人。官吏就害怕起来，领他出了监，请他离开那城。（徒16：38—40）以后当保罗被关在耶路撒冷的兵营里，用皮条捆上，即将遭受鞭打拷问的时候，他一说自己是罗马人，军官千夫长立时十分畏惧，因此保罗得以免受拷打之苦。（徒22：24—29）圣经是从不鼓励信徒去追求个人的声望地位，但是却要求每个基督徒必须尽力作好自己应作的工作。若是像保罗那样获得了学识成就和地位，又肯把自己的一切献给基督，显然会为神悦纳而被神使用。

3）保罗是犹太民族的血统：保罗虽然生来便取得了罗马国籍，但在血统上却是希伯来人生的希伯来人，即犹太人生的犹太人，或以色列人生的以色列人。（参看腓3：5；林后11：22；徒22：3）而且他是世传的法利赛人（徒23：6）。法利赛人（Pharisees）是耶稣降生前犹太教里新兴起的一个重要派别。他们自称是"敬虔的人"（hasidim）。他们要求严格遵守摩西传的律法，重视传统的教训。但很多法利赛人"在人前，外面显出公义来，里面却装满了假善和不法的事"。（太23：27，28）所以耶稣一再斥责他们是假冒为善，本末倒置。耶稣在世的时候，曾有些法利赛人（例如尼哥底母等）也信从了耶稣。（约3：1）然而大多数的法利赛人却是反对耶稣的（太12：22—24），是试探耶稣的（太16：1），甚至是陷害耶稣的。（太22：15）保罗受法利赛同伙人的影响，在少年时代便敌对耶稣。但是保罗曾在当时受人敬重的迦玛列门下受教（徒5：34；徒22：3），因此对旧约圣经非常熟悉，这就为他后来的传道工作做了准备。

4）保罗在文化学术上的成就：保罗的学识渊博，甚至当他回答巡抚腓斯都审问的时候，竟使"腓斯都大声说：'保罗……你的学问太大，反叫你癫狂了。'"（徒26：24）保罗通晓犹太文字及希腊文化，因此他能精读希伯来文的旧约圣经，又能和当时的希腊学者答辩证道。从圣经上看，古希腊的文化成就虽然很高，但是却编造了许许多多的假神故事，古希腊人敬拜这些假神偶像，而不认识独一的真神耶和华。所以保罗在希腊的大城雅典传道的时候，就常和当地人辩论。（徒17：16，17）圣经上特别记载了他和以彼古罗（Epicurean）和斯多亚（Stoic）两派学士的争论。（徒17：18）当时在雅典的亚略巴古山上常有希腊各派知名的哲学家和诗人会集该处，诵读自己的写作，阐述自己的学说，交谈各人的见解。保罗被带到亚略巴古去讲论神的道（徒17：19），结果使亚略巴古的官吏丢尼修等人悔改信主。（徒17：33—34）按圣经的道理来看，神一方面使用像彼得、约翰这样以打鱼为业的所谓"没有学问的小民"（徒4：13），另一方面也使用像保罗这样博学多能的人。只要信徒们有奉献自己为神使用的心志，神也定会修理、造就、赐福这样的信徒。

5）悔改信奉基督的经过：保罗的悔改有一段奇妙的经历，现分述于下：

①殉道者司提反对他的影响：当司提反殉难时，有些人为了拣取石头打死司提反，曾脱下衣服来放在保罗脚前请他看管。（徒7：58）那些要杀害司提反的人们，一个个怒气冲天，咬牙切齿（徒7：54），他们气势汹汹一拥而上，（徒7：57）对司提反连推带搡边走边打（徒7：58），最后用

石头打死司提反。但是司提反在这些打他的人们面前，却因圣灵加给他的力量而安然异常。"他的面貌好像天使的面貌。"（徒 6：15）他说："我看见天开了，人子①站在神的右边。"（徒 7：56）在临近死亡的边缘上，他最后的一句话不是绝望的呼喊，而是为杀害他的人祷告说："主啊，不要将这罪归于他们。"（徒 7：60）虽然保罗也高兴除掉司提反这样一个有能力的信徒，但是司提反这些动人的见证，使保罗心中不能毫无感动。

②福音迅速传开日益兴旺对保罗的影响：保罗虽然和当时的祭司等人到处追逼基督徒（徒 26：10，11），但是那些被迫分散的信徒，却往各处去传道。（徒 8：4）先是撒玛利亚城中许多人信了基督（徒 8：5，6），继而撒玛利亚境内的村庄也听到了福音。（徒 8：25）有些遭患难四散的门徒，直走到腓尼基（今黎巴嫩一带），和居比路（今塞浦路斯岛），并安提阿（今叙利亚西北部）等地，不仅向犹太人传道，而且也向希腊人传道，因此信而归从耶稣的人日益增多。（徒 11：19—21）保罗清楚地看到，这些基督徒越来越多，福音越发广传。这些事对他不能毫无影响。

③耶稣亲自向保罗显现对他的启示：在保罗去大马色捉拿当地信徒的路上，耶稣亲自向他显现并问他说："扫罗，扫罗，你为什么逼迫我？"保罗立时眼睛失明，只好被人领进大马色，三天三夜不吃不喝。（徒 9：1—9）这时他不可能不反复问自己：为什么要逼迫基督呢？！

---

① 即耶稣。

④亚拿尼亚前去看望保罗，领他信了基督：亚拿尼亚原是保罗想去大马色捉拿的信徒之一，如今反去本着爱心看望保罗。这时保罗痛心悔改信奉了耶稣作为他的救主。他的眼睛立刻"就能看见，于是起来受了洗，吃过饭就健壮了。保罗和大马色的门徒同住了些日子，就在各会堂里宣传耶稣。"（徒9：10—20）一个逼迫基督的保罗一变而成为宣讲基督的传道者，这是一件神迹奇事。正是由于保罗自己有这样亲身经历的感受，他日后一生的传道工作就并非是说教，而是出自内心的真诚见证，所以就使许多人都相信了耶稣基督。

6）保罗悔改时的年代：新约圣经有一半是出自保罗之手，但是却没有记述保罗一生的年岁和年表。从此也可以看出保罗一心只要基督的事工得以成就，却没有彰显自己的意念。但是仔细查看圣经中的少数经文和一些历史资料，还能约略推算出保罗的一生历程。根据历史考证，罗马巡抚本丢彼拉多（Pontius Pilate）于耶稣降生后36年被解除职务。在去职前两年他的权势已日渐衰微。那时犹太人处于被统治地位。按当时的政治律例，即或犹太人的公会（即犹太最高法庭）议定了某人死刑，也必须请罗马巡抚最后裁定。当耶稣受难时，祭司长和犹太公会还不敢擅自决定，还须多次催促巡抚彼拉多下令把耶稣钉十字架。（太27：11—26）但是到了杀害司提反和其他圣徒时，犹太公会和祭司长却敢于不再禀报彼拉多，乃是由他们定案任意而为了。（徒6：8—7：60；徒26：10—12）从此可以推论，保罗迫害圣徒时，当在彼拉多去职前无力多问犹太人事件时期，即在耶稣降生后35年左右。

7）保罗悔改时的年龄：司提反被害时保罗还是个青年人①。（徒
7：58）但不久，当他参与迫害信徒时，已"从祭司长得了权
柄"在犹太公会决议杀害某信徒时，保罗"也出名定案"
（徒26：10），显然参与了犹太公会活动。按犹太人的规定，
只有年满30岁的人才能被称为"拉比"（即老师）。所以由此
推论，那时保罗的年龄刚过30。30多岁的保罗，正可以施展
才华在名利场中干出一番事业，但是他却毅然选择了顺从基
督的传道工作，成为后世许多青年基督徒学习的榜样。

8）保罗传道的灵修准备：从圣经上看，作为一个真正的传道人，
保罗曾有下列历程：

①是认罪悔改蒙恩得救的圣徒。（提前1：15—16）

②把自己完全奉献给神。（罗12：1）因基督的缘故，"丢弃
万事，看作粪土"。（腓3：7—8）

③清楚神的拣选，准备为耶稣的名受苦。（徒9：15—16，参
看路9：23）

④应当有相当长的一段时间读经祷告，受神的造就，使自己
所传的都是自己灵命的经历而不是理论知识。保罗没有读
过神学院，（新约圣经里也没有神学院。）但是保罗却是亲
自向神学习的。（加1：11—12）他在亚拉伯等地三年得神
启示（加1：15—19），在大数等候神的引领数载（徒9：
30；徒11：25）。以后在安提阿教会帮助当地的信徒一年。
（徒11：26）后来受圣灵的差派，才外出到各地传道。（徒
13：2—3）

---

① 中文旧译本"少年人"，欠妥。今据英译"Young man"，当译为"青年人"。

9) 保罗一生的工作历程年代表（推算的年代，可能有些误差）：

①保罗在大马色悔改。（徒9：17—19）约在耶稣降生后35年左右。

②保罗悔改后第一次到耶路撒冷。（徒9：26）约在耶稣降生后37年。

③保罗由耶路撒冷回到故乡大数居住（徒9：30），在神前灵修数载。约在耶稣降生后37—42年之间。

④保罗应巴拿巴的寻访，从大数同到安提阿教会。（徒11：24—26）约在耶稣降生后42年。

⑤保罗第二次到耶路撒冷，受安提阿教会之托，与巴拿巴把信徒的捐献之款送交耶路撒冷的使徒，事后又返回安提阿。（徒11：27—30；徒12：25）约在耶稣降生后44年。

⑥保罗第一次由安提阿外出布道。与巴拿巴一同到达加拉大一带，其后又返回安提阿。（徒13：1—14：28）约在耶稣降生后45—48年。

⑦保罗第三次到耶路撒冷。受安提阿教会之托，与巴拿巴同到耶路撒冷和使徒们交谈，决定外邦信徒除基本信仰外，不必遵守犹太人的割礼等规条。其后又返回安提阿。（徒15：1—35）约在耶稣降生后50年。

⑧保罗第二次外出布道，到达希腊一带，又返回安提阿。（徒15：36—18：22）约在耶稣降生后50—54年。

⑨保罗第四次到耶路撒冷。乃是第二次外出布道途中经过耶路撒冷。（徒18：22）约在耶稣降生后53年。

⑩保罗第三次外出布道。约在耶稣降生后54—63年。

　A. 到达以弗所。（徒18：23；徒19：1）约在耶稣降生后

54 年。

B. 离开以弗所。（徒 20：1；林前 16：8）约在耶稣降生后
57 年 6 个月。

C. 在马其顿。（徒 20：1—2，参看林前 16：5—8）与哥林
多信徒同住几时。约在耶稣降生后 57 年夏秋。

D. 在希腊哥林多三个月。（徒 20：2—3）哥林多是希腊的
一个城市。（参看林前 16：6）约在耶稣降生后 57 年
冬季。

E. 经过腓立比出发到特罗亚。（徒 20：5—6）约在耶稣降
生后 58 年 4 月。

F. 经过米利都等地，保罗第五次到耶路撒冷。（徒 20：4—
21：7）约在耶稣降生后 58 年 6 月。

G. 在耶路撒冷被拘捕后被押送到该撒利亚受审。（徒 21：27—
22：21；徒 22：30—23：9；徒 23：10—24；徒 23：33—35；
徒 25：22—26：29）约在耶稣降生后 58 年夏—60 年秋。

H. 被押解去罗马，途径米利大，即今之马尔他。（徒 27：
1—28：15）约在耶稣降生后 60 年冬—61 年。

I. 在罗马被关押在监外，居住传道两年。（徒 28：16—31）
当时保罗已到老年了。（门 9）约在耶稣降生后 61—
63 年。

⑪相传保罗在罗马被释放后曾到西班牙去传道（罗 15：23，
28），又到希腊及小亚细亚一带工作。约在耶稣降生后 65—
66 年。

⑫相传保罗不久再次被捕押解至罗马。正当罗马暴君尼禄
（Nero）迫害基督徒，保罗被刀斩殉道。约在耶稣降生后 67

年或 68 年春。

10）保罗在教会中的属灵地位：

①保罗学识渊博，却以制造帐棚为生（徒 18：3），"亲手作
工"（林前 4：12），"供给自己和同人的需用"。（徒 20：
34）他不拿教会的工资薪金，却建立了许多的教会。

②保罗也曾接受腓立比教会的馈送（腓 4：15—18），但不能附
有任何条件。他从来不受腓立比教会的领导。腓立比教会有
不完全的地方，他照样劝勉指责（腓 2：3—4；腓 4：2），
显示了使徒属灵的权柄。

③保罗认为世上的政权出于神，因此基督徒应当顺服执政掌
权的。（罗 13：1；多 3：1）

④保罗认为忠于神的真道和事工，应当不避困难，"不以性
命为念"。（徒 20：23—24）

⑤保罗详细的传道经历记述于使徒行传第 13 章以后各章。

⑥保罗对基督真道的详细讲述，可参看他写的书信。新约自
罗马书至腓利门书共 13 卷，卷首都提明是保罗所写。希
伯来书未提作者姓名，但古时圣徒也多认为出自保罗的
手笔。

⑦保罗未受任何人封立为任何"圣职"，他乃是从神的感动
启示领受职分托付。（罗 1：1；提前 1：1；提后 1：1；加
1：1）但是他在教会中有属灵的权柄，能"打发人往以弗
所去，请教会的长老（们）来"谈话。（徒 20：17—18）
虽在监狱中仍能写信教训信徒，指出某些教会的缺点。
（西 4：10；西 2：8，20，21；西 3：5）在囚牢里还能写
信差派同工。（提后 4：9，11）甚至被押解去罗马时，临

近罗马前，罗马的信徒有的竟走出 120 里地到亚比乌市去

迎接他，也有的走出 100 里地到三馆去迎接他。（徒 28：

14—15）奇妙的是，保罗如此受到信徒的尊重，并不是因

为他有钱财权势，相反，他却常受贫穷，多经忧患。（林

后 11：23—28）而信徒如此敬爱、听从他，只不过说明了

他有属灵的地位。（林后 6：3—10）

⑧保罗尽心尽力把基督的救恩传给犹太人和外邦人（即犹太

族以外的人），使福音广泛传开。保罗和彼得在罗马殉道

200 多年后，全罗马都信奉了基督。

本丢彼拉多（Pontius Pilate）

即彼拉多，参看"彼拉多"条。

彼得（Peter）

1. 简介：彼得是耶稣亲自带领的著名使徒，被称为教会的磐石。他

的名字和某些事迹，即便在教会之外，也是流传很广的。

2. 圣经记载：

1）由渔夫成为使徒

①彼得原名西门。（太 4：18）居住在加利利海边的伯赛大城。

（约 1：44）后来迁居到迦百农。（可 1：21，参看可 1：29）

②彼得的兄弟安得烈信从了耶稣后，便引领他去归向耶稣。

耶稣第一次见到他就对他说："你要称为矶法。"矶法

（Cephas）是古代西亚通用的亚兰文（Aramaic），翻译成希

腊文即是彼得（Peter）。矶法与彼得的意义相同，都是"石

头"的意思。（约 1：40—42）

③彼得第一次被召之后，曾暂时回家到海边去打鱼。有一天
耶稣在海边行走，第二次呼召彼得。彼得便立刻舍了网，
跟从了耶稣。（太4：18—20）耶稣在迦百农，还曾亲自到
彼得家中，医治了彼得的岳母。（太8：14—15）

④耶稣曾坐在彼得的船上，向岸上的人群讲道，"讲完了，对
西门说：'把船开到水深之处，下网打鱼。'西门说：'夫
子①，我们整夜劳力，并没有打着什么。但依从你的话，我
就下网。'他们下了网，就圈住许多鱼，网险些裂开。""西
门彼得看见，就俯伏在耶稣膝前说：'主啊，离开我，我是
个罪人。'"耶稣安慰他说不要怕，并且说彼得将来要"得
人如得鱼一样。"（路5：1—11；太4：19）后来彼得被选
立为使徒，在使徒中名列第一位。（太10：1—2）

2）认识了基督又体贴人意

①当年耶稣在革尼撒勒湖边，曾叫门徒上船，先渡到湖那边
去，他独自上山去祷告。"夜里四更天，耶稣在海面上走，
往门徒那里去。门徒看见他在海面上走，就惊慌了，说：
'是个鬼怪。'便害怕，喊叫起来。耶稣连忙对他们说：'你
们放心，是我，不要怕！'彼得说：'主，如果是你，请叫
我从水面上走到你那里去。'耶稣说：'你来吧。'彼得就从
船上下去，在水面上走，要到耶稣那里去，只因见风甚大
就害怕，将要沉下去，便喊着说：'主啊，救我！'耶稣赶
紧伸手拉住他"，"他们上了船，风就住了。在船上的人都
拜他，说：'你真是神的儿子了。'"（太14：22—33）

---

① 即老师。

②当耶稣的众多门徒中有些人要退去的时候，耶稣"对那十二个门徒说：'你们也要去么？'西门彼得回答说：'主啊，你有永生之道，我们还归从谁呢？'"（约6：66—68）

③那时有许多人认为耶稣是一位先知。耶稣知道众人这种看法之后，耶稣就问门徒们说："你们说我是谁？"西门彼得回答说："你是基督（救世主），是永生神的儿子。"耶稣对他说："你是彼得，我要把我的教会建造在这磐石上。""从此耶稣才指示门徒，"他必须"受许多的苦，并且被杀，第三日复活。彼得就拉着他劝他说：'主啊，万不可如此！这事必不临到你身上。'耶稣转过来，对彼得说：'撒但，退我后边去吧！你是绊我脚的，因为你不体贴神的意思，只体贴人的意思。'"（太16：13—23）

3）几次特殊的造就

①彼得和雅各、约翰三个门徒曾被耶稣特许跟着他，得以亲眼看到睚鲁的女儿复活的神迹。（可5：37—42）

②彼得与雅各、约翰三人曾亲眼看到耶稣改变了形象。那时耶稣带着他们三人暗暗地上了高山，耶稣"就在他们面前变了形象：脸面明亮如日头，衣裳洁白如光。忽然有摩西、以利亚向他们显现，同耶稣说话。彼得对耶稣说：'主啊，我们在这里真好！你若愿意，我就在这里搭三座棚：一座为你，一座为摩西，一座为以利亚。'说话之间，忽然有一朵光明的云彩遮盖他们。且有声音从云彩里出来说：'这是我的爱子，我所喜悦的，你们要听他。'门徒听见，就俯伏在地，极其害怕。耶稣进前来，摸他们，说：'起来，不要害怕。'他们举目不见一人，只见耶稣在那里。"（太17：

1—8)

③彼得曾听从耶稣的指示，往海边去钓鱼，得到一块钱，交纳了人丁税。（太17：24—27）

④彼得曾误解过耶稣为门徒洗脚的意义。在耶稣被卖的那天晚上，"吃晚饭的时候"，耶稣曾"离席站起来脱了衣服，拿一条手巾束腰。随后把水倒在盆里，就洗门徒的脚，并用自己所束的手巾擦干。挨到西门彼得，彼得对他说：'主啊，你洗我的脚吗？……你永不可洗我的脚。'耶稣说：'我若不洗你，你就与我无分了。'西门彼得说：'主啊，不但我的脚，连手和头也要洗。'耶稣说：'凡洗过澡的人，只要把脚一洗，全身就干净了'"。耶稣又说："我是你们的主，你们的夫子，尚且洗你们的脚，你们也当彼此洗脚。"耶稣的意思是教导彼得等门徒彼此相爱。（约13：1—14）

4）三次不认耶稣

①在耶稣被卖的那天晚上，耶稣对彼得说："撒但想要得着你们，好筛你们像筛麦子一样。但我已经为你祈求，叫你不至于失了信心，你回头以后，要坚固你的弟兄。"彼得说："主啊，我就是同你下监，同你受死，也是甘心。"耶稣预言说："彼得，我告诉你，今日鸡还没有叫，你要三次说不认得我。"（路22：31—34）

②彼得在客西马尼园竟不能和耶稣一同警醒祷告，使耶稣深感伤痛。耶稣被卖的那天晚上，他明明知道犹大要出卖他，（太26：20—23）也很清楚犹大知道耶稣常和门徒在橄榄山的客西马尼园聚集。（约18：1—2）但是耶稣那一夜还是照常往客西马尼园去祷告。（路22：39—41，参看太26：36）

那时候耶稣知道自己即将被钉在十字架上，担当世人的罪恶，成就救赎的工作。这本是他到世上来的使命。（可10：45；提前2：5—6）但是耶稣在肉身当中，心里也曾忧伤，然而又要顺服神的旨意，所以曾祷告说："父啊，救我脱离这时候，但我原是为这时候来的。"（约12：27）耶稣在客西马尼园祷告的时候，"汗珠如大血点，滴在地上。"（路22：44）但是彼得却在那里打盹睡觉，不能警醒陪同耶稣祷告，使耶稣非常伤心。（太26：36—46）

③彼得曾用刀削掉了马勒古的耳朵。耶稣被捉拿之前，彼得先是自己夸口至死跟从耶稣。（约13：37）跟着又不肯警醒祷告打盹睡觉。（可14：37—38）所以当犹大带着马勒古以及兵丁等人来捉拿耶稣的时候，彼得在惊慌之中，竟拔出刀来砍掉了马勒古的一个耳朵。彼得作的这件事不但无益，反而有害。他给耶稣加添了烦扰，耶稣在自己被捉的时候又治好了马勒古的耳朵。（路22：51）此外，彼得刀砍马勒古这件事，也成了他失败的根源之一。当耶稣被捉到大祭司的院子里受审的时候，彼得也进入到大祭司的院子里。（约18：15—16）院中有一个人正是马勒古的亲属，这人指着彼得说，他曾看见彼得和耶稣一起同在客西马尼园子里。这就使彼得更不敢承认自己是耶稣的门徒了。（约18：26—27）彼得第三次不敢承认是耶稣的门徒以后，耶稣"转过身来看彼得。彼得想起主对他所说的话：'今日鸡叫以先，你要三次不认我。'他就出去痛哭。"（路22：61—62）

5）三次接受耶稣的托付

①耶稣复活后，曾叫几个女信徒去告诉他的众门徒"和彼

得"，叫他们到加利利去见耶稣。——在众门徒中特意提到了彼得的名字（可16：7），这件事显示了耶稣对失败后而痛哭的彼得仍是满怀的深恩厚爱。"和彼得"这几个字只有马可福音有记载，其他的福音书中都未曾提到。而书写马可福音的马可乃是彼得的青年助手，形同彼得的儿子。（彼前5：13）马可所写的"和彼得"这几个字肯定是彼得讲述给马可的。可见"和彼得"这几个字对彼得是何等旳可贵！

②耶稣复活后对彼得仍是殷切地期望和嘱托。在提比哩亚海边（约21：1），复活后的耶稣和众门徒吃完了早饭后，耶稣曾三次问彼得说："你爱我吗？"彼得三次回答说："主啊，是的，你知道我爱你。"耶稣三次分别嘱托彼得为耶稣喂养他的小羊，牧养他的羊群，喂养那些病弱离群之羊。（约21：15—17）

6）10 天祷告后的变化

①耶稣复活升天后，彼得曾和120名信徒，在耶路撒冷的一间楼房里"同心合意地恒切祷告"。（徒1：12—15）五旬节时，彼得等人已祷告了10天，圣灵降临在彼得等人旳身上。彼得讲道后，有3000人悔改做了基督徒。（徒2：1—42）

②彼得和约翰曾在圣殿中医治了一个瘸腿的人，众人都很希奇惊讶。彼得再次传道，这次信道的男子约到5000。（徒3：1—徒4：4）

③彼得和约翰曾被犹太公会拘捕审问。犹太公会是由犹太官府、长老、大祭司等政治宗教领袖们组成的犹太人最高法

庭。彼得借着受审的机会传讲耶稣的救恩（徒4：12），甚至使公会的领袖们惊讶彼得、约翰的胆量，"又看出他们原是没有学问的小民"，就很觉希奇。（徒4：13）犹太公会的领袖们"禁止他们，总不可奉耶稣的名讲论、教训人"，彼得、约翰却说："我们所看见、所听见的，不能不说。"（徒4：19—20）他们被释放后，仍是"放胆讲论神的道"。（徒4：21，31）

④彼得与众使徒第二次被捕受审时，大祭司再次命令彼得等人不许传讲耶稣。但彼得说："顺从神不顺从人是应当的。"（徒5：29）后来彼得及众使徒被责打后释放。（徒5：40）他们却"心里欢喜，因被算是配为这名①受辱。他们就每日在殿里，在家里，不住地教训人，传耶稣是基督。"（徒5：41—42）彼得等人在这次受审后影响很大，甚至有"许多祭司信从了这道。"（徒6：7）

7）多次外出布道

①随着福音的广泛传开，彼得曾离开耶路撒冷，到撒玛利亚去看望当地新信道的基督徒。以后又回到了耶路撒冷。（徒8：14—25）回到耶路撒冷时，便向那里的信徒说明他向外邦人（即犹太人以外的各族人）传讲福音的经历。（徒9：32—11：18）彼得又常带着妻子往来各处传道。（林前9：5）

②不久，希律王下手苦害教会中的人，刀杀了雅各，又捉拿了彼得，准备在逾越节也把彼得处死。但天使救彼得出了监，他就又往别处去了。（徒12：1—17）

---

① 耶稣的名字。

③在耶路撒冷大会中，彼得又重新出现。他认为犹太族以外的各族基督徒，没有必要遵守犹太的割礼等规条。（徒15：6—11）

8) 彼得晚年的工作

①彼得也有弱点。（加2：11—14）但在保罗当面指责他之后，并没有影响彼此间的真挚情谊，所以彼得仍称保罗为"亲爱的兄弟"。（彼后3：15）

②彼得主张基督徒应当"为主的缘故，要顺服人的一切制度"，并且顺服在上的君王，以及君王等人委派"罚恶赏善"的行政人员。（彼前2：13—14）

③彼得对基督道理的讲述，详见他写的彼得前书与彼得后书这两封书信。

④相传彼得大约于耶稣降生后67年在罗马殉道，殉道时大约75岁。有人推算约翰福音大约写于耶稣降生后70—90年，所以老约翰在约翰福音中记有耶稣对彼得的预言说："你年少的时候，自己束上带子，随意往来；但年老的时候，你要伸出手来，别人要把你束上，带你到不愿意去的地方"。"耶稣说这话，是指着彼得要怎样死，荣耀神。"（约21：18—19）

彼拉多（Pilate，即本丢彼拉多，Pontius Pilate）

1. 简介：当罗马皇帝提庇留（Tiberius）在位的时候，彼拉多被委任为巡抚，于耶稣降生后26—37年间，代表罗马皇帝，统辖犹太等地，掌握军政生杀大权。就是这个彼拉多，心思几经反复，终于同意了犹太公会的要求，把耶稣钉死在十字架上。

2. 圣经记载：

1）彼拉多曾任意取乐，竟然把加利利人的血，搀杂在他们献祭的祭物之中。（路13：1）

2）彼拉多初审耶稣时，便认为耶稣无罪。当时犹太教的大祭司等人忌恨耶稣，定要把耶稣处死，但又"没有杀人的权柄"，（约18：31）必须请求彼拉多的同意。所以在耶稣受难的那天清早，便把耶稣押送到彼拉多的衙门。（约18：28）彼拉多审问耶稣后宣布说："我查不出他有什么罪来。"（约18：38）

3）彼拉多明知耶稣无罪，而犹太人的祭司长等人却定要杀害耶稣。（路23：4—5）后来彼拉多听说耶稣是加利利人，而希律又是加利利分封的王（路3：1），所以就把耶稣送交希律审问。（路23：6—7）在希律面前"耶稣一言不答"（路23：9），于是希律又把耶稣送回彼拉多那里。（路23：11）

4）彼拉多再次向犹太公会的众人宣布，他和希律都查不出耶稣有罪。（路23：13—17）

5）耶稣受审时正当逾越节，按惯例"巡抚必须释放一个囚犯"给犹太人。彼拉多第三次宣布耶稣无罪。但犹太公会的人却极力喊叫，要求释放作乱的杀人犯巴拉巴，定要把耶稣钉死在十字架上。（路23：17—23）

6）彼拉多"正坐堂的时候，他的夫人打发人来说：'这义人的事，你一点不可管，因为我今天在梦中，为他受了许多苦。'"（太27：19）

7）彼拉多听说耶稣是神的儿子，就"越发害怕"。"彼拉多想要释放耶稣，无奈犹太人喊着说："你若释放这个人，就不是该撒①的忠臣。"（约19：12）彼拉多又怕失去官职，心情十分矛盾。

8) 后来，"彼拉多见说也无济于事，反要生乱"，他很怕得罪犹太人的权贵势力，只好"拿水在众人面前洗手说：'流这义人的血，罪不在我，你们承当吧。'"（太27：24）彼拉多想用洗手表明杀害耶稣的事与己无关，实际上彼拉多的责任是不能推脱的。

9) 彼拉多终于把耶稣交给了犹太祭司长等人去钉十字架。（约19：16）"彼拉多又用牌子写了一个名号，安在十字架上，写的是'犹太人的王，拿撒勒人耶稣'"，并且是用希伯来、罗马、希利尼②三样文字写的。犹太人的祭司长就对彼拉多说："不要写'犹太人的王'，要写'他自己说我是犹太人的王'"，但彼拉多却不肯再更改这个名号。（约19：10—22）

10) 犹太人怕耶稣不能迅速死去，曾求彼拉多下令打断耶稣的腿。但兵丁"来到耶稣那里，见他已经死了，就不打断他的腿。惟有一个兵拿枪扎他的肋旁，随即有血和水流出来"。圣经上说这些事乃是"为要应验经上的话说：'他的骨头，一根也不可折断。'经上又有一句说：'他们要仰望自己所扎的人。'"（约19：31—37）

11) 耶稣死后，彼拉多曾诧异耶稣竟会死去。（可15：44）

12) 彼拉多准许"把耶稣的尸首赐给约瑟"安葬。这约瑟当时是

---

① 当时罗马皇帝的称号，通译作"凯撒"。
② 即希腊。

个尊贵的议士。（可 15：43）

13）耶稣被安葬后，祭司长等人来见彼拉多，说耶稣活着的时候曾预言他要复活，所以请求彼拉多派人把守坟墓，免得耶稣的门徒把尸首偷去，告诉百姓说耶稣从死里复活了。彼拉多应允他们说："你们有看守的兵，去吧！尽你们所能的，把守妥当。"（太 27：62—65）祭司长等人就带着看守的兵去封了坟墓的墓门。但是耶稣的门徒们曾多次见到耶稣确实是复活了。（太 28：4—6）很多门徒就是因为传讲耶稣复活而被下监，被拷打，被杀害的。（徒 4：1—3；徒 5：17—18；徒5：40；徒 7：55—60；徒 12：1—4）每年过了农历春分，第一次月圆后的头一个礼拜日被定为耶稣复活节。

14）使徒们后来曾多次论到彼拉多杀害耶稣的事。（徒 3：13；徒 4：25—27；徒 13：27—28；提前 6：13）

15）第四世纪时，尤希比友斯（Eusebius）曾引证历史资料说，彼拉多最后自杀而死。在初期教会中，则传说彼拉多死前神志不清，常常洗手。传说他的妻子名叫普洛丘拉（Procula），后来成了基督徒。

彼息 （Persis）

罗马教会中的一位女信徒。她"为主多受劳苦"，因此保罗在写给罗马教会的信中曾向她问安。（罗 16：12）

比加 （Pekah）

比加可能是与米拿现（以色列第十六代王）同时开始作王的。因为当时以色列十分微弱，国情也很混乱。但大家都公认到了公元前736年，比加杀了以色列第十七代国王比加辖之后，篡位而正式成为以色列第十八代国王，比加"在撒玛利亚登基，作以色列王20年。他行耶和华眼中看为恶的事"。比加年间，亚述王夺取了以色列许多地区，并且把这些地区的居民都掳到了亚述去。后来何细亚背叛了比加，杀死比加篡了他的王位。（王下15：27—30）

比加辖（Pekahiah）

比加辖是以色列国王米拿现的儿子。约在耶稣降生前738年继位作以色列第十七代国王。"比加辖在撒玛利亚登基，作以色列王二年。他行耶和华眼中看为恶的事。"比加辖的将军、利玛利的儿子比加背叛他，在撒玛利亚王宫里的卫所①杀了他。"比加便篡了比加辖的王位。（王下15：23—25）

便哈达（Benhadad）

1. 简介：圣经中叫便哈达的共有三人。他们都是亚兰王，建都于大马色。便哈达的意思是"哈达之子"。哈达是亚兰的假神的名字。按当时的习惯，他们的国王都称为哈达之子，因此便哈达即成为亚兰王的通称。

2. 圣经记载：

   1）**便哈达一世**。是希甸的孙子，他伯利们的儿子。（王上15：18）历史记述便哈达作亚兰王时，蚕食邻邦，扩张版图，成为亚西亚西部的强国。当时以色列王巴沙要攻打犹大王亚撒，修筑拉玛城。拉玛城距离犹大国的都城耶路撒冷仅约15里。

---

① 内院。

所以犹大王亚撒便从耶和华的圣殿和王宫府库里，拿出金银来送与便哈达，请他出兵攻打以色列。便哈达乘此机会侵略了以色列的北部，使以色列王巴沙退离拉玛。犹大王亚撒虽然得到了便哈达的帮助，但却使自己府库空虚，主权丧失。并且由于亚撒求情于便哈达，仰赖亚兰王却不仰赖耶和华，因而受到先知哈拿尼的谴责。（代下 16：7）

2）**便哈达二世**。大约是便哈达一世的儿子。（历史资料中记述发现有碑文，他的名字叫哈达以色。）他继王位后，因侵略以色列，被以色列王亚哈擒获。但亚哈没有按耶和华神的旨意除灭便哈达及其随从，反而与他们立约并将他们放走。为此耶和华神差先知斥责亚哈，并预言所放走的这些人必将致亚哈和以色列民于死地。（王上 20：1—43）此后，两国之间仍有战争。先知以利沙的事迹也多与便哈达有关。例如便哈达的元帅乃缦患了大麻风，被以利沙治愈。（王下 5：1—27）又如便哈达无论在何地驻营，以利沙必定知道并告诉以色列王，使以色列王未受其害。为此便哈达曾派兵去捉拿以利沙。但以利沙靠耶和华神的大能使他们未能得逞。（王下 6：8—23）再如，便哈达患病后曾差遣哈薛去见以利沙，托他求问耶和华，便哈达的病是否能好。哈薛从以利沙那里回去后，欺骗了便哈达，并将他杀死篡了王位。（王下 8：7—15）

3）**便哈达三世**。是哈薛的儿子。当以色列王约哈斯在位时，他行耶和华眼中看为恶的事。因此耶和华神发怒，将以色列人多次交在亚兰王哈薛和他儿子便哈达手中。约哈斯向耶和华恳求祷告，耶和华就赐给以色列一位拯救者，使以色列人脱离了亚兰人的手。（王下 13：1—5）以后，耶和华因为与亚伯拉罕、以撒、雅各所立的约，施恩给以色列人，使约哈斯的儿子约阿施三次打败便哈达，收复了先前被亚兰人攻取的城邑。（王下 13：22—25）

便雅悯（**Benjamin**）

圣经上名叫便雅悯的有三个人。

1. **雅各最小的儿子便雅悯。**他出生在迦南（即现今的巴勒斯坦）。

   1）便雅悯和约瑟是同母所生的兄弟，都是雅各的妻子拉结所生。拉结生下便雅悯后，因难产而死。她临终前给他起名叫便俄尼，意思是"艰难之子"。后来雅各给他改名为便雅悯。便雅悯的意思是"右手之子"或"有福的儿子"。（创 35：17—18）

   2）以色列人下埃及的时候，便雅悯已经娶妻生子。他的哥哥们所以厚待便雅悯，有两个原因。一是他们虐待了约瑟，有愧之心而内疚。二是为了安慰老父亲雅各。（创 42：1—38）

   3）雅各家下埃及后便雅悯有十个儿子。（创 46：21）便雅悯的后代是以色列十二支派之一。便雅悯人勇敢尚武，习于战事，善用飞石。（士 20：14—16）他们善战的特性，正应验了雅各为便雅悯祝福的话。（创 49：27）

2. 雅各的玄孙便雅悯。（代上 7：6—10）

3. 以斯拉时代，被掳到巴比伦后又返回耶路撒冷的以色列人便雅悯。（拉 10：32，参看拉 10：16）

波阿斯（**Boaz**）

波阿斯是希斯仑的后裔（代上 2：9—12），也是伯利恒的富户，是拿俄米的丈夫以利米勒的亲族。为人忠厚虔诚。当路得因贫困拾取田间剩余的麦穗时，波阿斯看见后，知道路得是个贤惠女子，便厚待路得。后来又按当时的法度娶了路得为妻子。（得2—4章）波阿斯是大卫的曾祖父。耶稣基督的家谱中便有波阿斯的名字。（太1：1—5）

波求非斯都 （Poreius Festus）

参看"非斯都"条。

伯沙撒 （Belshazzar）

1. 简介：伯沙撒是巴比伦最后的一个王。（但5：30）在位约两三年。（但8：1）考查巴比伦的古迹，伯沙撒本是拿波乃得的儿子。他又被称为尼布甲尼撒的儿子，约有两个原因。其一是由其母族而论，伯沙撒为尼布甲尼撒的后嗣，而按当时的风俗，儿子与孙子的称谓不易区别。其二是因尼布甲尼撒是巴比伦最有声势的国王。按当时的风俗，该国的臣民都称呼他们的王为尼布甲尼撒的儿子。故此但以理也称伯沙撒为尼布甲尼撒的儿子。（但5：2；5：18）

2. 圣经记载：

伯沙撒在位时，见到有手指在墙上写字的异象，但是全国没有人能读那些文字，也不能解明它的意思。最后请但以理来讲解。但以理责备伯沙撒狂傲拜偶像，"却没有将荣耀归与那手中有你气息，管理你一切行动的神。"（但5：23）并预言伯沙撒的国将要分裂归与玛代人和波斯人。伯沙撒下令给但以理穿上紫袍，项上戴上项链，使但以理在国中位列第三。当夜伯沙撒王被杀，玛代

人大利乌取了巴比伦（迦勒底）国。（但 5：28—30）但以理曾
说，耶和华神废王、立王。（但 2：21）圣经上又说："神阻挡骄
傲的人，赐恩给谦卑的人。"（雅 4：6）

部百流 （Publius）

部百流是米利大岛（即现在的马尔他岛）的岛长。有些田产。
（徒 28：1，7）凡是在这里登陆的罗马士兵和囚犯都由部百流督
管。当年，保罗因传福音曾被看守在该撒利亚，后来被指定与囚
犯等共 276 人乘船往意大利的罗马去。（徒 27：37）在海上船只
被大浪损坏，（徒 27：41）在米利大岛遇救。（徒 28：1）岛长部
百流接待了保罗，尽情款待了他们三天。当时部百流的父亲正患
热病和痢疾，保罗为他祷告，治好了他的病。"岛上其余的病人
也来，得了医治。"部百流众人多方尊敬保罗。保罗临走时，部
百流还为他送去了需用。（徒 28：7—10）

布田 （Pudens）

布田是罗马的一位坚定虔诚的基督徒，在圣经中仅有一次提到
他。当保罗第二次被囚在罗马的时候，那时罗马教会遇到了极重
的患难，信徒经常处在困苦之中。就是在这样的患难中，仍有一
些人不顾自己的安危，与保罗同在一起，布田就是其中的一位。
提摩太后书是保罗离世前所写的最后一封信。该信的末尾提到和
保罗同在一起的众信徒共同问候提摩太，布田的名字就列在众信
徒之中。（提后 4：21）

C.

参巴拉（Sanballat）

参巴拉是撒玛利亚人。因为住在伯和仑，所以又称为和伦人。（尼2：10）当年参巴拉听见尼希米等人要重新修造耶路撒冷的城墙，就十分恼怒。（尼4：1）他伙同一些人，同谋攻击耶路撒冷，使城内扰乱。（尼4：7—8）然而尼希米等人祷告神，又派人看守，昼夜防备（尼4：9），参巴拉等未能得逞。（尼4：15）之后参巴拉又与人同谋，想邀尼希米赴会而刺杀尼希米（尼6：1—4），也未成功。再后又对尼希米采取恫吓手段，企图阻建城垣，但终归失败。（尼6：5—14）

参孙（Samson）

1. 简介：是以色列人中著名的士师。士师是以色列人没有国王之前，由神设立的抵御外族人的领袖。参孙的事迹，详细记载于士师记13—16章中。

2. 圣经记载：

1）参孙出生前，以色列人正受非利士人的辖制。耶和华的使者就曾向参孙的母亲显现说，她要生一个儿子，不可剃他的头发，要他生下来就献给神作事奉耶和华的人。并说参孙要"拯救以色列人脱离非利士人的手"。（士13：1—5）

2）参孙出生后，便蒙"耶和华赐福与他"。（士13：24—25）

3）参孙在"亭拿的葡萄园，见有一只少壮的狮子向他吼叫。耶和华的灵大大感动参孙，他虽然手无器械，却将狮子撕裂"。（士14：5—6）

4）参孙曾娶过一个非利士女子为妻。但是在参孙与非利士人猜谜打赌的关键时刻，他的妻子却偏爱她的本族人，把谜底的意思告诉了非利士人，背弃了参孙。（士14：1—20）

5）参孙见他的妻子改嫁别人，便烧毁了非利士人的庄稼和橄榄园。后来又击杀了许多非利士人。（士15：1—6）

6）非利士人大军压境，要求犹太人交出参孙。犹太人屈服于非利士人的威力，把参孙捆绑起来，交给了非利士人。（士15：9—13）

7）参孙被捆绑送到非利士人营地后，耶和华的灵大大感动参孙。他臂上的绳子就像火烧的麻一样脱落下来。他见一块未干的驴腮骨，就伸手拾起来，用以击杀了非利士1000人。从此他被以色列人拥护"作以色列的士师二十年"。（士15：14—20）

8）参孙到了非利士南部辖地迦萨，住宿在一个妓女家中，被非利士人"把他团团围住，终夜在城门悄悄埋伏说：'等到天亮我们便杀他。'参孙睡到半夜起来"，竟"将城门的门扇、门框、门闩一齐拆下来，扛在肩上，扛到希伯仑前的山顶上"。（士16：1—3）

9）参孙迷恋一个妇人名叫大利拉。非利士人的首领用金钱买通大利拉，让大利拉探探参孙怎么会有那么大的力气，看看用什么方法才能胜过参孙。（士16：4—5）

10）大利拉三次迷哄参孙，叫参孙说出他力气大的秘密，并且公然问参孙怎样才能捆住他。参孙三次都没有透露自己获得能力的秘密。（士16：6—14）

11）但参孙执迷不悟，仍然迷恋大利拉。"大利拉天天用话催逼他，甚至他心里烦闷要死。"参孙终于告诉大利拉说他是个从未剃过头的献给神的人。若剃了头发，就会软弱得和别人一样。于是"大利拉使参孙枕着她的膝睡觉"，叫人来剃了他的头发，这样，"大利拉克制他，他的力气就离开他了"。（士16：15—19）

12）参孙被非利士人拿住后，剜了眼睛。"用铜链拘索"，叫他"在监里推磨"。一个英勇非凡的参孙，只因放纵情欲，竟被一个女人迷惑陷害到这种地步，真是后人的警戒！（士16：20—21）

13）参孙的"头发被剃之后，又渐渐长起来了"。（士16：22）当"非利士人的首领聚集，要给他们的神大衮献大祭"的时候，他们聚在厅堂之内和平顶上的会众约有3000人。他们"将参孙从监里提出来"戏耍参孙。以后"他们使他站在两柱中间"。参孙要求"摸着托房的柱子靠一靠"。那时"参孙求告耶和华说：'神啊！求你赐我这一次的力量！'""参孙就抱住托房的那两根柱子说：'我情愿与非利士人同死！'就尽力屈身，房子倒塌，压住（非利士的）首领和房内的众人。这样，参孙死时所杀的人，比活着所杀的还多。"参孙的一生，说明了一个人应当远离罪恶，免招祸害。而一旦失足之后就要向神痛悔，对神忠心到底。（士16：23—30）

D.

....

大利乌（Darius）

同名叫大利乌的有两个外邦的国王。

1. **巴比伦王大利乌**。当年迦勒底（即巴比伦）王伯沙撒被杀后，大
利乌取得王位。（但5：30）大利乌与波斯国的古列同时为王。
（但6：28）大利乌立了120个总督治理全国，又在他们以上立总
长三人。但以理是总长之一。因为但以理有美好的灵性，显然超
乎其余的总长和总督，大利乌王又想立但以理治理全国，故此被
其他的总长和总督嫉恨。他们奏请大利乌王降旨立一条禁令，30
日内不拘何人，若在王以外或向神或向人求什么，就必扔在狮子
坑中。然而但以理仍旧一日三次，双膝跪在神面前，祷告感谢，
与素常一样。反对但以理的人，便到大利乌面前控告但以理。大
利乌一心要救但以理，只是那些人纷纷聚集来见大利乌王说，王

所立的禁令都不可更改。于是大利乌王下令，把但以理带来，扔
在狮子坑中。次日黎明，王急忙往狮子坑那里去，哀声呼叫但以
理。但以理在坑中对王说："我的神差遣使者，封住狮子的口，
叫狮子不伤我。因我在神面前无辜，我在王面前也没有行过亏损
的事。"大利乌非常喜乐，叫人把但以理从坑里系上来。但以理
身上毫无损伤。（但6：1—23）

2. **波斯王大利乌**（拉4：5）。当年所罗巴伯率领五万以色列人归回
   耶路撒冷并重建圣殿。（拉2：1—65）大利乌王善待以色列人。
   （拉6：1—12）到大利乌王第六年时，圣殿建成。（拉6：15）

大卫（**David**）

1. 简介：大卫（公元前1040？—前970？）是以色列第二位国王，
   信仰坚贞，为人宽厚，功绩显赫，虚心谦让，博学多才，善于诗
   琴。在一生的坎坷中，显明了一颗虔诚纯洁的心灵。虽曾一度失
   足犯罪，但能知罪悔罪，甘心接受神的责罚管教，因此深受以色
   列人的爱戴，曾被称为"合神心意的人"。（徒13：22）大卫的
   写作和事迹不仅影响了当代人，也影响了后代人。他已经超越了
   犹太历史和基督教会历史的界限，成为世界上的名人。

2. 圣经记载及有关记述：

   1）大卫的少年时代：

   ①"大卫是耶西的儿子。"（路3：32）是伯利恒人。（撒上17：
   12）弟兄八人（撒上17：12），而大卫是最小的一个。（撒
   上17：14）在大卫的少年时期，当扫罗作以色列人的第一
   位国王的时候，他便被先知撒母耳"膏立"。当时先知撒母
   耳"膏立"大卫，乃是由撒母耳把膏油浇在大卫的头上，

预示耶和华通过撒母耳的印证，将要废弃扫罗，而使大卫作以色列的国王。大卫受膏之后，"耶和华的灵就大大感动大卫"。（撒上16：1—13）

②大卫的父亲耶西的家中，本来雇有看守牛羊的人。（撒上17：20）但是大卫自幼勤劳，常常亲自到伯利恒的旷野去牧放羊群。（撒上16：11；撒上17：15）

③伯利恒是个山清水秀的地方。大卫在青少年时代，生活在那片美丽的山野中，观察天地万物的奇妙，感受到造物主的权能，成为一个极其虔敬的人。在他写的诗篇中曾有这样动人的诗句：

"诸天述说神的荣耀，

穹苍传扬他的手段。

这日到那日发出言语，

这夜到那夜传出知识。

无言无语也无声音可听。

他的量带通遍天下，

他的言语传到地极。

神在其间为太阳安设帐幕。

……"（诗19：1—4）

④大卫既细心爱护他的小羊，且又果敢勇力过人。大卫曾说过："有时来了狮子，有时来了熊，从群中衔一只羊羔去，我就追赶它，击打它，将羊羔从它口中救出来。它起来要害我，我就揪着它的胡子，将它打死"。（撒上17：34—35）大卫也曾学习使用兵器。有一段时间，他曾手拿武器当过扫罗王的卫士。（撒上16：21）

⑤大卫从小喜爱音乐，"善于弹琴"，"耶和华与他同在"。（撒上 16：18）因此大卫曾在扫罗身边为他弹琴，驱走恶魔。（撒上 16：22—23）从大卫写的诗篇中，可以想见少年大卫在草地上放羊时，弹琴歌唱赞美耶和华的情景。诗篇 23 篇中就有这样如画的诗歌：

"耶和华是我的牧者，

我必不至缺乏。

他使我躺卧在青草地上，

领我在可安歇的水边。

他使我的灵魂苏醒，

为自己的名引导我走义路。

我虽然行过死荫的幽谷，

也不怕遭害。

因为你与我同在；

……"（诗 23：1—4）

⑥大卫喜爱读书。在大卫的时代，圣经还没有全部完成。但是他仍然常读摩西五经等巨著，并且常常默想深思其中的含义，所以在他编写的诗篇中常有这样的话：

"惟喜爱耶和华的律法，昼夜思想。"（诗 1：2）

"耶和华的言语，是纯净的言语，如同银子在泥炉中炼过七次。"（诗 12：6）

"耶和华的律法全备，能苏醒人心。

耶和华的法度确定，能使愚人有智慧。

耶和华的训词正直，能快活人的心。

耶和华的命令清洁，能明亮人的眼目。

耶和华的道理洁净，存到永远。

耶和华的典章真实，全然公义。

都比金子可羡慕，且比极多的精金可羡慕。

比蜜甘甜，且比蜂房下滴的蜜甘甜。

……"（诗19：7—10）

⑦少年大卫乐于学习多种有益的技艺。他牧羊所在的伯利恒，
处于临近便雅悯境地的边缘，许多便雅悯人，"能用机弦甩
石打人，毫发不差"。（士20：15—16）大卫在野外放羊的
时候，便经常学练，而且精于这种技能。后来大卫就是用
这种机弦甩石，打中非利士的巨人歌利亚的额部而战胜他
的。（撒上17：49）

2）大卫作扫罗臣仆的时代：

①大卫曾作过扫罗王的侍卫。（撒上16：21）又曾为扫罗弹琴
驱赶恶魔。（撒上16：23）

②在旧约圣经撒母耳记上第17章中记述了大卫战胜非利士人
的经过。当时非利士人集聚军旅，侵入以色列国境的梭哥。
（撒上17：1）扫罗王率领以色列的士兵在以拉谷安营抵
抗。（撒上17：2）两军对阵时，非利士的大将歌利亚身高
约一丈，"头戴铜盔，身穿铠甲"，（撒上17：4—5）经常
出来骂阵。扫罗和以色列众人都极其害怕，（撒上17：10—
11）40天之久不敢出战。（撒上17：16）那时大卫的三个
哥哥都随军出征。（撒上17：13）伯利恒离战地只有40里，
大卫遵照他父亲耶西的吩咐，曾到阵地上去看望他的哥哥
们。（撒上17：17—18）在那个非利士人天天叫骂而以色列
却无人敢于出战的形势下，扫罗曾下令："若有能杀他的，

王必赏赐他大财，将自己的女儿给他为妻。"（撒上17：25）在前沿阵地上，歌利亚"所说的话，大卫都听见了"。（撒上17：23）大卫说："这个未受割礼的非利士人是谁呢，竟敢向永生神的军队骂阵吗？"（撒上17：26）于是大卫"手中拿杖，又在溪中挑选了五块光滑石子，放在袋里。……手中拿着甩石的机弦，就去迎那非利士人（歌利亚）"。（撒上17：40）"大卫对非利士人说：'你来攻击我，是靠着刀枪和铜戟，我来攻击你，是靠着万军之耶和华的名。'"（撒上17：45）大卫"从囊中掏出一块石子来，用机弦甩去，打中非利士人（歌利亚）的额，石子进入额内，他就仆倒，面伏于地"（撒上17：49）。大卫拔出歌利亚的刀，杀了歌利亚，随后"以色列人和犹大人便起身呐喊，追赶非利士人"。（撒上17：51—52）取得了胜利。

③"扫罗的儿子约拿单爱大卫如同爱自己的性命，就与他结盟。"（撒上18：3）两人的情谊非常深厚。

④"扫罗无论差遣大卫往何处去，他都做事精明。扫罗就立他作战士长。"（撒上18：5）

⑤"大卫打死了那非利士人，同众人回来的时候，"妇女们"歌唱跳舞，迎接扫罗王，众妇女舞蹈唱和说：'扫罗杀死千千，大卫杀死万万。'扫罗甚发怒，不喜悦这话，就说：'将万万归大卫，千千归我，只剩下王位没有给他了。'从这日起，扫罗就怒视大卫。"（撒上18：6—9）

⑥第二天，扫罗曾抢枪要刺杀大卫，但并未刺中。"扫罗见大卫作事精明，就甚怕他，但以色列和犹大众人都爱大卫。"（撒上18：10—16）

⑦以后，扫罗想藉非利士人的手杀害大卫，便将自己的次女
米甲许配大卫，然而要大卫必须去杀死 100 个非利士人。
大卫起身前往，竟杀了 200 个非利士人回来。因此便娶了
米甲，米甲也深爱大卫。（撒上 18：22—29）

⑧以后，"扫罗打发人到大卫的房屋那里窥探他，要等到天亮
杀他"。但，"米甲将大卫从窗户里缒下去，大卫就逃走，
躲避了"。（撒上 19：11—12）

3）大卫的逃亡生活：

①大卫首先逃到拉玛到先知撒母耳那里去躲藏。（撒上 19：18）

②其后又冒险逃回到扫罗的儿子约拿单那里求救。约拿单很
敬爱大卫，但又查明了自己的父亲扫罗定意要杀死大卫，
于是两个人便在田野间痛哭而别。（撒上 20：1—42）

③以后，大卫第三次奔逃到挪伯大祭司亚希米勒那里，因为
饥饿，就吃了圣饼。（撒上 21：1—6，太 12：3—4）并且
要走了大卫先前杀歌利亚时使用的刀。（撒上 21：8—9）

④第四次，大卫在无可奈何的情况下，铤而走险去投奔非利
士人迦特王亚吉，因为亚吉的臣仆说，以色列的妇女曾指
着大卫歌唱说他杀死过万万非利士人。大卫非常惧怕，便
假装疯癫，被驱逐出来。（撒上 21：10—15）

⑤大卫走投无路，第五次只好逃进亚杜兰洞栖身。（撒上 22：1）。

A. 亚杜兰洞一带，遍地是荒山乱石，生活非常艰难。而亚
杜兰洞位于以拉山谷中，正是当初他击杀歌利亚时两军
对敌的地方。（撒上 17：2—3）亚杜兰东北 40 里处，
便是大卫少年时代放羊的故乡伯利恒。然而大卫在亚杜
兰洞中既没有回首夸耀自己的战功，也没有怨叹离开自

己的家园；既没有咒诅扫罗对他的无理追逼，也没有灰心抱怨耶和华对他的熬炼。他在亚杜兰洞中写的两首诗中竟然平静地向耶和华祷告："在活人之地，你是我的福分。"（诗 142：5）甚至说："我心坚定，我心坚定，我要唱诗，我要歌颂。"（诗 57：7）大卫的心灵境界常使后世人尊重敬仰，实在不是无故的。

B. 大卫在亚杜兰洞中时，有些"受窘迫的，欠债的，心里苦恼的，都聚集到大卫那里。大卫就作他们的头目，跟随他的约有四百人"。（撒上 22：1—2）后来又增加到六百人。（撒上 23：13）大卫和这些人同甘共苦，生死与共，用自己的信仰和行为感动了这些人（撒上 22：23；代上 11：15—19），使这些人成为以一当百、以一当千的英勇战士。（代上 12：8—14）后来竟发展"成了大军"，如同神的军队一样。（代上 12：22）

⑥大卫第六次出逃，转到了摩押的米斯巴山寨。（撒上 22：3—4）

⑦大卫第七次逃迁，又住进了哈列的树林。（撒上 22：5）

⑧大卫第八次转移，攻进了基伊拉。在那以前，因为"有人告诉大卫说：'非利士人攻击基伊拉，抢夺禾场。'"大卫受神的指示，便带着跟随他的人，去打败了非利士人，"救了基伊拉的居民"。（撒上 23：1—5）

⑨大卫攻入基伊拉以后，便暴露了自己。于是，"扫罗招聚众民，要下去攻打基伊拉城，围困大卫"。（撒上 23：7，8）而大卫又得知基伊拉人忘恩负义，将要把他交给扫罗，他便第九次潜逃到西弗旷野的山地里去。（撒上 23：10—14）那时约拿单听说大卫"住在西弗旷野的树林里"，便去见大

卫，安慰他，鼓励他，"使他倚靠神得以坚固"。事后约拿单和大卫分手又返回自己的家中。（撒上23：15—18）但这次分别后，这两位生死之交的诚挚朋友，便再也未能相聚。

⑩由于西弗人向扫罗告密，大卫第十次转逃到玛云旷野。扫罗跟踪追赶。"扫罗在山这边走，大卫和跟随他的人在山那边走。"后来扫罗的军队"四面围住大卫和跟随他的人，要拿获他们"。情况非常危急。但是忽然"有使者来报告扫罗说：'非利士人犯境抢掠，请王快快回去。'于是扫罗不追赶大卫，回去攻打非利士人"。使大卫得以出死入生。（撒上23：19—29）

⑪大卫虽然渡过危难，但是已不敢再在玛云旷野停留。便第十一次逃命，躲到隐基底到山岭中藏身。（撒上23：29）而就在这个地方，大卫以德报怨，做了一件十分感人的事。

A. "扫罗追赶非利士人回来，有人告诉他说：'大卫在隐基底的旷野。'"扫罗便"挑选三千精兵"到隐基底去搜索大卫。"到了路旁的羊圈，在那里有洞，扫罗进去大解。大卫和跟随他的人正藏在洞里的深处。"跟随大卫的人劝大卫杀死扫罗，可是大卫并没有听从他们，仅只是"悄悄地割下扫罗外袍的衣襟。"甚至还劝阻跟随他的人，"不容他们起来害扫罗"。（撒上24：1—7）当时大卫若任凭他的随从杀了扫罗，转眼间便可以由一个逃亡者变成君王。但是大卫认为扫罗"乃是耶和华的受膏者"（撒上24：6），他一心信靠耶和华的作为，绝不肯加害扫罗，大卫的虔诚宽厚，真是后世的基督徒应当效法的。（撒上24：1—7）

B. 扫罗出洞之后，大卫也从洞里出去，"呼叫扫罗说：'我主，我王！'扫罗回头观看，大卫就屈身，脸伏于地下拜。"（撒上24：8）大卫敢于出洞呼叫扫罗，显示了他心地真诚纯洁，无所畏惧。他脸伏于地向定意杀他的扫罗下拜，绝不是希图高官厚禄，惟一的原因只不过是大卫认为扫罗仍是耶和华尚未废弃的君王而已。

C. 大卫向扫罗诉说自己无意与扫罗作对之后，感动得扫罗也放声大哭，这时扫罗已很清楚大卫将来必会作王，只求大卫不要剪除扫罗的后裔，于是大卫对此起誓明心，二人又各自分开了。（撒上24：16—22）

⑫大卫第十二次启程，南下到荒凉的巴兰高原地带。（撒上25：1）大卫到巴兰后由于部属战士生活困难，便打发人到拿八那里请他略给资助。拿八是玛云的富户，大卫在玛云时他的随从人等一直保护拿八的财产。况且大卫求助时又正当拿八剪取羊毛，按惯例正是羊群的主人善待客旅的机会，大卫求要的很少，派去的人言词又极其谦逊。但拿八不仅不肯资助，反而辱骂大卫，大卫便率领随从前去问罪。拿八的妻子亚比该得知这一情况后，没有和拿八商议，就立即带着食物礼品去向大卫请罪，中途见到大卫，得到了大卫的宽恕。亚比该回家把这件事的险情告诉拿八后，拿八十分害怕，"他就魂不附体，身僵如石头一般。"过了十天，他就死了。以后大卫娶了亚比该为妻。（撒上25：2—42）

⑬大卫第十三次转移，又返回到西弗和隐基底附近的哈基拉山。（撒上26：1）扫罗忘记了大卫在隐基底洞中未肯杀死他的恩情，又一次率领三千精兵来寻索大卫，安营在哈基

拉山的道路上。大卫在山顶上望见扫罗睡卧的地方，夜间
带人潜入扫罗的营里，扫罗正在沉睡。大卫再一次放过扫
罗未杀，只把他头旁的长枪和水瓶取了回来。大卫回到自
己的山顶上，高声呼喊扫罗和他的元帅，拿出枪和水瓶来
说明自己实在无意加害扫罗。扫罗又一次受到感动，带领
他的军兵回去了。（撒上 26：1—25）

⑭大卫恐怕扫罗再来追逼，第十四次逃走，又去投奔非利士
人迦特王亚吉。亚吉准允大卫住在洗革拉，共住了一年零
四个月。因为扫罗知道大卫逃到非利士人那里，"就不再寻
索他了"。（撒上 27：1—7）

⑮大卫在洗革拉，又经历过几次对外族人的争战。（撒上 27：
8—12；撒上 30：1—31）大卫在扫罗统辖的地区，共逃亡
十几处，常年露宿在旷野、山区、树林、野岭之间。衣食
无着，居无定所，处处都是扫罗的军兵耳目，忧患危险随
时都可以发生。但大卫倚靠耶和华赐给的力量，战胜了重
重困难。在人看来他曾多经苦难，但是实际上在信心、品
德、工作、生活等方面都得到了极好的造就，为完成其后
的使命打下了良好的基础，而那时大卫只不过 20 几岁！

4）大卫作国王的时代：

①扫罗疑忌大卫，迫使大卫逃亡国外，非利士人终于战败了
以色列人。扫罗自杀而死。（撒上 31：3—4）扫罗的儿子约
拿单等人也都阵亡。（撒上 31：2）大卫听到以色列战败，
扫罗和约拿单死去的消息后，就"悲哀、哭号、禁食到晚
上"。（撒下 1：1—12）并且作哀歌追思扫罗和约拿单。
（撒下 1：17）

②后来大卫到了希伯仑，作了犹大人的王。（撒下2：1—4）

③以后大卫在耶路撒冷被拥立为以色列的王。"大卫登基的时候年在三十岁，在位四十年。"（撒下5：1—5）

④大卫作王之后，战败了非利士人、摩押人、亚兰人、亚扪人。（撒下5：17—10：19）

⑤大卫宽厚地善待扫罗的孙子、约拿单的儿子米非波设。（撒下9：13）

⑥大卫作王的时候犯了一次大罪，他用计谋害了对他十分忠心良善的战将乌利亚，而娶了乌利亚的妻子拔示巴。（撒下11：1—27）因此耶和华差遣先知拿单去责备大卫。（撒下12：1）大卫马上认罪说："我得罪耶和华了。"（撒下12：13）在大卫的认罪诗中他曾说：

　　"我每夜流泪，把床榻漂起，

　　把褥子湿透……"（诗6：6）

　　"黑夜白日，你的手在我身上沉重，

　　我的精液耗尽，如同夏天的干旱……"（诗32：4）

　　"神啊，求你为我造清洁的心，

　　使我里面重新有正直的灵。

　　神啊！

　　忧伤痛悔的心，你必不轻看……"（诗51：10，17）

⑦大卫娶了许多妻子，又生了许多孩子。（撒下3：2—5）这样就造成了家庭内部的矛盾，发展成为国家的战乱。大卫的长子暗嫩用诡计奸污了同父异母的妹妹他玛。（撒下13：1—19）他玛的同母胞兄押沙龙便用计杀死了暗嫩而出逃。（撒下13：20—34）但押沙龙逃走后，大卫"心旦切

切想念押沙龙。"(撒下 13：39)

⑧后来大卫应允押沙龙回来，然而押沙龙却邀买人心，诋毁大卫。最终竟发动叛乱，企图杀死他的父亲大卫而篡夺王位。（撒下 14：21—15：12）大卫仓惶逃出耶路撒冷（撒下 15：14），蒙头赤脚逃进橄榄山中。（撒下 15：30）

⑨大卫在逃避他的儿子押沙龙的时候，曾被示每破口辱骂。（撒下 16：8）大卫的将士想过去杀死示每。但大卫却容忍了示每。大卫认为示每对他的侮辱，乃是自己犯罪后耶和华对他的管教。（撒下 16：9—13）

⑩大卫被押沙龙所迫，最后在玛哈念重整军旅，准备还击押沙龙。但是在作战之前，大卫却对他的部属说："你们要为我的缘故，宽待那少年人押沙龙。"（撒下 17：24—18：5）爱子之情，如闻其声。

⑪押沙龙终于战败身亡。大卫听到押沙龙死去的消息后，竟伤痛万分地哀哭说："押沙龙啊，我儿！我儿押沙龙啊，我恨不得替你死。"显示出一副慈父疼爱逆子的心肠。（撒下 18：31—33）

⑫大卫平息了押沙龙的叛乱后，又被以色列人迎回耶路撒冷。当初曾经谩骂过大卫的示每也来迎接大卫，向大卫请罪。大卫也饶恕了示每。（撒下 19：11—23）

⑬大卫年纪老迈的时候，决定叫他的儿子所罗门继承王位（王上 1：28—30），并且嘱咐所罗门要遵守耶和华的教训。（王上 2：1—3）大卫死后，所罗门继位，是以色列国的极盛时代。（王上 2：10—12）

5）大卫的诗歌：

在旧约圣经里，诗篇共有 150 篇，其中有 73 篇在诗题上注明
是"大卫的诗"。另有一些诗篇虽然没有说明作者，但是从内
容和体裁看，显然也是出自大卫之手。几乎公认大卫是诗篇
的主要写作者与编集人。耶稣在世时常常引用诗篇里的经文。
不少新约圣经的版本都附有诗篇。足见诗篇对基督徒的帮助
很大。英国著名布道家司布真（C. H. Spurgeon）曾写了一本
书《大卫的宝库》（*The Treasury of David*），对诗篇作了详细
的注解讲述。

但（Dan）

但是雅各（即以色列）的第五个儿子（创 30：6）。但的后裔形
成了但支派，是以色列人十二支派之一。（创 49：16，28）

但以理（Daniel）

1. 简介："但以理"的希伯来文原意是"神是我的审判官"。英文圣
经中同名叫但以理的有三个人，他们是：

1）大卫的儿子但以理，中文译成了但以利。（代上 3：1）

2）以他玛的子孙但以理。（拉 8：2，尼 10：6）

3）以色列人被掳时的先知但以理。

今重点介绍**先知但以理**如下。

2. 圣经记载及历史记述：

1）但以理是犹大的一个贵族。在公元前 605 年，当他还年幼时
就被掳到巴比伦去了。在那里他被选入王宫，在王前侍候。
按当时的习惯，他被改名叫伯提沙撒。但以理经历了好几个

王朝的统治，亲眼见到巴比伦的沦陷和波斯王国的兴起。他既是耶和华神的先知，又是历史学者，且是圣经中但以理书的作者。他至少为耶和华神工作了70年，活到90或100岁高龄才离世。

2）但以理和他的三个朋友（即三个希伯来少年同伴）沙得拉、米煞、亚伯尼歌，因为敬畏耶和华神，立志不吃王的膳食，以免玷污自己。因为按惯例，王的膳食谅必已在假神面前祭供过，所以他们要求吃素食，喝白水。但他们蒙神祝福，他们的面貌比用王膳的一切少年人更加丰满俊美。神使他们在各样文字学问上有聪明知识。神还使但以理有明白各样的异象和梦兆的智慧。因此他们都被王赏识，留在王面前侍立。（但1：8—19）

3）尼布甲尼撒王在位第二年，王做了一个梦，心里烦乱，不能睡觉。他虽然把梦忘了，却要求巴比伦的术士和哲士们为他详述梦景，解释梦意。这些人说王所问的事甚难，除了不与世人同居的神明，没有人能在王面前讲解这个梦。因此尼布甲尼撒王大发烈怒，要灭绝巴比伦所有的哲士。但以理和他的三个朋友，一同向天上的神祷告，得知其奥秘后便说："神的名是应当称颂的。从亘古直到永远，因为智慧能力都属乎他。他改变时候、日期、废王，立王，将智慧赐与智慧人，将知识赐与聪明人。他显明深奥隐秘的事，知道暗中所有的，光明也与他同居。我列祖的神阿，我感谢你、赞美你，因你将智慧才能赐给我，允准我们所求的，把王的事给我们指明。"然后，但以理去见尼布甲尼撒王并告诉他说："只有一位在天上的神能显明奥秘的事。"跟着便为尼布甲尼撒复述他

的梦，讲解他的梦。（但2：1—30）

4）但以理向尼布甲尼撒解梦说："王阿，你梦见一个大像，这像甚高，极其光耀，站在你面前，形状甚是可怕。这像的头是精金的，胸膛和膀臂是银的，肚腹和腰是铜的，腿是铁的，脚是半铁半泥的。你观看，见有一块非人手凿出来的石头，打在这像半铁半泥的脚上，把脚砸碎，于是金、银、铜、铁、泥都一同砸得粉碎，成如夏天禾场上的糠秕，被风吹散，无处可寻。打碎这像的石头，变成一座大山，充满天下。这就是那梦。"（但2：31—36）

5）但以理继续对尼布甲尼撒讲解那梦的意义说："王阿……你就是那金头。在你以后必另兴一国，不及于你。又有第三国，就是铜的，必掌管天下。第四国必坚壮如铁……那国也必打碎压制列国。你既见像的脚和脚指头一半是窑匠的泥，一半是铁，那国将来也必分开。你既见铁与泥掺杂，那国也必有铁的力量。那脚指头既是半铁半泥，那国也必半强半弱。你既见铁与泥掺杂，那国民也必与各种人掺杂，却不能彼此相合，正如铁与泥不能相合一样。当那列王在位的时候，天上的神必另立一国，永不败坏，也不归别国的人，却要打碎灭绝那一切国，这国必存到永远。你既看见非人手凿出来的一块石头，从山而出，打碎金、银、铜、铁、泥，那就是至大的神把后来必有的事给王指明。这梦准是这样，这讲解也是确实的。"当时尼布甲尼撒王听后，便俯伏在地，向但以理下拜。（但2：36—46）

6）尼布甲尼撒对但以理说："你既能显明这奥秘的事，你们的神诚然是万神之神，万王之主，又是显明奥秘事的。"于是三派但以理管理巴比伦全省，又立他为总理，掌管巴比伦的一切哲士。但以理求王，王就派亚伯尼歌等但以理的三个朋友管理巴比伦省的事务。(但2：47—49)

7）但以理的三个朋友因敬拜神，拒绝拜尼布甲尼撒王所立的金像而被捆绑后扔进火窑。但是神与他们同在火窑之中，甚至尼布甲尼撒看见火窑中有四个人，并没有捆绑，在火中游行。王很惊奇，就令他们三人从火窑中出来。王与众人看到他们三人时，"见火无力伤他们的身体，头发也没有烧焦，衣裳也没有变色，并没有火燎的气味。"尼布甲尼撒便说，耶和华神是应当称颂的，无论何方、何国、何族的人，若谤渎耶和华神则必被处死。王并在巴比伦省高升了他们三人。(但3：1—30)

8）尼布甲尼撒又梦见一棵大树。巴比伦的一切哲士仍然没有一个人能解这个梦。最后，但以理为王解梦，预言尼布甲尼撒要被赶出人世与兽同居，直等到王知道"至高者在人的国中掌权，要将国赐与谁就赐与谁"之后，国再归于王。这些预言应验后，尼布甲尼撒举目望天，赞颂耶和华神。(但4：4—37)

9）尼布甲尼撒的儿子伯沙撒王在位时，曾见到有手指在墙上写字的异象，全国无人能解其意。但以理又为伯沙撒王解释了这一异象，荣耀了耶和华神的名。(此事详见本书"伯沙撒"条)(但5：1—29)

10）伯沙撒王被杀后，大利乌取得了国位。他曾下禁令："在三十日内，不拘何人若在王以外或向神或向人求什么，就必扔在狮子坑中。"但以理因敬畏耶和华，坚持与素常一样，每日三次双膝跪拜向神祷告。有人向大利乌王控告但以理不遵王命，遂将但以理扔进狮子坑中。但神却保护了但以理不被狮子伤害。王即令人将但以理从坑内系上来，而后将控告但以理的人们扔在坑内。这些人还没落到坑底，就被狮子咬碎了骨头。（但6：4—27）

11）但以理当大利乌王和波斯王古列在位时，大享亨通。（但6：28）并且多次见异象、得启示、说预言。他预言基督降世为人，受苦被害，复活升天，以后还要再来，建立荣耀的国度。（但9：24—27；12：2—3）并且说明，神"要将国赐与谁就赐与谁"。（但4：32）但世上的国权常有更替。（但2：39—42）惟有"天上的神必另立一国，永不败坏……这国必存到永远"。（但2：44）

德丢（Tertius）

是一位为保罗代笔写信的人，在罗马书16章22节中提到，他曾为保罗书写了罗马书。

底波拉（Deborah）

同名叫底波拉的有两个人。

1. 利百加的乳母底波拉。利百加应聘嫁给以撒时，底波拉随着利百加到了迦南，死后葬在伯特利。（创24：59；创35：8）

2. **女先知底波拉**。当时也是以色列的士师。她是拉比多的妻子，住在以法莲的山中。以色列人都到她那里去听她判断。底波拉曾命令巴拉，去攻打欺压以色列人20年的迦南王耶宾。巴拉在基顺河边战败了耶宾的将军西西拉。底波拉和巴拉作诗歌唱说："你们应当颂赞耶和华……底波拉阿，兴起，兴起……巴拉啊，你当奋兴。……基顺古河，把敌人冲没。我的灵啊，应当努力前行!"（士4：1—5：21）

底马（Demas）

1. 简介：底马曾是保罗的同工。但后来却贪爱世俗，离开了传道工作。

2. 圣经记载：

1）保罗给歌罗西教会的信中，曾提到"底马问你们安"。（西4：14）

2）保罗给腓利门的信中，也提到"与我同工的……底马……问你安"。（门24）

3）保罗写给提摩太的第二封信中，却感叹地说："因为底马贪爱现今的世界，就离弃我往帖撒罗尼迦去了。"（提后4：10）

底米丢（Demetrius）

圣经里面同名叫底米丢的有两个人。

1. **以弗所的银匠底米丢**。是个制造假神亚底米偶像银龛的人。由于以弗所当地原来拜偶像的人很多，所以底米丢的生意原先很发达。（徒19：24）但因为保罗在以弗所传讲耶稣是真神的独生儿子，是惟一的救主，共有两年之久，使许多人信了耶稣，离弃偶像，认罪悔改。（徒19：1—18）"平素行邪术的，也有许多人把书拿来，堆积在众人面前焚烧。他们算计书价，便知道共合五万块钱。主的道大大兴旺而且得胜。"（徒19：19—20）这样底米丢便煽动他的同行等人，说他们本是倚靠制作假神偶像的银龛发财的。现在保罗说："人手所作的不是神。"（徒 19：26）这样底米丢等人的财路就受了影响。（徒 19：27）在底米丢的挑动下，便使那些拜假神亚底米的人起来反对保罗，形成了一次混乱。（徒 19：28—41）

2. **被约翰称赞的信徒底米丢**。是一位很有善行的基督徒。约翰说底米丢的好行为"有众人给他作见证，又有真理给他作见证"。就是约翰等人也给他作见证。（约叁 12）

丢大（**Theudas**）

1. 简介：是个匪徒。曾聚众作乱。当时跟从他的约有四百人。丢大失败之后，跟从他的人也就都失散了。

2. 圣经记载及有关记述：

大约在耶稣降生后 35—36 年间，彼得和众使徒曾因传扬基督被带到犹太公会去受审。受审时彼得极力提出见证说耶稣已经复活，而且说："顺从神，不顺从人，是应当的。"（徒 5：27—30）"公会的人听见就极其恼怒，想要杀他们。"（徒 5：33）当时有一位教法师迦玛列劝公会的人们应当小心。他引述丢大的事说："从前丢大起来，自夸为大，附从他的人约有四百。他被杀后，附从他的全都散了，归于无有。"（徒 5：36—37）迦玛列认为耶稣的门徒所传讲的，"若是出于人，必要败坏。若是出于神，你们（公会的人）就不能败坏他们。"最后犹太公会的人便把使徒们释放了。（徒 5：38—40）

丢尼修（**Dionysius**）

丢尼修是雅典城中亚略巴古山上的高等法官。当年保罗在雅典传道时，曾被当地学者邀请，到亚略巴古山讲述他信奉的"创造宇宙和其中万物的神"。（徒 17：18—24）保罗说：神"将生命、气息、万物赐给万人。……要叫他们寻求神，或者可以揣摩而得。其实他离我们各人不远。我们生活、动作、存留、都在乎他。"（徒 17：25—28）保罗讲完之后有人讥笑他。"但有几个人贴近他，信了主，其中有亚略巴古的官丢尼修。"（徒 17：32—34）

多加 （Dorcas）

是约帕地方的一个女基督徒。原名大比大（Tabitha），译成希腊语就是多加。多加是"羚羊"的意思。她为人多作好事，喜欢周济穷人，并且常作些衣服，分赠给一些寡妇。她曾经患病而死。由彼得为她祷告，又使多加复活起来。（徒 9：36—42）。

多马 （Thomas）

1. 简介：是耶稣的十二使徒之一。多马原名低土马（Didymus），低土马是阿拉米语（Aramaic），意思是"孪生"。多马的为人，优缺点十分鲜明，其缺点是多疑，重感觉，曾忽视耶稣在世的时候所说过的预言。他的优点是忠诚无伪，一旦知错，勇于改正。

2. 圣经记载：

   1) 耶稣在世时很爱拉撒路。耶稣听说拉撒路病了，就要从约但河外到拉撒路的住处伯大尼去看他。耶稣的门徒们劝阻耶稣不要前去，因为那里的犹太人图谋伤害耶稣。当时只有多马反对众门徒的意见，主张和耶稣一同前去。（约 10：40—11：16）

   2) 耶稣受难的前夕对门徒说：在天父的家里有许多住处；耶稣

受难而去，原是为信徒预备地方去；将来耶稣在那里，叫信徒们也在那里。许多门徒不明白耶稣的意思，只有多马单纯真挚地向耶稣说："主啊，我们不知道你往哪里去，怎么知道那条路呢？"耶稣因着多马的发问，就对门徒说："我就是道路、真理、生命。若不藉着我，没有人能到父那里去。"（约14：2—6）

3）耶稣受难而又复活以后，曾向门徒们显现。但是，"那十二个门徒中，有称为低土马的多马。耶稣来的时候，他没有和他们同在（一起）。那些门徒就对他说：'我们已经看见主了。'多马却说：'我非看见他手上的钉痕，用指头探入那钉痕，又用手探入他的肋旁，我总不信。'"（约20：19—25）从此看来，多马实在是个多疑的人。他也忘记了耶稣早先说过的他将受难、复活的话。（路9：22）

4）由于多马不信耶稣复活，过了8天耶稣又一次显现，并且"对多马说：'伸过你的指头来，摸我的手。伸出你的手来，探入我的肋旁。不要疑惑，总要信。'多马说：'我的主！我的神！'耶稣对他说：'你因看见了我才信，那没有看见就信的，有福了。'"（约20：26—29）

5）其后，耶稣在提比哩亚海边，再一次向多马等门徒显现。（约21：1—2）

6）耶稣升天后，多马和众信徒一起"同心合意地恒切祷告"。（徒1：10—14）并且在五旬节的时候和彼得一起传道，宣扬耶稣已经复活。（徒2：1—4；徒2：14；徒2：23—24）

E.

....

俄巴底（Obadiah）

俄巴底是以色列王亚哈的王宫事务总管。他自幼敬畏耶和华，当亚哈和耶洗别杀害耶和华的众先知的时候，俄巴底曾把 100 名先知藏在洞里，拿饼和水供养他们。那时亚哈曾打发人到处寻索先知以利亚，要想杀害他。俄巴底在路上恰与以利亚相遇。以利亚叫俄巴底去告诉亚哈说，以利亚就在这里。俄巴底说："恐怕我一离开你，耶和华的灵就提你到我所不知道的地方去。这样我去告诉亚哈，他若找不着你，就必杀我。"以利亚说："我今日必使亚哈得见我。"于是俄巴底便去告诉了亚哈。亚哈见到以利亚后，以利亚要求亚哈招聚以色列众人和巴力的众先知一起到迦密山。以利亚在那里行神迹显明了惟有耶和华是神。（王上 18：3—39）

俄巴底冒着危险藏了亚哈和耶洗别要杀害的先知，又冒着危险去

把以利亚的消息告诉给亚哈王，显示出俄巴底"是自幼敬畏耶和华的"。（王上 18：12）

俄巴底亚（Obadiah）

俄巴底亚的意思是"敬畏神的人"。圣经中同名叫俄巴底亚的共有九人。

1. **亚哈的家宰俄巴底**也可译作俄巴底亚。参看本书"俄巴底"条。

2. **先知俄巴底亚**是圣经中俄巴底亚书的作者。有人认为俄巴底亚是耶稣降生前 841—830 年间的先知。另有人认为俄巴底亚书是他在耶稣降生前 586—585 年间写成的。因为俄巴底亚书是因以东人参与掠劫耶路撒冷而写的，但这样的掠劫前后却曾有四次。我们不知道，俄巴底亚书究竟是指以东人哪一次的抢劫。但俄巴底亚却明确预言以东（即以扫）的后代必将灭亡，（俄 18）他们趁机抢夺，（俄 13）必受审判。（俄 21）并预言以色列人未来的福分。（俄 17—21）俄巴底亚告诫说，耶和华神必审判骄傲和违背他命令的人（俄 3），却拯救和祝福那些谦虚顺从他的人。（俄 19—21）

3. 大卫的后裔俄巴底亚。（代上 3：21）

4. 以萨迦支派的一个首领俄巴底亚。（代上 7：3）

5. 扫罗的后裔俄巴底亚。（代上 8：38）

6. 大卫的勇士俄巴底亚。（代上 12：9）

7. 从巴比伦返国的祭司俄巴底亚。（尼 10：5，参尼 10：2）

8. 尼希米时代的看门者俄巴底亚。（尼 12：25）

9. 约押的后裔俄巴底亚。（拉 8：9）

俄德 （Oded）

圣经中叫俄德的有两个人。

1. 亚撒利雅的父亲俄德。（代下 15：1）

2. **列王时代撒玛利亚的先知俄德。**

俄德是在以色列王比加和犹大王亚哈斯年间作先知的。公元前
735 年以色列王攻打犹大国，从犹大和耶路撒冷掳了他们的弟兄
犹大人，连妇人带儿女共有 20 万，把这些人带往撒玛利亚去给
以色列人作奴婢。以色列人这样做本是希伯来律法所不允许的。
因此，先知俄德和以法莲的几个首领，劝阻以色列人，并且看顾
那些被掳的犹大人。对其中赤身的人①，就拿出衣服和鞋来给他
们穿。另外对受伤的人，就用膏抹他们。又给他们吃喝。其中有
软弱的，就使他们骑驴，送他们到耶利哥城他们的弟兄那里。
（代下 28：8—15）俄德等人这些做法，正像先知以赛亚所说的一
样："主耶和华的灵在我身上，因为耶和华用膏膏我，叫我传好
信息给谦卑的人，差遣我医好伤心的人，报告被掳的得释放，被
囚的出监牢。报告耶和华的恩年⋯⋯安慰一切悲哀的人。"（赛
61：1—2）耶稣在世时，当他在拿撒勒的会堂里传道时，也诵读
了这段经文以晓谕世人，他就是那受膏者基督，拯救世人的救
主，要拯救世人脱离罪恶，得享喜乐、平安和永生。（路 4：18）

俄陀聂 （Othniel）

1. 简介：俄陀聂原是迦勒的侄子，是约书亚和迦勒等以色列人进入

---

① "赤身的人"即"衣服不全的人"，请参阅马可福音 14：51 中的"赤身"二
字的意义。

迦南后的第一个士师。（士师是以色列人抵御外族人的领袖。）

2. 圣经记载：

1）当年迦勒攻打基列希弗时，曾说，谁能攻取基列西弗，就把自己的女儿给他为妻子。后来俄陀聂夺取了那城。迦勒便按照自己的许愿，把女儿嫁给了俄陀聂。（书 15：16—17；士 1：12—13）

2）以色列人行耶和华眼中看为恶的事，忘记耶和华他们的神，去敬奉假神，所以耶和华向以色列人发怒，把他们交在米所波大米王手中，使以色列人服苦役八年。以色列人呼求耶和华神的时候，神就兴起了俄陀聂。神的灵降在俄陀聂身上，他就作以色列的士师，战胜了米所波大米王，拯救以色列人脱离了异族的统治，使国中太平 40 年。（士 3：7—11）

F.

································

非比（Phoebe）

非比是一位女信徒，也作过坚革哩教会的女执事。后来迁居到罗马。保罗给罗马的信徒写信时，曾热情地向罗马信徒举荐非比。保罗称呼非比为"我们的姊妹"，并且说非比"素来帮助许多人，也帮助了我"。保罗对非比非常信任，甚至对罗马的信徒说："她在何事上要你们帮助，你们就帮助她。"可见非比是一个很热心的基督徒。（罗16：1—2）

非斯都（Festus）

1. 简介：非斯都的全名叫波求非斯都（Porcius Festus），曾受罗马皇帝的委派，接续腓力斯作犹太的巡抚，（徒24：27）非斯都在任期间把保罗押解到罗马。

2. 圣经记载：

1）保罗被犹太教的祭司长等人诬害，由巡抚腓力斯关押在该撒利亚两年没有断案。非斯都接任巡抚后，"祭司长和犹太人的首领向他控告保罗，又央求他，求他的情，将保罗提到耶路撒冷来。他们要在路上埋伏杀害他。"非斯都却要在该撒利亚就地审问保罗。（徒25：1—5）

2）非斯都到了该撒利亚，第二天坐堂审问保罗，那些犹太人对保罗的控告本来"都是不能证实的"，"但非斯都要讨犹太人的喜欢，就问保罗说：'你愿意上耶路撒冷去，在那里听我官断这事吗？'"若这样，便造成犹太人在路上杀害保罗的机会。但保罗看出他们的诡计，便说若是自己犯了该死的罪，就是死也在所不辞。但犹太人所控告的若都不实，保罗就要上告于罗马皇帝该撒。（徒25：6—12）

3）过了些日子，被罗马皇帝分封的王亚基帕，和他的妻子百尼基来到该撒利亚，向非斯都问安。非斯都便向他介绍了犹太人对保罗的控告。他说经过审问得知保罗并没有什么恶行，双方只是在宗教信仰上有争论，耶稣本是被犹太的权贵祭司长等人钉死的，而保罗却说耶稣是死而复活了。非斯都说他心里作难，不知道该怎样审问定案。于是亚基帕王和非斯都巡抚商定第二天两人共同会审保罗。（徒25：13—22）

4）当亚基帕王和非斯都巡抚会审保罗时，保罗对这两位显赫的人物说："神叫死人复活，你们为什么看作不可信的呢？从前我自己以为应当多方攻击拿撒勒人耶稣的名。……把许多圣徒囚在监里。他们被杀，我也出名定案。在各会堂，我屡次用刑，强逼他们说亵渎的话。"（徒26：8—11）保罗说死而复活的耶稣，曾亲自向他和与他在一起的人显现。耶稣并且向保罗说："你为什么逼迫我？你用脚踢刺是难的！"（徒26：13—15）保罗又说耶稣显现时还差派保罗去对世人传讲福音，叫世人"从黑暗中归向光明，从撒但权下归向神"，使世人因信耶稣"得蒙赦罪"，行事为人"与悔改的心相称"。保罗说正是因为这种原故，犹太人才要杀害自己。（徒26：15—21）保罗这样分诉，使"非斯都大声说：'保罗……你的学问太大，反叫你癫狂了。'"（徒26：24）亚基帕王也对保罗说："你想稍微一劝，便叫我作基督徒啊？"（徒26：28）"保罗说：'无论是少劝，是多劝，我向神所求的，不但你一个人，就是今天一切听我的，都要像我一样，只是不要像我有这些锁链。'"（徒26：29）这次审问之后，亚基帕和非斯都一致认为保罗无罪，并说保罗若没有上告于该撒，就可以释放了。（徒26：30—32）

5）最后非斯都决定派人把保罗押送到意大利的罗马城去（徒27：1），听候罗马皇帝的处理。

6）历史记述，非斯都大约在公元62年死在他的巡抚任期内。

腓吉路（Phygelus）

腓吉路和黑摩其尼（Hermogenes）都是亚细亚人，曾经听过保罗讲道，甚至和保罗还比较接近，但当保罗第二次在罗马被囚的时候，腓吉路和黑摩其尼却都离弃了保罗。（提后1：15）那时罗马的皇帝是暴君尼禄（Nero，在位时间为公元54—68）。历史记述尼禄曾残酷逼迫各地的基督徒。基督徒当时若坚持信奉基督，便可能丧失家产、遭受酷刑，甚至被捕被杀，而只要声明放弃对基督的信仰，便可保全生命财物。那期间彼得曾写信给亚细亚等地的信徒。（彼前1：1）劝勉那些地方的信徒说："基督既在肉身受苦，你们也当将这样的心志作为兵器"。（彼前4：1）彼得又说："亲爱的弟兄啊，有火炼的试验临到你们，不要以为奇怪，倒要欢喜，因为你们是与基督一同受苦。使你们在他荣耀显现的时候，也可以欢喜快乐。"（彼前4：12—13）而腓吉路和黑摩其尼经不住当时的试炼，甚至怕接近保罗而受到株连，竟离弃了保罗。

腓理徒（Philetus）

保罗在写给提摩太的信中，曾提到了腓理徒，保罗认为腓理徒乃是个偏离基督真道的名义上的基督徒，斥责他不信基督复活或基督徒也将死后复活等许多基要真道。保罗认为腓理徒等人的说法，已"败坏好些人的信心"。并说，"他们的话如同毒疮，越烂越大。"保罗叫提摩太要"远避世俗的虚谈"，防备腓理徒这样的人。（提后2：16—18）

腓力（Philip）

英文圣经中名叫 Philip 的共有四人。但中文圣经里有一处把 Philip 译作腓利，另外三人则都译作腓力。这三个人是：

1. 希罗底的前夫、**希律的兄弟腓力**。腓力死后，希律便娶了希罗底为妻子。这件事曾受到施洗约翰的责备。希律恼羞成怒便把约翰下在监里。（太14：3—4）

2. 以土利亚和特拉可尼**分封的王腓力**。（路3：1）历史资料记述了腓力娶了希罗底的女儿撒罗米为妻子。这个撒罗米就是在希律面前跳舞、要求希律杀死施洗约翰的那个女子。（太14：3—11）只不过圣经中没有记出撒罗米的名字。

3. **使徒腓力**。（太 10：2—3）

1）使徒腓力是加利利的伯赛大城的人。和彼得、安得烈同在一个城市。（约 1：43—44）

2）腓力刚刚信从了耶稣，就立即引领他的朋友拿但业也信了耶稣。（约 1：45—51）

3）耶稣在世时，曾有成千上万的人跟随耶稣听他讲道。有一次耶稣要试验腓力。"就对腓力说：'我们从哪里买饼叫这些人吃呢？'""腓力回答说：'就是二十两银子的饼，叫他们各人吃一点，也是不够的。'"（约 6：5—7）结果耶稣显神迹用五个饼两条鱼使 5000 人吃饱之后还有剩余。（约 6：8—15）

4）有一次在逾越节的时候，有几个希利尼人（即希腊人）求腓力说他们想见耶稣。腓力便和安得烈把这些希利尼人引领到耶稣面前。（约 12：20—23）腓力所住的伯赛大城就住有一些希利尼人。腓力这个名字便是希利尼文。很可能腓力会讲希利尼话，所以那些想见耶稣的希利尼人先来请求腓力。从此也可以看出基督徒多有学识技艺，也会有更多贡献的。

5）腓力熟读圣经，（约 1：45）又勤于寻求追问。（约 14：8—9）耶稣复活以后他和众使徒一起在马可楼上祷告。（徒 1：13—14）五旬节时他和彼得一起传道。（徒 2：14）腓力和众使徒曾同受耶稣的托付。（太 28：16—20）

腓力斯（Felix）

1. 简介：是罗马皇帝革老丢的佞臣。历史资料记述，大约在公元52—60 年间，腓力斯被派作犹太巡抚。他为人贪财好利。腓力斯在职期间，曾有几个假先知惑乱百姓。其中有一个假先知是埃及人，聚众闹事，说耶路撒冷将不攻自破。腓力斯对这些假先知，都是用武力平息的。而那个埃及人假先知却逃跑了。

2. 圣经记载：

1）保罗由安提阿第三次外出布道，在回来的路上经过耶路撒冷时，被犹太教的领袖耸动百姓将他拿住，想在混乱中把保罗杀害。耶路撒冷的罗马军官（即千夫长），名叫吕西亚，他叫兵丁把保罗从人群中带了出来，并向保罗说："你莫非是从前作乱，带领四千凶徒，往旷野去的那埃及人么?"（徒21：31—40）后来千夫长吕西亚得知保罗并不是作乱的人，乃是个有罗马国籍的人。（徒22：24—28）而且吕西亚又知道犹太人蓄意要谋杀保罗。（徒23：12）于是千夫长吕西亚就写信并派人把保罗押送到巡抚腓力斯那里，请腓力斯审断。（徒23：24—30）

2）腓力斯听取了犹太的大祭司等人对保罗的控告后，就叫保罗分诉。保罗借此机会讲明自己信仰的道理。（徒24：1—21）"腓力斯本是详细晓得这道，就支吾他们说：'且等千夫长吕西亚下来，我要审断你们的事。'于是吩咐百夫长看守保罗，并且宽待他，也不拦阻他的亲友来供给他。"（徒24：22—23）

3）"过了几天，腓力斯和他夫人犹太的女子土西拉，一同来到。就叫了保罗来，听他讲论信基督耶稣的道。保罗讲论公义、节制和将来的审判。腓力斯甚觉恐惧说：'你暂且去吧，等我得便再叫你来。'"（徒24：24—25）

4）"腓力斯又指望保罗送他银钱，所以屡次叫他来，和他谈论。"而且"腓力斯要讨犹太人的喜欢，就留保罗在监里。"这样，"过了两年"。直到他离任也未释放保罗。（徒24：26—27）

5）腓力斯晓得基督的道理。（徒24：22）也恐惧自己的灵魂受到
将来的审判。（徒24：25）而且屡次叫保罗来和他谈道。（徒
24：26）只因为贪图名利，至终并未接受基督。从圣经的记
载可以看出：知道基督与接受基督乃是不同的两件事。

腓利（**Philip**）

1. 简介：是耶路撒冷教会最初选出的七个执事之一。在七个执事中
名列第二。（徒6：5）而且腓利还有传福音的能力。（徒21：8）

2. 圣经记载：

1）耶稣受难升天后，耶路撒冷教会在短期之内便兴旺起来。彼
得两次讲道就有8000人悔改信奉基督。（徒2：41；4：4）
"信的人都在一处，凡物公用……他们天天同心合意恒切地在
殿里，且在家中擘饼，存着欢喜诚实的心用饭，赞美神，得
众民的喜爱。主将得救的人天天加给他们。"（徒2：44—47）
"那时，门徒增多。有说希利尼话的犹太人向希伯来人发怨
言，因为在天天的供给上，忽略了他们的寡妇。"（徒6：1）
使徒们便对门徒们说："我们撇下神的道去管理饭食原是不合
宜的。所以弟兄们，当从你们中间选出七个有好名声、被圣
灵充满、智慧充足的人，我们就派他们管理这事。"（徒
6：2—3）于是信徒们便选出了司提反、腓利等七个人作执
事，管理教会的事务工作（徒6：5—6），以便使徒们能"专
心以祈祷传道为事"。（徒6：4）

2）司提反殉道后（徒7：59—60），"耶路撒冷的教会大遭逼迫"
（徒8：1）。"那些分散的人往各处去传道。腓利下撒玛利亚
城去宣讲基督。"（徒8：4—5）撒玛利亚人本是以色列人和

异族人通婚所生的混血种族，他们不能加入犹太教，常受犹太人的轻视。腓利在撒玛利亚人中讲道后，许多撒玛利亚人就"信了腓利所传神国的福音和耶稣基督的名，连男带女就受了洗"。（徒8：12）在撒玛利亚，"有一个人，名叫西门，向来在那城里行邪术，妄自尊大，使撒玛利亚的百姓惊奇"。（徒8：9）但后来这个行邪术的西门也信了耶稣，受了洗，并且常和腓利在一处。（徒8：13）

3）腓利在撒玛利亚传道并建立教会之后，"有主的一个使者对腓利说：'起来，向南走。往那从耶路撒冷下迦萨的路上去。'那路是旷野。腓利就起身去了。"那条路是通往非洲的埃及去的。在那条路上，腓利见到一个非洲的"有大权的太监"。这个太监"在埃提阿伯女王干大基的手下总管银库，他上耶路撒冷礼拜去了"。现在要回非洲去。这个太监正在车上"念先知以赛亚的书"。"那段经说：'他像羊被牵到宰杀之地；又像羊羔在剪毛的人手下无声。'"腓利便向这个太监讲解说，先知以赛亚的预言，正是指着耶稣作为赎罪的羔羊而说的。太监相信了耶稣是救主，并且要求受洗。腓利便在旷野给太监施了洗。太监就回非洲去了。（徒8：26—39）这是基督的福音最早进入非洲的渠道之一。

4）以后腓利到了耶路撒冷的南方亚锁都。并且从那里继续北上。"走遍那地方，在各城宣传福音，直到该撒利亚"。（徒8：40）

5）腓利到了该撒利亚以后约20年，保罗和路加"来到该撒利亚，就进了传福音的腓利家里，和他同住"。（徒21：8）

6）腓利有四个女儿，都是未婚的处女，能说预言。（徒21：9）腓利的家庭，真是个虔诚的基督徒家庭。

腓利门（**Philemon**）

1. 简介：是一个热心的基督徒。新约的腓利门书，便是保罗在罗马监狱中写给腓利门的一封书信。（门 1）

2. 圣经记载：

   1) 保罗称腓利门是"我们所亲爱的同工"。（门 1）

   2) 腓利门家中有教会。（门 2）

   3) 腓利门作为一个基督徒，既有爱心又有信心。（门 5）

   4) 腓利门比较富有，家中曾有奴仆。（门 15—16）

   5) 腓利门为基督作了许多善事，使保罗和众圣徒都很欣慰。（门 6—7）

   6) 腓利门的奴仆阿尼西母可能偷了腓利门的财物而逃跑了。阿尼西母到了罗马后，见到了被软禁的保罗，从保罗处听信福音而成了基督徒。所以保罗称阿尼西母是他在"捆锁中所生的儿子"。（门 10）

   7) 保罗认为阿尼西母应当回去向腓利门认罪。（门 12）保罗在信中向腓利门说阿尼西母不再是奴仆，因为大家都是基督徒，乃是亲爱的弟兄。（门 16）并且对腓利门说，阿尼西母若亏负腓利门，保罗愿意代为偿还。（门 18—19）

   8) 保罗给腓利门写信时，保罗是个囚犯，腓利门是个富户。但保罗却对他说："我写信给你，深信你必顺服。"（门 21）从此可以看出基督徒之间的奇妙关系。

   9) 保罗给腓利门的信中还说："你还要给我预备住处，因为我盼望藉着你们的祷告，必蒙恩到你们那里去。"（门 22）从此也可以看出，保罗深信腓利门是个热诚的基督徒。

G.

·····························

该亚法 （Caiaphas）

1. 简介：该亚法约在耶稣降生后 18—36 年间作犹太人的大祭司，他的岳父亚那也曾是大祭司。（约18：13；路3：2）那时犹太已被罗马统治，犹太的大祭司既是宗教领袖，又是与罗马政府交涉事务的政治领袖。当时的犹太公会相当于犹太族的最高法庭，大祭司便是公会的主持人，权势很大。当年耶稣被无辜定罪处死，就是由该亚法主谋煽动犹太人，迫使罗马巡抚下令执行的。

2. 圣经记载：

   1）该亚法等人要杀害耶稣的第一个原因是出于对耶稣的嫉妒和忌恨。耶稣在世时宣讲天国的福音（可1：14—15），常有成千上万的人跟随耶稣，甚至彼此拥挤践踏（路12：1），有时候人群好几天跟着耶稣，忍饥受饿也不肯散去。（可8：1—3）

圣殿本应是极其圣洁的地方，但该亚法等人却使许多兑换银钱及卖牛羊鸽子的人聚集在圣殿里牟利。耶稣赶出了这些玷污圣殿的人，并且引用旧约圣经上的话说："我的殿必称为祷告的殿，你们倒使它成为贼窝了。"（太21：13）因此该亚法等犹太人屡次要杀害耶稣。（约5：18；约7：1）

2）该亚法等人要杀害耶稣的第二个原因，是怕罗马帝国消灭犹太人，从而该亚法等人也将失去他们既得的权位。耶稣在世的时候，东奔西走，"传福音给贫穷的人"。（路4：18）到处医病赶鬼，使不少的人认出耶稣便是他们久已盼望的救世主（弥赛亚）。（约1：41）虽然耶稣说："我的国不属这世界"（约18：36），耶稣来到世界上乃是"为要寻找拯救失丧的人"（路19：10），但是仍有许多人误以为耶稣会复兴以色列国，而强逼耶稣作王。（约6：15）这样就使该亚法等人十分惊慌，惟怕罗马人因此要来消灭以色列人，从而该亚法等人就会同样遭难。所以那些犹太贵族便"聚集在大祭司该亚法的院里，大家商议，要用诡计拿住耶稣杀他"。（太26：3—4）该亚法并且对那些犹太权贵们说：杀死耶稣一人，就等于"一个人替百姓死，免得通国灭亡，就是你们的益处"。（约11：49—50）其实施洗的约翰早就指证耶稣是"神的羔羊，背负世人罪孽的"。（约1：29）耶稣自己也说，他到世上来，"并不是要受人的服事，乃是要服事人，并且要舍命，作多人的赎价。"（可10：45）"叫一切信他的，都得永生。"（约3：15）

3）耶稣被捉拿后，"拿耶稣的人，把他带到大祭司该亚法那里去，文士和长老已经在那里聚会"。（太26：57）他们作假见证，问了耶稣一些问题，"耶稣却不言语"。大祭司该亚法最后问耶稣说："你是神的儿子基督不是？"耶稣对他说："你说的是。"大祭司就说耶稣说了僭妄的话，并问犹太公会权贵人物们的意见如何，"他们回答说：'他是该死的。'"该亚法等人就是这样把耶稣定了死罪。（太26：62—66）

4）该亚法不仅主谋钉死耶稣，而且在耶稣受难后，还迫害耶稣的使徒彼得、约翰等人。（徒4：5—20）

该隐（Cain）

1. 简介：该隐是旧约圣经中的人物，但在新约中却有三次提到该隐。

2. 圣经记载：

1）该隐是亚当和夏娃的长子。（创4：1）

2）该隐的兄弟叫亚伯。"亚伯是牧羊的。该隐是种地的。有一日该隐拿地里的出产为供物献给耶和华，亚伯也将他羊群中头生的和羊的脂油献上，耶和华看中了亚伯和他的供物，只是看不中该隐和他的供物，该隐就大大的发怒，变了脸色。耶和华对该隐说：'你为什么发怒呢？你为什么变了脸色呢？你若行的好，岂不蒙悦纳？'"（创4：2—7）但是该隐并不悔悟，竟把自己的亲兄弟亚伯杀了。（创4：8）

3）该隐不蒙耶和华神悦纳有两点原因：

①该隐的祭物不合耶和华的心意。在亚当夏娃犯罪之后，耶和华曾"用皮子作衣服给他们穿"。（创3：21）要取皮子，就必须流血杀生，这是圣经中较早的关于流血的暗示。从这件事上，耶和华神已经预示：人犯了罪，就必须要流血

的祭物来遮去人的罪恶。亚伯是个敬虔人，他献上了羊羔和羊的脂油为祭物。要割取羊的脂油也必须流血杀生，这是圣经中又一次关于流血的暗示。而该隐却随随便便地拿地里出产的植物来献祭，这就不如亚伯所献的能满足神的心意。因为，"若不流血，罪就不得赦免了"。（来9：22）

②该隐这个狂妄残暴的人本身不讨神的喜悦。这一点远比该隐的祭物更为重要，从该隐向神发怒，向神变脸，对神顶撞（创4：9），杀害胞弟等这些事看来，他的不敬不虔无情无义是他早有的素质和本性。从圣经记载的顺序上看，还并不是由于神先看不中该隐的祭物，然后才看不中该隐，而是神先看不中该隐这个人，然后才提到神也看不中他的祭物。因为耶和华神"喜爱良善，不喜爱祭祀；喜爱认识神，胜于燔祭"。（何6：6）一个人，他本身的敬虔与品德，实在比他所献的祭物更为重要。

4）耶和华因为该隐犯罪，就罚他"流离飘荡在地上"。（创4：12）

5）新约圣经中关于该隐的论述：

①希伯来书中说："亚伯因着信献祭与神，比该隐所献的更美，因此便得了称义的见证。"（来11：4）

②在约翰壹书中，老约翰告诫信徒说："不可像该隐，他是属那恶者，杀了他的兄弟，为什么杀了他呢？因自己的行为是恶的，兄弟的行为是善的。"（约壹3：12）

③在犹大书中，耶稣的弟弟犹大说：有些人"毁谤他们所不知道的。他们本性所知道的事与那没有灵性的畜类一样……他们有祸了，因为走了该隐的道路。"（犹10—11）

该犹 （Gaius）

同名叫该犹的共有四个人。

1. **约翰三书的收信人该犹**。

   1）约翰曾专门写信给他，并称该犹是"我诚心所爱的。"（约叁 1）

   2）该犹的灵命丰盛。心里存有真理。（约叁 2—3）

   3）该犹用爱心接待过往的信徒。（约叁 5）

   4）约翰在老年时候，有许多事要和该犹当面谈论，盼望快快地见到该犹，足见该犹是老约翰所器重的人。（约叁 13—14）

2. **马其顿人该犹**。是保罗第三次外出传道时同行的旅伴。保罗在以弗所传道使许多人离弃了邪术和偶像，于是当地制造偶像龛物的银匠挑动当地人反对保罗，聚众闹事，竟把该犹等人捉住，纷纷乱乱哄嚷喊叫了两小时，幸有以弗所城的行政官吏出来"安抚了众人"，"叫众人散去"。（徒 19：29 及其上下文）

3. **特庇人该犹**。保罗第三次外出布道途中，由马其顿来到希腊，"在那里住了三个月，将要坐船往叙利亚去。犹太人设计要害他，他就定意从马其顿回去"。和他一起同去的众人之中，就有特庇人该犹。（徒 20：4 及其上下文）有考证说该犹乃是特庇教会中管理捐献款项的人，这次和保罗一起回去，乃是要同往耶路撒冷去。

4. **哥林多城的信徒该犹**。保罗曾给他施过洗。（林前 1：14）保罗并且说该犹曾接待过他，甚至也接待过全教会许多的信徒。（罗 16：23）

歌革 （Gog）

圣经中名叫歌革的有三个，旧约中有两个，新约中有一个。

1. **流便支派的后代歌革**。（代上 5：4）对于此人，圣经未再多加记述。

2. **先知以西结预言中的歌革**。

   1）歌革是玛各、罗施、米设、土巴等地的王。（结38：2）而土巴人和米设人曾到推罗去贩卖奴隶，用人口兑换货物。（结27：13）

   2）先知以西结预言说，"到末后之年"，歌革的军兵"成了大队"。东方的波斯人与非洲的古实人和吕彼亚人等，"各拿盾牌，头上戴盔"，这些军队都聚集到歌革那里，歌革要"作他们的大帅"，"到以色列常久荒凉的山上"。（结38：3—8）

   3）以西结还预言说，将来在"末后的日子"，歌革"必从本地，从北方的极处，率领许多国的民来"攻击以色列人。（结38：15—16）

   4）以西结的预言中还提到："主耶和华如此说：'罗施、米设、土巴的王歌革啊，我与你为敌……你和你的军队，并同着你的列国人，都必倒在以色列的山上。'"（结39：1—4）耶和华使歌革的军队惨败后，"以色列家的人，必用七个月埋葬他们"这些歌革军队的尸体。（结39：12）

3. **使徒约翰预言中的歌革**。约翰在启示录中预言说："那一千年完了，撒但必从监牢里被释放，出来要迷惑地上四方的列国，就是歌革和玛各，叫他们聚集争战。他们的人数多如海沙。他们上来遍满了全地，围住圣徒的营，与蒙爱的城。就有火从天降下，烧灭了他们。"（启20：7—9）

哥尼流（Cornelius）

1. 简介：古意大利人哥尼流乃是驻在该撒利亚的小军官，职衔是百夫长，（徒10：1）后来全家都信奉了基督。在哥尼流家中形成了该撒利亚教会，是神在以色列人以外所建立的第一个外邦人的教会。

2. 圣经记载：

1）哥尼流虽然是被犹太人认为未受割礼的外邦人，但哥尼流却"常常祷告神"，"多多周济百姓"。（徒10：2）"是个义人"，"为犹太通国所称赞"。（徒10：22）

2）哥尼流不但引领"全家都敬畏神"，（徒10：2）而且在他的影响下，他的士兵中也有人很虔诚。（徒10：7）

3）只是哥尼流起初并没有听到过基督的福音。有一天，神的天使向哥尼流显现说："你的祷告和你的周济，达到神面前已蒙记念了。"（徒10：4）天使叫哥尼流打发人去请彼得来，给他们讲基督的救恩。哥尼流便叫人去请彼得。那时彼得已在约帕一个硝皮匠西门的家里住了多日子。（徒9：43—10：6）

4）哥尼流从该撒利亚派去请彼得的人将近约帕城的时候，彼得在祷告中见到了异象：从天上降下来一些犹太人认为是不洁净的绝不可吃的飞禽走兽。同时还有声音向彼得说话，叫彼得把这些不洁的鸟兽宰了吃。彼得作为一个犹太人，他说凡是俗物和不洁之物他从来没吃过。但"第二次有声音向他说：'神所洁净的，你不可当作俗物。'"（徒10：9—15）第三次又有这样的声音。彼得心里正在猜疑之间，不知所看见的异象是什么意思，哥尼流所差来的人，已经找到了彼得借住的地方。在圣灵的指引下，第二天彼得便出发到哥尼流家去了。（徒10：9—23）

5）彼得和接他去的人到了哥尼流家里的时候，"哥尼流已经请了他的亲属密友，等候他们。彼得一进去，哥尼流就迎接他，

俯伏在他脚前拜他。彼得却拉他说：'你起来，我也是人。'
彼得和他说着话进去，见有好些人在那里聚集，就对他们说：
'你们知道犹太人和别国的人亲近来往，本是不合例的。但神
已经指示我，无论什么人，都不可看作俗而不洁净的。'"（徒
10：24—28）彼得还说："神是不偏待人"的。"各国中，那敬
畏主行义的人，都为主所悦纳。"（徒 10：34—35）彼得传讲救
主耶稣的救恩之后，有圣灵印证哥尼流及其家人亲友确已信靠
耶稣基督，得蒙赦罪，彼得便给他们施了洗。（徒 10：36—48）
从而形成了该撒利亚的教会。

革老底亚（Claudia）

参看"利奴"条。

革老丢（Claudius）

1. 简介：革老丢是罗马的皇帝，在位期间约在耶稣降生后 41—54 年。
2. 圣经记载：

   1）基督教会中曾有先知预言说："天下将有大饥荒。这事到革老
   丢年间果然有了。"在那次饥荒中，安提阿教会的信徒们曾自
   由捐献款项，无条件地馈赠给耶路撒冷教会的信徒们。（徒
   11：27—30）

   2）大约在耶稣降生后 50 年时，革老丢下令所有的犹太人都须离
   开罗马。正是由于革老丢这道谕令，使得两位热诚的基督徒
   百基拉、亚居拉夫妇二人迁居到哥林多。后来保罗来到哥林
   多就投奔了他们，并且住在他们家中一起传道。（徒 18：1—
   4）以后革老丢又收回了那道谕令，因此百基拉和亚居拉又迁

回罗马居住，而罗马的教会就在他们的家中聚会。（罗 16：3—5）可见凡事都有神的美意。

3. 历史记述，约在公元 54 年，革老丢被弑而死。

革老丢吕西亚（Claudius Lysias）

1. 简介：革老丢吕西亚是罗马政府派驻耶路撒冷的军官，他的官衔是千夫长。能讲希利尼话。（徒 21：37）可能原来是希利尼人，"用许多银子，才入了罗马的民籍。"（徒 22：28）当年犹太人想在耶路撒冷害死保罗，革老丢吕西亚曾派人把保罗送出了耶路撒冷。

2. 圣经记载：

1）在保罗第三次外出布道返回来的路上，保罗不听众信徒的苦劝，不顾自身的生命危险，定意要到耶路撒冷去完成他的事工。（徒 21：10—13）到了耶路撒冷，保罗果然被犹太人拿住。犹太人正想要杀他，千夫长革老丢吕西亚一听说这件事，"立时带着兵丁和几个百夫长，跑下去到他们那里"，"吩咐人将保罗带进营楼去"，使保罗脱离了被打死的危险。（徒 21：27—34）

2）保罗向千夫长革老丢吕西亚请求对犹太人分诉。千夫长准了保罗的请求，保罗就站在营楼的台阶上，向犹太人讲述自己先前如何逼迫基督的信徒，后来又为何到处传扬基督的道理。当犹太人再一次喧嚷要杀害保罗的时候，千夫长革老丢吕西亚就"吩咐将保罗带进营楼去"。（徒 21：39—22：24）

3）千夫长革老丢吕西亚为了问清保罗是否有罪，原想叫人用鞭子拷问保罗。但听说保罗生来就是罗马人，马上就害怕而不敢动刑了。（徒 22：24—29）

4）千夫长"为要知道犹太人控告保罗的实情"，便召集了犹太公会的人审问保罗。保罗看出犹太公会的人"一半是撒都该人，一半是法利赛人"。而保罗自己也曾是法利赛人，且深知法利赛人是犹太教中最坚守摩西律法的一派人，他们相信死人复活和天使魔鬼；而撒都该人则倾向于罗马政权和希腊文化，也不相信复活、天使和魔鬼。于是保罗"就在公会中大声说：'弟兄们！我是法利赛人，也是法利赛人的子孙，我现在受审问，是为盼望死人复活。'说了这话，法利赛人和撒都该人就争论起来。会众分为两党。"法利赛人认为保罗没有什么不好之处。而撒都该人则大声争吵，双方对保罗推推扯扯。"千夫长怕保罗被他们扯碎了，就吩咐兵丁下去，把他从众人当中抢出来，带进营楼去。"（徒 23：6—10）

5）那时，有 40 个犹太人"同谋起誓说：'若不先杀保罗，就不吃不喝。'"他们要求犹太公会转请千夫长，叫千夫长把保罗带出来，假作要详细查问保罗，他们却想埋伏在半路上杀死保罗。"保罗的外甥，听见他们设下埋伏，就来到营楼里告诉保罗。"保罗叫他的外甥把这件事报告给千夫长，千夫长革老丢吕西亚为了保护保罗，便叫人把保罗护送到该撒利亚，又写了文书，请驻在该撒利亚的巡抚腓力斯审断这个案件，这样便把保罗送出耶路撒冷这个对保罗十分危险的地方。（徒 23：12—30）因此吕西亚后来还遭到了犹太人的指责反对。（徒 24：2—7）

古列（Cycrus）

1. 简介：古列是攻克巴比伦城使波斯帝国成为强国的国王，古列作波斯王的第一年（即古列元年），便下诏通告全国说："耶和华天上的神已将天下万国赐给我。又嘱咐我在犹大的耶路撒冷，为他建造殿宇。在你们中间凡作他子民的，可以上犹大的耶路撒冷，在耶路撒冷重建耶和华以色列神的殿。（只有他是神）"（拉1：1—3）因此使以色列人被掳70年后，得以重建耶路撒冷，修建圣殿。

2. 圣经记载：

古列的名字在圣经中共见到约20次。其中历代志下三次，（代下36：22—23）以赛亚书三次，（赛44：28；赛45：1，13）但以理书三次，（但1：21；但6：28；但10：1）其他则多见于以斯拉记。耶和华神借先知以赛亚论到古列说："他是我的牧人，必成就我所喜悦的，必下令建造耶路撒冷，发命立稳圣殿的根基。"（赛44：28）又说："我耶和华所膏的古列，我搀扶他的右手，使列国降伏在他面前。"（赛45：1）耶和华并且说："我凭公义兴起古列……释放我被掳的民。"（赛45：13）先知以斯拉详细记载了古列降旨，允许凡愿意回国的犹太人，可以带回原先被掳来的圣殿中的金银圣器，重建圣殿。（拉1：1—11；5：13—16；6：1—5）当时奉耶和华神的名回耶路撒冷的共有42000余人，还有他们的仆婢7000余人。（拉2：64—65）"有些族长，到了耶路撒冷耶和华殿的地方，便为神的殿甘心献上礼物，要重新建造"圣殿。（拉2：68）以色列人"那时他们如同一人，聚集在耶路撒冷"。他们筑坛献祭。照波斯王古列所允准的，准备工匠和木料。（拉3：1—7）从波斯王古列年间直到大利乌登基的时候，就有人阻挠、破坏建殿的工作。（拉4：5）但最后终于完成了建殿的事工。（拉6：15）

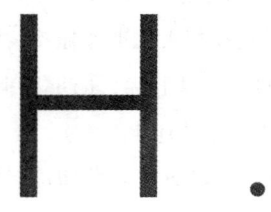

H.

哈巴谷（**Habakkuk**）

1. 简介：迦勒底（巴比伦）人毁灭犹大国时期的一位先知，哈巴谷书作者，书中写了耶和华神对他所不能理解的问题的回答。

2. 圣经记载：

  1）哈巴谷向耶和华求问说：你为何使我看见不公义的事？你为何容忍奸恶？"公理显然颠倒"，"我呼求你，你不应允要到几时呢？"耶和华说：你们要向列国中观看，在你的年日，我要作一些事，我必兴起迦勒底人，就是那残忍暴躁之民，通行遍地，派定他们为要刑罚人。（哈1：2—12）

  2）哈巴谷又因迦勒底人的罪恶，而不明白耶和华神为何使恶人吞灭比自己公义的，并且静默不语。对此神默示他，虽然迟延，还要等候，但到了一定日期迦勒底人必要遭报。与那些自高自大、积蓄不义之财、以血建城、以罪立邑、以毒酒醉人、并制造偶像的迦勒底人不同，义人则是因信神而得生存。（哈 1：13—2：9）

3）哈巴谷于是在祷告中认识到耶和华神的大能和荣光。最后哈巴谷说：我只可安静等候，虽在灾难之日也要因耶和华欢欣，因救我的神喜乐；主耶和华是我的力量。（哈 3：16—19）

哈该（**Haggai**）

1. 简介：一位先知，哈该书作者，他曾向负责重建圣殿的所罗巴伯传达神的话，责备犹大人拖延建殿工作。

2. 圣经记载：

1）大利乌王二年六月，犹大人自巴比伦返回虽已多年，但他们还说建殿的时候尚未到，而各人却顾自己的房屋。耶和华神藉哈该对所罗巴伯说："这殿仍然荒凉，你们自己还住天花板的房屋吗？""你们要省察自己的行为"。要修建这殿神就喜乐。（该 1：1—10；5：1）

2）圣殿复工后，七月二十一日，耶和华神的话临到哈该要他向所罗巴伯说：过不多时，耶和华神必震动万国；这殿后来的荣耀必大过先前的荣耀，在这地方神必赐平安。（该 2：1—10）哈该还说，未开始建殿前，耶和华的殿没有一块垒起的石头，所以献祭也不算圣洁，故不蒙福。（该 2：15）

3）耶和华再次要哈该告诉所罗巴伯说："我必震动天地；我必倾覆列国的宝座。"耶和华又称所罗巴伯为仆人。并说"我拣选了你"。预言在神预定的那一天来到时，"必以你为印"。这预言已由基督出生在所罗巴伯后代中得到证实。（该 2：20—23；

太 1：12—16）

哈拿尼 （**Hanani**）

圣经中同名哈拿尼的有五个人。

1. 先见哈拿尼。（代下 16：7）

　　1）先见哈拿尼乃是列王时代的先知。［"以前以色列中，若有人去问神，就说：'我们问先见去吧。'现在称为'先知'的，从前称为'先见'。"（撒上 9：9）］

　　2）哈拿尼曾责备犹大国第三代国王亚撒，说亚撒仰赖亚兰王而不仰赖耶和华。因此亚撒恼恨哈拿尼，把他下在监里。（代下 16：7—10）

　　3）哈拿尼的儿子耶户也是先知。（王上 16：7）

2. 音乐师哈拿尼。（代上 25：4—5）

3. 祭司哈拿尼。（拉 10：18—20）

4. 尼希米的弟兄哈拿尼。（尼 1：1—2）

5. 吹号之祭司的子孙哈拿尼。（尼 12：35—36）

何巴 （**Hobab**）

何巴是米甸人流珥（即叶忒罗）的儿子，乃是摩西的内兄（民 10：29 新译）。当年摩西带领以色列人要去迦南的时候，曾对何巴说："求你和我们同去，我们必厚待你。"何巴却要回本地本族那里去，但摩西请何巴作为向导说："求你不要离开我们，因为你熟悉这旷野，我们该在哪里安营，你可以作我们的向导。你若和我们同去，将来耶和华有什么好处待我们，我们也必以什么好处待你。"（民10：29—32，31 节系新译经文）

何西阿 （**Hosea**）

圣经内叫何西阿的有两个人。

1. **嫩的儿子何西阿**。是摩西的助手。摩西称他为约书亚。（民13：16）（参看本书"约书亚"条）

2. **先知何西阿**。是圣经中何西阿书的作者。"何西阿"的意思是"拯救"。他是在以色列国第十三代的王、耶罗波安二世末年开始作先知的，（何1：1）历时约40年。所以和阿摩司、以赛亚、弥迦等人，虽然在世时间先后交错，却又曾短期同时作先知工作。何西阿书中，多次提到以色列和北方的一些地区，因此有人认为，何西阿的主要工作，也是向以色列国北方的一些支派传道，或讲述耶和华神的慈爱或救恩。那时以色列一直拜金牛犊，有些地方还有拜巴力、亚舍拉等假神的罪恶。这些以色列人对耶和华这样不忠贞，真像淫妇一样。耶和华神叫何西阿娶了淫妇，借此表明虽然以色列偏向假神，但耶和华神还是爱他们，切望他们悔改，以敬畏的心归向耶和华，领受神的恩惠。（何1：2，何3：1，5）

何细亚 （**Hoshea**）

圣经中名何细亚的有三个人。

1. 大卫王时，以法莲的族长何细亚。（代上27：20）

2. 在尼希米所立的约上签名的何细亚。（尼10：23，参看尼9：38—10：1）

3. **以色列最后的一个国王何细亚**。

何细亚是以拉的儿子，乃是以色列第十九代的王。他杀了前王比加，篡了王位在撒玛利亚登基作王九年。行耶和华眼中看为恶的事，随从外邦人的风俗，敬拜假神，行不正的事。他在位时先是给亚述王进贡。（王下 17：1—3）后来背叛亚述，亚述王就把何细亚囚在监里，攻取了撒玛利亚，把以色列人掳到亚述。以色列终于灭亡。（王下 17：4—6）

黑摩其尼 （**Hermogenes**）

参看"腓吉路"条。

基甸（Gideon）

1. 简介：基甸是在以色列的女先知底波拉以后的一位士师。曾率领300 人打败十几万米甸敌军，使以色列人太平 40 年。（士 8∶28）

2. 圣经记载：

   1) 当年以色列人行耶和华眼中看为恶的事，敬拜假神巴力。所以耶和华把以色列人交在米甸人手中，使他们受苦七年。那时米甸人压制以色列人，以色列人极其穷乏，就呼求耶和华。耶和华的使者便向基甸显现，召他出来拯救以色列人脱离米甸人的欺压。（士 6∶1—6；6∶14）

   2) 基甸是一个平常的人，只因耶和华与他同在，便成了大能的勇士。（士 6∶11—12）

   3) 耶和华吩咐基甸，首先拆毁他的父亲约阿施为假神巴力造的祭坛，砍下坛旁的木偶，然后为耶和华建筑一座坛，敬拜真神。（士6：25—26）这件事引起同族人的愤怒，要治死基甸。（6：30）基甸的父亲对那些人说："你们想替巴力争辩、想保卫他吗？……如果巴力是神，他的祭坛已被拆掉，由他自己保卫自己吧！"（士6：31 新译）所以当日人称基甸为耶路巴力。耶路巴力的意思是"让巴力自卫"。这时那些同族人已不想再治死基甸，而是说基甸既已拆毁了巴力的坛，巴力若有能力就让它自己与基甸理论吧。实际上，基甸除掉巴力的祭坛与木偶，乃是除掉以色列人拜偶像的罪。正是因为以色列人拜假神，所以他们才受制于米甸人，若不除掉假神，以色列是不能得到拯救的。（士6：32）

4）当时以色列的敌人米甸人非常强大，基甸便两次祷告神，求神显明差遣他拯救以色列人的凭据。这两次神都听了基甸的祷告。坚固了他的信心。（士6：36—40）

5）基甸率领以色列人与米甸人对阵时，以色列人只有32000人。（参看士7：3）而米甸人却有135000人。（参看士8：10）但"得胜不在乎人多人少"，（撒上14：6）"得胜乃在乎耶和华。"（箴21：31）当以色列人与米甸人在军力数字上处于劣势的情况下，耶和华对基甸说："跟随你的人过多，我不能将米甸人交在他们手中，免得以色列人向我夸大说：'是我们自己的手救了我们。'现在你要向这些人宣告说：'凡惧怕胆怯的，可以离开基列山回去。'"于是有22000人回去，只剩下1万。这是耶和华对基甸军兵的第一次精选。（士7：2—3）

6）面对着135000米甸人，当基甸的战士只剩下1万的时候，"耶和华对基甸说：'人还是过多，你要带他们下到水旁，我好在那里为你试试他们。'"基甸就带他们下到水旁,用手捧着舔水的有 300 人。其余的都跪下喝水。"耶和华对基甸说:'我要用这舔水的三百人拯救你们,将米甸人交在你手中,其余的人都可以各归各处去。'"第二次精选只留下了 300 人。(士 7:4—8)两军作战大敌当前之际,跪下喝水个人虽喝得畅快,但必然丧失警觉。而双手捧水个人饮用虽多不便,但却可同时察看敌方动向,防备突然地攻击。真是"被召的人多,选上的人少"。(太 20:16,古卷小字)

7)基甸把 300 人分成三队,把号角和空瓶交在各人手中,瓶内都藏有火把,在三更之初,他们来到敌人的营旁,就吹起号角,打破瓶子,左手拿着火把,齐声呐喊:为耶和华而战!为基甸而战!(士 7:20 新译)结果米甸军营大乱,互相击杀,纷纷溃逃。以色列人就从各地聚集来,追赶米甸人。(士 7:16—23)

8)基甸捉住了米甸的两个王,杀死 12 万米甸兵士,惊散了他们的全军。(士 8:4—12)后来杀了米甸的两个王。(士 8:21)

9)以色列人希望基甸及其后裔作王统治以色列人。但基甸却说:"我不管理你们,我的儿子也不管理你们。惟有耶和华管理你们。"(士 8:22—23)

10)可惜基甸得胜后,竟请以色列人交出他们从米甸人那里夺来的金耳环,用这些金子制造了一个以弗得。"以弗得"的希伯来文意思是"偶像"。后来以色列人去拜那偶像,便使以色列人陷入罪中。(士 8:24—27)

11)基甸又娶了许多妻子,生了 70 个儿子。他的妾给他生了个儿子起名叫亚比米勒。基甸死后,亚比米勒竟残杀了基甸的众

儿子，只剩下基甸的小儿子约坦一人而已。（士8：30—9：5）

基哈西 （Gehazi）

1. 简介：基哈西是先知以利沙的仆人。他虽然常在先知身边，但自己贪爱财物而遭受到刑罚。

2. 圣经记载：

1）当年在书念地方有一个妇人，她和她的丈夫时常接待先知以利沙。以利沙想知道她有什么所求的。以利沙的仆人基哈西说："她没有儿子。"以利沙便预言说，第二年她将要抱一个儿子。妇人果然怀了孕，到了时候，生了一个儿子，应验了以利沙的话。（王下4：8—17）

2）后来，这个妇人的孩子死了。她就往迦密山去找以利沙。她到了以利沙那里，就痛苦地抱住了以利沙的脚。基哈西要推开她。以利沙却阻止了基哈西，问明了妇人失去儿子的苦情，以利沙就派基哈西去，拿着以利沙的杖，把杖放在孩子的脸上希望救活他。然而没有声音，也没有动静。以后以利沙亲自随着那妇人来了，进了屋子，祷告耶和华，孩子就睁开眼睛活过来了。（王下4：18—37）

3）亚兰王的元帅乃缦长了大麻风，遵照以利沙的嘱咐指示，得到了医治。乃缦要馈赠礼物给以利沙，以利沙坚决不肯接受。以致这个当代强国的元帅乃缦临走时说："从今以后，仆人必不再将燔祭或平安祭献与别神，只献给耶和华。"这本是以利沙为耶和华神作了一件很大的事工。但是基哈西却大起贪心。他跑出很远，追上乃缦，谎说有两个先知的门徒刚才来到，伪称以利沙叫他来向乃缦要一他连得银子①。并要两套衣裳。
乃缦却给了基哈西两他连得银子和两套衣裳。基哈西回来后
本想欺骗以利沙，但是以利沙责备基哈西说："这岂是受银
子、衣裳、买橄榄园、葡萄园、牛羊、仆婢的时候呢？因此
乃缦的大麻风必沾染你和你的后裔，直到永远。"基哈西从以
利沙面前退出去，就长了大麻风。（王下5：20—27）

基利司布（Crispus）

基利司布住在哥林多。原来是该城管理犹太会堂的。保罗在哥林
多的犹太会堂里传道时，有些犹太人抗拒、毁谤保罗。保罗就离
开会堂，到提多犹士都家中去讲道。但是在听了保罗讲道之后，
"管会堂的基利司布和全家都信了主"。（徒18：7—8）以后犹太人
攻击保罗，"众人便揪住了管会堂的所提尼"。（徒18：17）从此看
来，基利司布很可能信奉基督之后，便辞去了犹太会堂的职务。
保罗说他在哥林多，"除了基利司布并该犹之外"，他没有再亲自
给别人施过洗。（林前1：14）看来保罗是很重视基利司布的。

矶法（Cephas）

参看"彼得"条。

加布（Carpus）

是特罗亚的居民。保罗第二次被囚于罗马之前，曾有一件外衣留
在特罗亚加布的家中。可见保罗和加布交往密切。甚至保罗很可

---

① 一他连得约合30公斤。

能在加布家中住宿过。保罗十分信任加布的品德，所以把一些书和比较贵重的羊皮书卷也都存放在加布家中。保罗即将殉道之前，曾写信给提摩太，叫提摩太把外衣和书卷从加布家中取出带给他。从此可知加布对提摩太也早有认识。从这些迹象看来，加布当是经常乐于帮助保罗和他的布道事工的。（提后4：13）

加略人（Iscariot）

因为出卖耶稣的犹大原籍是加略，所以常在他的名字之前加上"加略人"几个字，称他为"加略人犹大"。（太10：4；路6：16）甚至犹大的父亲西门的名字之前，也加上了"加略人"的字样。这样称呼他的原因是，在耶稣的十二个门徒中，另有一个人也叫犹大，即雅各的儿子犹大。（路6：16；徒1：13）对出卖耶稣的犹大加上"加略人"的称谓，为的是便于区别，以免误会。后世往往一提"那个加略人"，即不言而喻指的是叛徒犹大。

迦得（Gad）

同名叫迦得的有两个人。

1. **雅各（即以色列）的第七个儿子迦得**。（创30：10—11）迦得的后代便是以色列人的十二支派之——迦得支派。（书18：7）

2. **大卫的先见（先知）迦得**。（代上21：9）

   1）当大卫逃避扫罗时，迦得劝大卫不要住在山寨，要往犹大地去躲避扫罗。（撒上22：5）

   2）大卫曾违反耶和华的意旨，擅自数点以色列人和犹大人。因此耶和华指示迦得去告诉大卫，由于大卫的罪，耶和华神将降灾于大卫，并提到三样灾害，由大卫选择其中的一样。"大卫对

迦得说：'我甚为难，我愿落在耶和华的手里。因为他有丰盛的怜悯。我不愿落在人的手里。'"（撒下 24：10—14）

3）当以色列人中瘟疫停止的时候，"迦得来见大卫，对他说：'你上去……为耶和华筑一座坛'。大卫就照着迦得奉耶和华名所说的话，上去了"。并且在那里为耶和华筑坛献祭。（撒下 24：15—25）

4）迦得与另一位先知曾吩咐说，"派利未人在耶和华殿中敲钹、鼓瑟、弹琴。"（代下 29：25）

迦勒（Caleb）

同名叫迦勒的有两个人。

1. 曾窥探迦南地的迦勒

1）迦勒是犹大支派的族长，曾与约书亚等共 12 人被摩西派往迦南（即现今的巴勒斯坦），去窥探该地。（民 13：1—6）

2）迦勒等 12 人窥探迦南后，回来对摩西说，迦南果然是流奶与蜜之地。（民 13：25）

3）"迦勒在摩西面前安抚百姓说：'我们立刻上去得那地吧，我们足能得胜。'"（民 13：30）

4）只是 12 个窥探人员中，有 10 个人"向以色列人报恶信，说：'我们所窥探经过之地，是吞吃居民之地。我们在那里所看见的人民，都身量高大。……他们是伟人的后裔，据我们看自己就如蚱蜢一样。'"当下以色列会众就发怨言，竟想返回埃及去。但迦勒和约书亚却"对以色列全会众说：'我们所窥探经过之地，是极美之地。耶和华若喜悦我们，就必将我们领进那地，把地赐给我们。……你们不可背叛耶和华，也不要怕那地的居民。……有耶和华与我们同在，不要怕他们。'"
（民 13：32—14：9）

5）以色列人因为迦勒和约书亚坚持要攻取迦南，竟要打死他们
二人。所以耶和华要用瘟疫击杀这些以色列人。由于摩西求
告耶和华，耶和华便又一次赦免了以色列人。但耶和华说，
这些悖逆的以色列人，一个也不得看见神应许的迦南美地。
耶和华说："惟独我的仆人迦勒因他另有一个心志，专一跟从
我，我就把他领进他所去过的那地。他的后裔也必得那地为
业。"（民 14：10—24）耶和华并对摩西说，以色列人屡次向
神发怨言，他们必倒在这旷野，他们中间从 20 岁以外向神发
怨言的，必不得进入迦南。惟有迦勒和约书亚才能进去。（民
14：26—30）

6）其后，那些报恶信的人，都遭瘟疫死在耶和华面前。其中惟
有约书亚和迦勒仍然存活。（民 14：36—38）

7）后来，约书亚率领以色列人新的一代进入了迦南。迦勒也参与
了进攻迦南的征战。当初迦勒被摩西派去窥探迦南的时候年 40
岁。进入迦南后，到 85 岁时仍很强壮。迦勒并且承受了希伯
仑地区为业，"因为他专心跟从耶和华"。（书 14：6—14）

8）迦勒在希伯仑赶出了异族的三个族长，又夺取了附近的地区。
（书 15：13—19）

2. 希斯仑的儿子迦勒。（代上 2：18）迦勒的儿子户珥（代上 2：
19）与亚伦曾一同帮助过摩西。（出 17：11—12）

迦流 （Callio）

1. 简介：迦流是罗马帝国亚该亚省的方伯，方伯也可叫作巡抚，是

代表罗马皇帝总管当地军政事务的大臣。

2. 历史记述：有些资料说迦流的全名叫犹尼阿斯迦流（Junius Callio），生在哥达瓦（Cordava），和斯多亚学派的哲学家辛尼卡（Seneca）是彼此相爱的兄弟。当罗马皇帝提庇留（Tiberius）即位后，迦流才到了罗马。迦流还曾作过暴君尼禄王的导师。在一个碑文上记有罗马皇帝革老丢的布告。该布告证实在公元 51—52 年间，迦流正作亚该亚省的方伯。而保罗第二次外出布道乃是在耶稣降生后 50—53 年之间。这样保罗在亚该亚省的大城哥林多传道时，被当地的犹太人所控告，正好告在迦流的名下。

3. 圣经记载：

1) 保罗以前在以哥念、路司得、腓立比、帖撒罗尼迦、庇哩亚等地传道时，屡屡遭受犹太人的逼迫、驱赶、殴打和谋害。（徒 14：40—17：13）但是保罗在哥林多传道时，神却应许保罗说："不要怕，只管讲，不要闭口。有我与你同在，必没有人下手害你。"所以"保罗在那里住了一年零六个月，将神的道教训"哥林多人。（徒 18：9—11）而"到迦流作亚该亚方伯的时候，犹太人同心起来攻击保罗，拉他到公堂说：'这个人劝人不按着律法敬拜神。'"（徒 18：12—13）那些犹太人的意思是控告保罗，说他宣传一种不合罗马法律的宗教。犹太人向来逼迫基督和基督徒，常把正当的宗教信仰生活说成是违法的犯罪活动。所以这次迦流如何审断，实在至关重要。

2) 迦流听了犹太人的控告后，还未等保罗开口申诉，迦流就对原告犹太人等说：你们这些犹太人，如果你们的身体财物受到损害，有了冤屈，或者有人作了什么奸恶违法的事，"我理当耐性听你们",受理这种案件。但你们"所争论的,若是关乎言语、名目"和你们的信仰问题,"这样的事我不愿意审问"。于是迦流"就把他们撵出公堂"。(徒18:12—16)这件事一方面应验了神应许保罗的话:"必没有人下手害你。"另一方面,迦流这一公正的审断,也是自从巡抚彼拉多无故杀害耶稣以来,在基督徒屡遭逼迫之后,第一次在诉讼中,把正常的宗教信仰生活和违法的犯罪行为,鲜明地区别开来。迦流这样的结案,以后成了其他军政官吏仿效的先例。例如:以弗所的自治行政官,便安抚那些要群殴保罗的人。(徒19:35)耶路撒冷的千夫长吕西亚三四次保护保罗不被殴打或谋杀。(徒21:31—32;22:22—29;23:10;23:19—24)巡抚腓力斯对要陷害保罗的犹太人采取了支吾的态度,而对保罗却加以宽待。(徒24:22—23)非斯都巡抚和亚基帕王不听犹太人的诬告,都认为保罗无罪。(徒26:30—31)自从迦流拒绝审理保罗以后,大约有十年之久,基督徒受到了比较公正合理的对待,使福音更加兴旺起来。

迦玛列 (Gamaliel)

圣经中同名叫迦玛列的有两个人。一个在旧约,一个在新约。

1. **旧约中记载的迦玛列。**

   1)"以色列人出埃及地后第二年",耶和华晓谕摩西说:"你要按以色列全会众的家室、宗族、人名的数目,计算所有的男丁。……每支派中,必有一人作本支派的族长,帮助你们"数点人口。(民1:1—4)在这些数点人口的人们当中,属于玛拿西支派的族长,便是迦玛列。(民1:10)

2）以后经过计算，由迦玛列"作玛拿西人的首领，他军队被数的，共有三万二千二百名"。（民2：2—21）

3）"摩西立完了帐幕"，（民7：1）耶和华对摩西说，每天要有个首领来献供物。（民7：11）"第八日来献的，是玛拿西子孙的首领比大蓿的儿子迦玛列。"他献上的是银盘、银碗、金盂、细面、牛羊等供物。（民7：54—59）

4）其后以色列人离开西乃旷野到巴兰旷野去，是按着军队的序列行进的。（民10：12—14）"统领玛拿西支派军队的，是比大蓿的儿子迦玛利。"（民10：23）

2. 新约中记载的迦玛列。

1）是个法利赛人，也是众百姓所敬重的教法师，且是由71人组成的犹太公会的成员。（徒5：33—34）当时的犹太公会就是犹太的最高法庭，足见迦玛列是个举足轻重的人。

2）当犹太公会中有些人想要杀死彼得等众使徒的时候，迦玛列曾劝阻他们应当小心处理。迦玛列认为从前丢大等二人曾先后鼓动过许多百姓附从丢大他们，但丢大等二人死后，附从他们的人便都四散了。而如今耶稣受难后，他的门徒却反而日渐增多了，所以迦玛列对犹太公会的人说："现在我劝你们不要管（彼得等）这些人，任凭他们吧！他们所谋的，所行的，若是出于人，必要败坏。若是出于神，你们就不能败坏他们，恐怕你们倒是攻击神了。"由于迦玛列的卓识远见，"公会的人听从了他"，使彼得等众使徒，在死亡的边缘上又被释放回来。（徒5：33—40）这些使徒被释放后，分别在各地传道。为了见证耶稣的复活与福音，他们不避艰险困苦，有些人乃是直到老年才离世的。

3）迦玛列作教师，按着严谨的摩西律法施教。保罗在青年时期曾受教在迦玛列的门下。（徒22：3）

居里扭（Quirinius）

1. 简介：是罗马人。耶稣降生时，居里扭正作叙利亚的巡抚。

2. 圣经记载：

居里扭在职时，按罗马皇帝亚古士督（Augustus）的旨意，叫罗马统治地区的"众人各归各城，报名上册"。（路2：1—3）因此耶稣的养父"约瑟也从加利利的拿撒勒城上犹太去，到了大卫的城，名叫伯利恒。因他本是大卫一族一家的人，要和他所聘之妻马利亚一同报名上册"。（路2：4—5）"那时马利亚的身孕已经重了。"马利亚便在伯利恒的马棚里生了耶稣。（路2：5—7）这样，由于居里扭叫人各归各城报名上册，便应验了多年前先知弥迦预言耶稣降生的话："犹大地的伯利恒啊，你在犹大诸城中，并不是最小的。因为将来有一位君王，要从你那里出来，牧养我以色列民。"（太2：6；参看弥5：2）

3. 历史记述：罗马历史学家他希图斯（Tacitus）著有《居里扭传》。

可拉（Korah）

圣经中同名叫可拉的有四个人。

1. 以扫的妻子阿何利巴玛所生的儿子可拉。（创 36：14）

2. 以利法的一个儿子可拉。（创 36：16）

3. 希伯仑的儿子可拉。（代上 2：43）

4. **攻击摩西的可拉。**

   1）他是以斯哈的儿子，利未的曾孙。可拉曾和以色列会中 250
   个首领，一同攻击摩西、亚伦说："你们擅自专权。全会众个
   个既是圣洁，耶和华也在他们中间，你们为什么自高，超过
   耶和华的会众呢？"（民 16：1—3）

   2）为了明辨是非，摩西叫可拉同那 250 个首领与亚伦各拿香炉，
   把香放在上面，站在会幕门前，等候耶和华的判断。此时，

耶和华晓谕摩西，警戒众百姓离开可拉等人的四围，神要在转眼之间灭绝可拉及其同伙。摩西祷告耶和华神。神便使地开口吞了可拉并一切属于可拉的人丁财物。又有火从耶和华那里出来，烧灭了那250人。随后又有瘟疫发生。除了因可拉叛变死的以外，又死了14700人。（民16：4—50）

3）这一事件因为是以可拉为首的，因此称可拉一伙的人为"可拉党人"。（民16：11）

4）新约犹大书的作者论到一些背逆的人说："他们有祸了。因为走了该隐的道路，又为利往巴兰的错谬里直奔，并在可拉的背叛中灭亡了。"（犹11）

可拉后裔（Sons of Korah）

当年可拉攻击摩西时，圣经中并未记载可拉的儿子们也帮助他叛变。但圣经上却明说，可拉的党类死亡、神火烧灭250个可拉同伙时，"可拉的众子没有死亡"。（民26：10—11）可拉有三个儿子，即亚惜等人。（出6：24）过了数百年，"约柜安设之后，大卫派人在耶和华殿中管理歌唱的事。"供职的人中便有可拉的后裔希幔。（代上6：31—33）所罗门建殿完工以后，也使希幔等人和他们的众子众弟兄供职歌唱作乐。（代下5：1，代上5：12—13）诗篇中有许多篇的诗题都说明是"可拉后裔的诗歌"（诗篇46；47；48；49；84；85；87；88），或"可拉后裔的训诲诗"。（诗篇42；44）

苦撒（Guza）

苦撒是加利利分封的王希律的宫廷官员，苦撒的妻子约亚拿是个虔诚的基督徒，耶稣在世的时候，约亚拿"和好些别的妇女，都是用自己的财物供给耶稣和门徒"。（路8：3）

L.

....

拉班（Laban）

拉班是彼土利的儿子。既是雅各的母舅，又是雅各的岳父。

1. 亚伯拉罕当年差遣他的老仆人为儿子以撒娶妻。拉班接待了亚伯拉罕的仆人，并且决定了让妹妹利百加嫁给以撒的婚事。（创24：1—52）

2. 后来以撒又叫儿子雅各到母舅拉班家去招亲娶妻。拉班也接待了雅各。拉班有两个女儿，名叫利亚和拉结。雅各爱拉结，便与拉班说定，服事拉班七年后与拉结结婚。但是雅各作工七年后，拉班欺骗雅各，竟把利亚送入洞房与雅各成亲。雅各为娶拉结，只好答应与拉结完婚后再服事拉班七年。满了七年之后，又为拉班牧羊六年之久。雅各在拉班处共寄居20年才返回故乡。（创28—31）

拉结 （Rachel）

拉结是雅各的妻子，拉班的女儿，约瑟和便雅悯的母亲。雅各为了娶拉结，前后共服事拉班 14 年。拉结在婚后长期不怀孕，她嫉妒姐姐利亚，便把使女辟拉给雅各为妾，生子二人。后来神顾念拉结，使拉结生了个儿子，起名叫约瑟。（创 29：1—30：24）在雅各全家到迦南后，拉结生了第二个儿子便雅悯。但拉结却因为难产而死。（创 35：16—20）

拉撒路 （Lazarus）

拉撒路的意思是"上主帮助自己"。在新约圣经中，同名叫拉撒路的有两个人。

1. **伯大尼的拉撒路**。

1）拉撒路"住在伯大尼"。（约 11：1）"伯大尼离耶路撒冷不远，约有六里路。"（约 11：18）拉撒路是马大和马利亚姊妹二人的兄弟，一家三个人都是耶稣素来所爱的门徒。（约 11：1—2；11：5）他们曾把耶稣请到家中，听他讲道，并加以款待。（路 10：38—42）

2）耶稣在世上曾多次说明自己是神的独生儿子，凡是信耶稣的，耶稣就"赐给他们永生。他们永不灭亡"。（约 10：28）因此犹太人以为耶稣说了僭妄的话，拿石头要打他。（约 10：31）另一些犹太人"又要拿他，他却逃出他们的手走了"。（约 10：39）这时拉撒路病了，马大和马利亚"就打发人去见耶稣说：'主啊！你所爱的人病了。'"但是耶稣并没有立即去看拉撒路，而是在所住的地方，又住了两天。（约 11：3—6）这时拉撒路死了。（约 11：14）耶稣的门徒曾对他说："犹太人

近来要拿石头打你，你还往那里去么？"然而耶稣还是定意要到伯大尼去。（约 11：8—15）

3）耶稣到了伯大尼，拉撒路已经死了四天了，而且已经安葬了。（约 11：17）那时犹太人都是安葬在山上天然的石洞或凿出的石洞里。洞口用一块大石头堵上，这便是坟墓。耶稣来到拉撒路的坟墓那里，叫人把石头挪开，耶稣举目望天祷告以后，"就大声呼叫说：'拉撒路出来！'"拉撒路果然复活而出来了。"那些来看马利亚的犹太人，见了耶稣所作的事，就多有信他的。"（约 11：17—45）

4）由于耶稣行的神迹，犹太公会的人反而更想要杀害耶稣，所以耶稣"就离开那里往靠近旷野的地方去"了。（约 11：47；11：53—54）但"逾越节前六日"，耶稣又来到伯大尼，"有人在那里给耶稣预备筵席。……拉撒路也在那同耶稣坐席的人中"。（约 12：1—2）"有许多犹太人知道耶稣在那里，就来了，不但是为耶稣的缘故，也是要看他从死里所复活的拉撒路。但祭司长商议连拉撒路也要杀了。因有好些犹太人，为拉撒路的原故，回去信了耶稣。"（约 12：9—11）在圣经里关于拉撒路的记载中，拉撒路没有说一句话，但是他复活以后的形象与行动，却成了见证，使许多人信了耶稣。

2. **要饭的拉撒路**。这个拉撒路"浑身生疮，被人放在财主门口，要得财主桌子上掉下来的零碎充饥"。而这个财主"天天奢华宴乐"。后来拉撒路死了。"被天使带去放在亚伯拉罕的怀里。财主也死了，并且埋葬了。他在阴间受痛苦，举目远远地望见亚伯拉罕，又望见拉撒路在他怀里，就喊着说：'我祖亚伯拉罕哪！可怜我吧！打发拉撒路来，用指头尖蘸点水，凉凉我的舌头。因为我在这火焰里，极其痛苦。'亚伯拉罕说：'儿啊！你该回想你生前享过福。拉撒路也受过苦。如今他在这里得安慰，你倒受痛苦。不但这样，并且在你我中间，有深渊限定，以致人要从这边过到你们那边，是不能的。要从那边过到我们这边，也是不能的。'财主说：'我祖啊，既是这样，求你打发拉撒路到我父家去。因为我还有五个弟兄。他可以对他们作见证，免得他们也来到这痛苦的地方。'"亚伯拉罕说，他们有摩西和先知的话写在圣经上可以遵从。财主认为只有圣经，他的弟兄们还未必肯信从，他就进一步对亚伯拉罕说，若是有一个从死里复活的人到他的弟兄们那里去，他们就必悔改了。但是亚伯拉罕说，人们若是不肯信从圣经上的话，"就是有一个从死里复活的，他们也是不听劝"的。（路 16：19—31）

喇合 （**Rahab**）

1. 简介：是古时耶利哥城的妓女。曾保护过两个以色列人，因此以色列夺取耶利哥时，喇合一家人都被保护下来。

2. 圣经记载：

    1) 摩西率领以色列人出离埃及后，在旷野中绕行了 40 年，直到摩西离世的时候，以色列人仍未能进入神应许他们的迦南地区（即现今的约但河西巴勒斯坦一带）。摩西死后，耶和华神晓谕约书亚，要约书亚率领以色列人过约但河，进到迦南地去。（书 1：1—2）"约书亚从什亭暗暗打发两个人作探子，吩咐说：'你们去窥探那地，和耶利哥。'于是二人去了，来到一个妓女名叫喇合的家里。"就藏在喇合的家中。（书 2：1）

    2) "有人告诉耶利哥王说：'今夜有以色列人来到这里窥探此

地。'耶利哥王打发人去见喇合说：'那来到你这里，进了你家的人，要交出来。因为他们来窥探全地。'"喇合却把两个以色列人藏在房顶的麻秸中，而把耶利哥王派来的人支吾走了。（书2：2—7）

3）喇合对那两个以色列人说："我知道耶和华已经把这地赐给你们，并且因你们的缘故我们都惊慌了……因为我们听见你们出埃及的时候，耶和华怎样在你们面前使红海的水干了。"喇合请求那两个以色列人说，希望将来以色列人攻占耶利哥的时候，要保全喇合一家人的性命。那两个以色列人应允了喇合。（书2：8—14）

4）喇合的房子是在城墙边上的。她用绳子把两个以色列人从窗户里缒下去，放走了他们，他们临走之前告诉喇合，将来以色列人攻夺耶利哥城的时候，叫喇合把一条朱红线绳，系在他们缒下去的窗户上。这样凡在喇合家中的人，都可保全性命。于是喇合"打发他们去了。又把朱红线绳系在窗户上"。（书2：15—21）

5）约书亚带领以色列人夺取耶利哥城的时候，耶利哥全城的人尽都被杀。只有妓女喇合和她的家中人等得以存活。（书6：15—25）

6）希伯来书的作者曾论到许多古时有信心的人，其中便提到"妓女喇合因着信，曾和平平地接待探子，就不与那些不顺从的人一同灭亡"。（来11：31）

7）雅各曾说："没有行为的信心是死的。"（雅2：20）并说妓女喇合接待使者，又放他们从别的路上出去，也是由信心而产生的善行。（雅2：25）

利百加 （**Rebekah**）

1. 简介：利百加是亚伯拉罕的儿媳，以撒的妻子，以色列的母亲。而以色列的后代，便是以色列族人。

2. 圣经记载：

   1）亚伯拉罕的妻子撒拉死去之后（创23：2），"亚伯拉罕年纪老迈"（创24：1），就托他的老仆人给他的儿子以撒找个妻子。但是不要当地迦南地方的异族人，必须要自己家系中的女子。于是这位老仆人便带着十个骆驼和各样财物，往亚伯拉罕的故乡米所波大米①去了。亚伯拉罕的老仆人一路祷告耶和华，处处看到耶和华引领他的凭据。老仆人到了拿鹤城，在井边遇到了一个青年女子利百加，正扛着水瓶出来打水。利百加"容貌极其俊美"。（创24：2—16）

   2）老仆人向利百加要点水喝。勤劳谦和而又乐于助人的利百加，不仅用手托着水瓶，把自己打来的水给老仆人喝，而且还主动往返打水倒在槽里，直到使十匹骆驼都喝足了水。（创24：17—22）

   3）当老仆人问清利百加乃是亚伯拉罕家系中的人，而且利百加的家中又有地方可以借住，他便"低头向耶和华下拜"。（创24：23—26）

   4）利百加回家，把老仆人给她的饰物和借住的要求讲给了她的哥哥拉班。拉班便到井旁去，请老仆人带着骆驼等物，进到自己的家中。并且招待老仆人和跟随他的人洗脚吃饭。然而老仆人却不顾旅途的劳累饥饿，先不肯用饭，而是想尽早地

---

① Mesopotamia，今译作美索不达米亚。

说明亚伯拉罕托他为以撒娶妻的来意，他向利百加的父亲和哥哥提出了为以撒聘娶利百加的要求。（创24：32—49）

5）利百加的父亲彼土利和她的哥哥拉班回答老仆人说："这事乃出于耶和华。"他们接受了老仆人的礼聘。利百加的母亲和哥哥说要问问利百加自己的意见。利百加也同意远嫁给异乡的本家族的人，于是拉班等人就给利百加祝福说：愿你作千万人的母亲。利百加便带着她的乳母和她的使女们，跟着老仆人一起出发，到亚伯拉罕和以撒所住的迦南地区去了。（创24：50—61）

6）老仆人带着利百加，到了迦南地以撒所住的地方，那时"天将晚，以撒出来在田间默想。举目一看，见来了些骆驼。利百加举目看见以撒……问那仆人说：'这田间走来迎接我们的是谁？'仆人说：'是我的主人。'利百加就拿帕子蒙上脸。仆人就将所办的一切事，都告诉以撒。"以撒"娶了她为妻，并且爱她"。（创24：63—67）

7）"以撒娶利百加为妻的时候，正四十岁"。"以撒因他妻子不生育，就为她祈求耶和华。耶和华应允他的祈求，他的妻子利百加就怀了孕。孩子们在她腹中彼此相争。她就说：'若是这样，我为什么活着呢？'她就去求问耶和华。耶和华对她说：'两国在你腹内，两族要从你身上出来，这族必强于那族。将来大的要服事小的。'生产的日子到了，腹中果然是双子。"利百加夫妇结婚20年后，才得到两个双生，于是给大儿子起名叫以扫，二儿子起名叫雅各。（创25：20—26）雅各后来改名叫以色列。（创35：9—10）

8）"两个孩子渐渐长大。"以撒爱长子以扫，利百加却爱次子雅各。"有一天，雅各熬汤。以扫从田野回来累昏了。"以扫要喝雅各的红豆汤。雅各却要求以红豆汤为代价，请以扫把长子的名分卖给他。以扫轻视长子的名分，竟然为了一碗红豆汤，把长子的名分卖给了雅各。（创 25：27—34）

9）那时又有一次饥荒。以撒和利百加便迁到基拉耳去住。（创 26：1）以撒觉得利百加比自己年轻得多，而且容貌又俊美，竟错误地认为，如果当地人知道他们是夫妻，会杀害以撒，于是就谎说他们是兄妹关系。但是他们的谎言被当地的王亚比米勒看出来了，亚比米勒便责备以撒，并下令当地人保护以撒和利百加。（创 26：6—11）

10）以撒蒙耶和华赐福。在那里耕种有很大的收成。以撒和利百加就成了大富户。当地人嫉妒他们，他们便迁移到基拉耳谷。支搭帐棚，住在那里。（创 26：12—17）

11）利百加的儿子以扫娶了本家族以外的两个赫族女子作妻子。她们常使以撒和利百加愁烦。（创 26：34—35）

12）后来，"以撒年老，眼睛昏花，不能看见。"他要吃以扫猎取的野味，再给以扫祝福。利百加却偏爱雅各，叫雅各宰了羊羔作成美味，哄骗了以撒，取得了以撒的祝福。以扫打猎回来，得知他的兄弟雅各用诡计夺去了自己的福分，先是痛哭，继而就怨恨雅各，想要杀他。利百加为了缓和这两个双生子的矛盾，便对以撒说，由于以扫娶了家系以外的人作妻子，所以家中常有厌烦。利百加便和以撒共同商议，嘱咐雅各不要娶迦南地区的女子，因而打发雅各到他的母舅拉班那里去，以便在拉班的女儿中娶一个表姐妹作妻子。（创 27：1—28：5）

13) 雅各离家去到他的母舅那里，一直为拉班工作了 20 年。娶了拉班的两个女儿。（创 31：41）雅各回来的时候，以撒还活着。（创 35：28—29）但是却未提到利百加，据推想，利百加在雅各回家前便已离世了。圣经中只记载了利百加和以撒都是葬在希伯仑附近的麦比拉洞里。（创 49：30—31）

14) 利百加远离自己的父家，肯于嫁给比自己年长较多的以撒，生了雅各，这在圣经中也是一件较为重大的事。因为雅各乃是亚伯拉罕家系的血统，雅各又娶了自己家族中的女子。雅各后来改名叫以色列，雅各的子孙后代，便形成了神的选民以色列族人。在新约圣经中，保罗曾经引述了利百加怀孕后神对她所说的话："将来大的要服事小的。"说明了以色列人是神所怜悯拣选的子民。（罗 9：10—12）

利甲 （Rechab）

在圣经旧约中叫利甲的有三个人。

1. **便雅悯支派临门的儿子利甲**。扫罗的儿子伊施波设有两个军长。一个是利甲，一个是利甲的兄弟巴拿。（撒下 4：2）扫罗的元帅押尼珥死后，利甲与巴拿二人设计进入伊施波设家中，将正在午睡的伊施波设杀死，取下首级去希伯仑见大卫王。他俩自以为他们在扫罗和他后裔身上为大卫报了仇，可以得到大卫的重赏。然而大卫却对利甲和巴拿说："将义人杀在他的床上，我岂不向你们讨流他血的罪，从世上除灭你们呢？"于是便把利甲等二人杀死了。（撒下 4：5—12）

2. **基尼人哈末的后裔利甲**。（代上 2：55）利甲的后裔是基尼族的一部分。摩西的内兄何巴曾帮助了以色列人。（民 10：29—32）而何巴便是基尼人，他的子孙与犹大人同住，便成为犹大的一族。（士1：16）利甲的子孙热心事奉耶和华，尤其是利甲的儿子约拿达更为显著。约拿达曾与以色列王耶户剿灭了拜巴力的人以及亚哈全家。（王下10：15—24）利甲的后裔能遵守先人所吩咐他们的命。（耶35：1—11）耶和华神借先知耶利米的口，谴责犹大人和耶路撒冷居民不听从神命时，就曾说利甲的儿子约拿达的子孙必蒙福。（耶35：12—19）

3. 玛基亚的父亲利甲。玛基亚曾帮助尼希米重建耶路撒冷的城垣。（尼3：14）

利奴 （Linus）

利奴和友布罗、布田、革老底亚都是信心坚定的基督徒。保罗第二次被囚在罗马时，正当罗马皇帝尼禄残酷迫害基督徒。那时在罗马的基督徒随时都可能有危险，但利奴等四人，不顾自己的性命安危，仍是常和保罗交往，所以保罗殉道前给提摩太写信时，提到利奴、友布罗、布田、革老底亚等众人，都一起问候提摩太。（提后4：21）

利斯巴 （Rizpah）

利斯巴是扫罗的妃嫔。扫罗死后，扫罗的元帅押尼珥拥立扫罗的儿子伊施波设作王。有一次伊施波设指责押尼珥和利斯巴私通，致使押尼珥叛变，归顺大卫。伊施波设更加衰微，不久便被他的军长谋杀，大卫即成为以色列和犹大的国王。（撒下3：6—12；4：5—8；5：1—5）后来利斯巴的两个儿子和扫罗的五个外甥一同被杀。利斯巴哭守七具尸体，昼夜不离达五个月之久。大卫因

此便把这七个人的骸骨与扫罗、约拿单的骸骨合葬在一起。（撒下 21：1—14）

利未（Levi）

圣经中同名叫利未的有四人。

1. 西缅的儿子利未。（路 3：30）

2. 麦基的儿子利未。（路 3：24）

3. 马太福音的作者马太也叫利未。（太 9：9，参看路 5：27）他的详细经历，请见本词典马太词条。

4. **雅各的儿子利未。**

1）利未是雅各的第三个儿子。利未的希伯来文意思是"联合"。（创 29：34）

2）雅各的女儿底拿在示剑城曾被哈抹的儿子示剑玷辱。利未与他的哥哥西缅用诡计把示剑城的男丁全都杀了，又用刀杀了哈抹的儿子示剑。雅各对这件事很不满意。（创 34：1—30）雅各晚年作歌预言他的儿子日后的光景时，也表现出对利未和西缅的不悦。（创 49：5—7）

3）利未和他的弟兄们一同犯有出卖兄弟约瑟的罪（创 37：23—28）。后来约瑟在埃及当了宰相，利未与他的弟兄们到约瑟那里买粮时，并没有认出约瑟。利未和他的弟兄们受到了约瑟严厉的追问。（创 42—44 章）

4）利未一生的岁数是 137 岁。（出 6：16）

5）**利未的后裔被称为利未人。**（民 3：17—20）也称为利未支派。（书 21：20，27，34）利未支派是以色列的 12 支派之一。

6）以色列人出离埃及立起帐幕之后，耶和华晓谕摩西，要利未人管理法柜的帐幕，负责迁移帐幕和其中献祭用的器具物品。（民4：1—33）本来以色列人中凡头生的，无论是人是牲畜，都要分别为圣归给耶和华。（出13：1）但耶和华又晓谕摩西说："你拣选利未人代替以色列人所有头生的，也取利未人的牲畜代替以色列人的牲畜。利未人要归我。我是耶和华。"（民3：44—45）显然利未人是被神拣选出来，代替各族的长子来料理神的圣所各项事务工作。因为以色列人出埃及后背弃神跪拜金牛犊时，惟有利未人的心是归向神，是属耶和华的。（出32：25—26）所以后世每提到利未人，即指那些分别为圣归神或从事圣工的人。旧约圣经中共提到利未人二百余次。直到耶稣降生前后，犹太人（希伯来人）仍然认为利未人有特殊的职任。（参看约1：19；来7：11）

利未人（Levites）

亚伯拉罕的孙子雅各又名以色列。他共有12个儿子。这12个儿子的后代，便是以色列族的12个支派。其中利未人是专门管理会幕，以及献祭时的物品器具等事物的。（民1：47—52）后来，"耶和华晓谕摩西说：'我从以色列人中拣选了利未人，代替以色列人一切头生的；利未人要归我。因为凡头生的是我的。……都分别为圣归我。'"（民3：11—13）其后，圣经中再提到利未人，常指那些分别为圣归于神的人，或帮助以色列人敬拜耶和华，专门从事圣事圣工的人。耶稣在世时，有个律法师要试探耶稣，耶稣就曾讲到有一个人，被强盗打了个半死，丢在路旁。有一个祭司（旧约时代专门服事神的人）走过该地，却没有过问那个被打伤的人。又有一个利未人（旧约时代分别为圣负责圣事圣工的人）走过该地，也没有过问那个被伤害的人。却有一个撒玛利亚人，路过那里，救护了那个垂危的人。而撒玛利亚人却是犹太人所看不起的混血种族。耶稣讲这件事的用意，乃是说明当时的祭司和利未人未必都是真正敬畏神的人。但撒玛利亚人能济人之困，爱人如己，就是人们应当学习的。最后耶稣教训那个律法师说，你也照着这样行吧！（路10：25—37）

利汛（**Rezin**）

圣经中同名叫利汛的有两个人。

1. **亚兰最后的王利汛**。当年利汛和以色列王比加联盟攻打犹大王亚哈斯，围攻他的京城耶路撒冷，但没有攻克。（王下15：37；16：5；赛7：1）先知以赛亚奉耶和华之命，劝慰犹大王亚哈斯说，要谨慎安静，不要心里胆怯，必可保守京城耶路撒冷。（赛7：3—7）耶和华神又对亚哈斯说，神要给一个兆头："必有童女怀孕生子，给他起名叫以马内利。"① （赛7：10—14）以后亚哈斯把圣殿和王宫府库里的金银送给亚述王，亚述王就去攻下亚兰的首都大马色，杀了利汛。（王下16：7—9）

2. 尼提宁中一家的始祖利汛。（拉2：43，48）

利亚（**Leah**）

1. 简介：利亚是雅各的妻子，是拉班的长女，拉结的姐姐。（创29：21—26）

2. 圣经记载：

_____

① 以马内利就是"神和我们在一起"的意思。

1）当年雅各遵照父母的嘱咐，到母舅拉班那里去求亲。（创
    28：1—2）雅各到了拉班那里，见拉班有两个女儿，大女儿
    利亚的眼睛没有神气，小女儿拉结生得美貌俊秀。雅各爱拉
    结，就和拉班说定，愿意为拉班作工七年，然后与拉结成婚。
    （创 29：13—20）

2）雅各服事拉班七年之后，拉班摆设筵席要为雅各完婚。但是
    拉班却设计，借东方新妇蒙面成婚的风俗，骗了雅各先和利
    亚结合，而后以雅各再为拉班作工七年为条件，又把拉结嫁
    给雅各为妻。（创 29：21—28）

3）雅各爱拉结胜过爱利亚。但是耶和华见利亚失宠，就使她生
    育。（创 29：30—31）神使利亚共生有六个儿子和一个女儿。
    （创 29：32—35；30：17—21）

4）利亚死后葬在迦南地麦比拉田间的洞里。亚伯拉罕和以撒曾
    葬在那个洞中。（创 49：30—31）后来雅各死后也是葬在那里
    的。（创 50：12—13）

流便（**Reuben**）

流便是雅各（以色列）的长子。（创 29：32）流便的恶行是与他
父亲的妾私通。（创 35：22）但流便曾阻止他的弟兄们杀害小兄
弟约瑟，他的原意是想把约瑟带回到父亲那里。（创 37：21—22）
约瑟被哥哥们出卖时，很可能流便并未在场。所以当流便发现约
瑟失去的时候，就撕裂衣服，极其悲痛。（创 37：29—30）流便
的后裔即是以色列 12 支派中的流便支派。

流珥（**Reuel**）

中文圣经里译作流珥的共有三人。

1. 摩西的岳父流珥（出 2：18—21），也叫叶忒罗。（出 3：1）摩西在米甸寄居时便是牧养他岳父米甸祭司叶忒罗的羊群。（出 3：1；4：18）摩西率领以色列人离开埃及后，叶忒罗带着摩西的妻子和儿子来到摩西安营的地方。他劝摩西要将神的律例和法度教导以色列民，指示他们当行的道，当作的事。并且从百姓中拣选敬畏神、诚实无妄、恨不义之财的人，派他们作千夫长、百夫长、五十夫长、十夫长管理百姓。摩西就按着叶忒罗所说的实行了。以后摩西就让岳父回他的本地去了。（出 18：1—27）

2. 以扫的儿子流珥。（创 36：1—4）

3. 便雅悯人流珥。（代上 9：7—8）

鲁孚（**Rufus**）

鲁孚是古利奈人西门的儿子。当耶稣被兵丁押到各各他山上去钉十字架的时候，在路上正碰上鲁孚的父亲西门"从乡下来，经过那地方"。（可 15：21）兵丁们就抓住鲁孚的父亲西门，"把十字架搁在他身上，叫他背着跟随耶稣。"（路 23：26）西门的妻子，（也就是鲁孚的母亲，）很可能听到西门向她讲述过，耶稣一路走向各各他山时的安详神色和从容态度。后来她成了很好的基督徒。保罗在信中向鲁孚问安时，说鲁孚是在基督里蒙拣选的。保罗又说鲁孚的母亲"就是我的母亲"。（罗 16：13）鲁孚的母亲竟能待保罗如自己的儿子，这该是何等忠心热爱基督的门徒?! 鲁孚和他母亲与保罗的关系，又该是何等的亲切?!

路得（**Ruth**）

1. 简介：路得这个名字多次在旧约路得记中见到，这卷圣经是一卷

重要旁支的历史，详细叙述路得是大卫的先祖，并为犹大王室的
先祖。

2. 圣经记载：

1）路得是摩押女子。在士师时代，以色列地发生了大饥荒。有
一个伯利恒人叫以利米勒，他和妻子拿俄米，及两个儿子寄
居摩押逃避饥荒。以后以利米勒死在摩押，其二子就娶摩押
女子为妻。长子娶的媳妇叫俄珥巴，次子娶的媳妇叫路得。
过了十年拿俄米的两个儿子相继死去，遗下寡妇俄珥巴和路
得（得1：1—5），于是拿俄米决意回归故土巴勒斯坦的伯利
恒。两个儿媳愿随她同回伯利恒，但拿俄米劝两儿媳归回自
己娘家。这样长媳俄珥巴便回娘家去了，次媳路得却坚决要
跟婆婆同去，愿终身伴随侍奉婆婆。（得1：16—18）

2）她们回到伯利恒，正值收割麦子的季节。路得孝敬婆婆，天
天出去到麦田拾取掉在田间的麦穗。路得拾麦穗被田主人波
阿斯所注意，就允许路得在收获期间继续拾穗。波阿斯是路
得的公公以利米勒的近亲，他听说过路得事奉其婆婆的孝行，
就命令割麦者故意遗落麦穗供路得拾取。（得2：15—16）

3）到日落时，路得在田间把拾的麦穗打成麦子约有一斗。路得
把麦子交给她婆婆，并告诉婆婆，由于波阿斯的美意和命令，
所以才能拾取这么多麦穗。从此路得在收割大麦小麦期间，
白天则和波阿斯的使女在一起拾麦穗，夜间则与婆婆同居。
（得2：17—23）

4）拿俄米希望路得再嫁的心情甚切，一方面是为路得自身设想，一
方面又为遵循以色列的惯例与法律，她就命路得往波阿斯处，使
波阿斯能履行其亡夫以利米勒近族的义务。（得3：1—9）

5）波阿斯依从了路得的请求。但是他说有一个较波阿斯更亲近的人，如果他不愿履行这一合法名分，波阿斯将娶路得为妻。（得3：8—13）拿俄米深信波阿斯必会实践他的约言，就劝路得静待波阿斯。于是波阿斯采用当地的风俗和法律手续，请那个近族在城门口当着众长老的面说明，是否愿娶路得。那个近族声明他不能承担这个责任，而把这个责任推卸给波阿斯。波阿斯承受了这个责任，并遵守礼仪娶了路得为妻。（得3：10—4：13）

6）路得以后生了一个儿子，起名叫俄备得。以后俄备得生了耶西，耶西生了大卫，即是耶稣的远祖。（得4：13—17；太1：1—16）

路加（Luke）

1. 简介：路加是路加福音和使徒行传的作者，文笔典雅，显示了路加的学识。虽然路加长期和保罗作福音工作，但在路加所写的使徒行传共28章的篇幅中，他从未提到自己的名字，保罗曾说路加是位医生。（西4：14）很可能路加是一面行医，一面传道的。保罗时有疾病。（加4：13）提摩太也胃口不好，屡次患病。（提前5：23）路加常和保罗与提摩太一起到处传道，路加作为医生，必然会对保罗和提摩太常有照料。但是路加在他所写的使徒行传中也一无记载。路加隐而不谈自己的工作，使后世人曾多方考证他的籍贯、种族、行止、生平。但根据不多，许多推测都难于定论。然而越是这样，就使人对路加越发地敬爱。

2. 圣经记载：

1）路加未必亲自跟从过耶稣。他说他所写的路加福音的内容，

乃是"传道的人，从起初亲眼看见又传给我们的"。（路
1：1—2）

2）路加在特罗亚开始和保罗一起作传道工作。在路加所写的使
徒行传中，路加叙述保罗的布道同工时，在特罗亚以前的行
程和活动中，一直使用第三人称说"他们"如何如何。例如：
"圣灵既然禁止他们在亚细亚讲道，他们就经过弗吕家……他
们想要往庇推尼去。……他们就越过每西亚下到特罗亚。"
（徒16：6—8）但是当叙述到保罗在异象中听到了马其顿的
呼声后（徒16：9），路加便改用了第一人称说"我们"如何
如何。例如："我们随即想要往马其顿去，以为神召我们传福
音给那里的人听，于是从特罗亚开船……来到腓立比，……
我们在这城里住了几天……我们出城门到了河边。……我们
就坐下对那聚会的妇女讲道。"（徒16：10—13）可见从特罗
亚开始，路加便和保罗、西拉、提摩太等人一起到腓立比传
道去了。

3）路加曾在腓立比留住一段时间，帮助腓立比的教会工作。当
保罗、路加、西拉、提摩太等人使许多腓立比人信了耶稣之
后，保罗和西拉曾一度被下在监里。后来路加叙述这件事的
发展说：保罗西拉"二人出了监……见了弟兄们，劝勉他们
一番，就走了。保罗和西拉……来到帖撒罗尼迦……"（徒
16：40—17：1）路加在这里不再说"我们走了"，"我们来到
帖撒罗尼迦"。可见这时路加已留住在腓立比，以便继续帮助
那些初信耶稣的信徒。

4）当保罗第三次外出布道，在返回的路上，"定意从马其顿回
去"时（徒20：3），那时路加显然仍在腓立比，而其后又和

保罗同路出发一起工作了。路加书写使徒行传到此处说：和保罗一起返回到亚细亚去的有好几个圣徒，"这些人先走在特罗亚等候我们，过了除酵的日子，我们从腓立比开船，五天到了特罗亚，和他们相会。……我们聚会……"（徒20：4—8）"我们离别了众人。"（徒21：1）"我们就在推罗上岸。"（徒21：3）其后还有类似的叙述。

5）路加和保罗一同到了耶路撒冷。路加叙述说："到了耶路撒冷，弟兄们欢欢喜喜地接待我们。"（徒21：17）

6）在保罗由该撒利亚被押送到罗马去的路程上，路加也一直陪同着保罗。路加记述说："非斯都既然定规了叫我们坐船往意大利去。"（徒27：1）"我们就上了那船开行。"（徒27：2）"我们沿岸行走。"（徒27：8）"我们被风浪逼得甚急。"（徒27：18）"我们既已得救，才知道那岛名叫马耳他。"（徒28：1）"过了三个月我们上了亚力山大的船……我们来到罗马。"（徒28：11—14）

7）保罗第一次被囚在罗马监狱中，写信给腓利门时说："与我同工的马可……路加也都问你安。"（门24）可见路加那时仍在罗马与被关押的保罗同作教会工作。

8）保罗第二次被囚而即将殉道时，传道的同工们之中，惟有路加在保罗身边，含辛茹苦，共受患难。（提后4：11）

路求（Lucius）

是古利奈人。在安提阿教会中，是负责教会福音工作的人员之一。（徒13：1）保罗曾说路求是他的亲属（罗16：21），但没说明他们是什么样的亲属。从此可以看出保罗重视基督的道理和福

音的工作，而把亲属关系放到了次要的位置。提摩太和保罗无亲
无故，而且也很年轻，只因热心于教会的事工，保罗写信给罗马
信徒时，却把提摩太的名字列在路求之前。（罗 16：21）因而显
明保罗感到基督徒的灵命关系胜过了血统关系。安提阿教会的初
期，信徒只向犹太人传讲基督的道理，但有些"古利奈人，他们
到了安提阿，也向希利尼人（希腊人）传讲主耶稣"的救恩。
（徒11：19—20）有人论证说，这里所提的古利奈人中，就可能
有路求，所以后来路求成了安提阿教会的负责人之一。这种说法
虽然没有确切的引证，但这些推论也不无道理。

吕底亚（Lydia）

是欧洲第一位信奉基督的女信徒。保罗当年在异象中听到马其顿
人的呼声，要求保罗到欧洲的马其顿去传道。保罗"来到腓立
比，就是马其顿这一方的头一个城"。（徒 16：9—12）当地没有
犹太人的会堂。保罗、西拉、路加等人知道城外河边有个祷告的
地方，便在安息日到那里去，"对那聚会的妇女讲道。有一个卖
紫色布匹的妇人，名叫吕底亚，是推雅推喇城的人，素来敬拜
神……留心听保罗所讲的话。她和她一家既领了洗"，便对保罗
等人说："你们若以为我是真信主的，请到我家里来住，于是强
留"保罗、路加等人。（徒 16：13—15）在吕底亚家中聚会的信
徒，便形成了腓立比的教会。后来保罗和西拉一度被下监，第二
天又被释放，他们一出监，就"往吕底亚家里去，见了弟兄们，
劝慰他们"。（徒 16：19—40）保罗和西拉不顾自己被打被囚，
反而劝勉安慰吕底亚家中的信徒，更可看出吕底亚和保罗等人的
亲密关系。

吕西亚（Lysias）

参看"革老丢吕西亚"条。

罗波安（Rehoboam）

1. 简介：罗波安是所罗门王的儿子，继承了其父的王位。但罗波安即位时，国土便分裂了。

2. 圣经记载：

1）罗波安虽然是智者所罗门的儿子，但罗波安心地狭窄，知识浅薄。在耶稣降生前约 933 年所罗门王死的时候，12 支派的代表会聚在示剑商议拥戴罗波安为王。当时犹大与东北诸族间，因种种原因互相忌妒，人民苦于负荷重税，就选举耶罗波安为代表向这个未来的王申诉一切苦楚，耶罗波安也重视这些人的申诉。罗波安允许考虑三日而后答复。（王上 12：1—5）

2）罗波安起先和诸位元老商议。这些元老都是罗波安的父亲所罗门王的顾问，他们劝罗波安允许耶罗波安等人所求的，并要用温和的言语抚慰国民，而且说王如果能这样做，人民将会永远为王的忠诚臣民。罗波安王又和一些年少的人商议，这些年少的人都是和罗波安同辈，他们的意见和元老的意见相反，劝罗波安要这样晓谕人民，说："我的小拇指比我的父亲的腰还粗，我父亲使你们负重轭，我要使你们负更重的轭，我父亲用鞭子击打你们，我要用蝎子鞭击打你们。"罗波安依从了年轻人的意见，当人民再次谒见王时，罗波安竟然按少年人的意见回告人民，于是 12 支派中的 10 个支派宣告脱离罗波安的管辖。罗波安派掌管服苦之人的官吏亚多兰向人民宣诏和解，人民群众却用石头击杀了亚多兰。罗波安王惧怕，就急忙乘车奔回耶路撒冷。只有犹大，便雅悯的大部和西缅人随从罗波安。（王上 12：6—20）

3）罗波安招集大兵要征讨叛逆者，先知示玛雅阻止他，说："耶和华如此说：'你们不可上去与你们兄弟以色列争战，各回各家吧！因为这事是出于我。'"众人就听从耶和华神的话回去了。（王上 12：21—24）

4）耶罗波安既为十支派之王，在伯特利和但造了两个金牛犊，这事叫百姓陷在罪中。于是祭司及利未人向南行又归到罗波安王那里，罗波安势力逐年增强，但过了几年罗波安也陷于崇拜偶像之罪中。（王上 14：21—24；代下 11：13—17；12：1）

5）罗波安在位第五年，犹大受埃及王示撒所侵略，失去数座坚城，最后攻陷耶路撒冷，掠去圣殿及王宫的宝物，又夺去所罗门所制造的金盾牌。（王上 14：25—28；代下 12：2—12）

6）罗波安王有妻子 18 人，妾 60 人，有儿子 28 人，女儿 60 人。（代下 11：21）

7）罗波安死时约在公元前 916 年，罗波安的儿子亚比雅继了王位。（王上 14：21—31；代下 12：13—16）

罗大（Rhoda）

1. 简介：罗大是马利亚的使女。这位马利亚乃是马可福音的作者马可的母亲。在马利亚的家中，常有一些信徒聚会祷告。（徒 12：12）

2. 圣经记载：

当年，希律王下手苦害教会中几个人。用刀杀了约翰的哥哥雅各。又拿住彼得，收在监里，想在逾越节后再杀彼得。"教会却为他切切地祷告神。"希律要杀彼得的前一夜，彼得被天使从监中救了出来。彼得出监后想了一想，就决定先往马可的母亲马利亚那里去。那时在马利亚的家里，正有好些人聚集祷告。彼得半夜里敲马利亚的外门，里面的信徒不知道又要发生什么事，便叫使女罗大出来探听探听。罗大听到是彼得的声音，竟欢喜得顾不得开门，却跑进去告诉大家说是彼得在外面敲门。但是那些聚在马利亚家中祷告的信徒们，却不相信罗大的话，反而说罗大是疯了！罗大仍然没想到去开门，而只是在那里极力地辩驳说真是彼得在外面。那些信徒们说，若是那样，想必是彼得的天使。罗大和信徒们在屋里争论了很久，彼得在外面不住地敲门，最后他们开了门，看见了真是彼得，就非常惊奇。（徒12：1—16）在这段有趣的记载中，有两件事很有意义。第一件，罗大出来探听到是彼得的声音，竟欢喜得顾不得开门而跑进去告诉众人。这件事看来很可笑，但却教训信徒们，不可在极其高兴的时候忘记什么是主要的，什么是次要的。另外，彼得出监前后，马利亚家中的信徒们正在为彼得祷告，求神救他。但是当罗大告诉信徒们，彼得已被救了出来，正在门外敲门的时候，这些信徒们却又不相信。这件事好像也很可笑，但可以看出来，有些信徒常常一面祷告神成就某件事，一面又不大相信神能成就这件事。以上两点都是很有意义的教训。

罗得（Lot）

1. 简介：罗得是亚伯拉罕（即亚伯兰）的侄子。罗得的父亲名叫哈兰。哈兰死在他的本地迦勒底的吾珥之后，罗得便长期跟随他的伯父亚伯拉罕。（创11：27—32）

2. 圣经记载：

1）跟随亚伯拉罕时期的罗得：

①罗得曾随同他的祖父他拉和伯父亚伯拉罕，离开本地迦勒底的吾珥，要往迦南去。他们北上经过哈兰地区时，他的祖父他拉死在了哈兰。（创11：31—32）

②他拉死后，罗得又跟着亚伯拉罕离开哈兰地区，到了迦南地区的伯特利，他们处处筑坛，求告耶和华。（创12：4—8）

③后来因为遭遇到饥荒，亚伯拉罕就带着罗得到了埃及。（创12：10）以后他们从埃及又返回到伯特利"起先筑坛的地方"，"又在那里求告耶和华"。（创13：1—4）

④亚伯拉罕的妻子"撒莱不生育，没有孩子"。（创11：30）罗得又早年失去了父亲，跟着亚伯拉罕生活。可以想见年老的亚伯拉罕长期带领侄儿罗得，必然待罗得如同自己的儿子一样。起初耶和华呼召亚伯拉罕"离开本地本族父家"，往耶和华所指示的地方去，亚伯拉罕"就照着耶和华的吩咐去了"。那时罗得也是愿意和亚伯拉罕一同前去的，（创12：1—4）他们老少两代人离乡背井，长途跋涉，同受饥荒，同去逃难，又一同返回伯特利，一同求告耶和华。在艰难困苦中几乎形同父子。但是后来亚伯拉罕"牲畜极多"。（创13：2）"罗得也有牛群、羊群、帐棚，那地容不下他们，因为他们财物甚多，使他们不能同居。"甚至他们两个人各自的牧羊雇工竟互相争夺起牧场来。（创13：5—7）

⑤亚伯拉罕信靠耶和华，他所走的乃是蒙福的道路。（创12：2—3）亚伯拉罕为人宽厚，从罗得的早年起便常常照看他。如今亚伯拉罕到了老年，罗得理当照料安慰这个老

人。而且亚伯拉罕远离家乡，身边只有罗得一个侄儿。他去世后的遗产，也必然将由罗得继承，两家的雇工根本没有争夺牧场的必要。若是罗得想到自己这个晚辈当尽的本分，本应对自己的雇工稍加约束。可惜目光短浅的罗得并未想到这些。因此亚伯拉罕"对罗得说：'你我不可相争，你的牧人和我的牧人也不可相争。因为我们是骨肉。遍地不都在你眼前么？请你离开我。你向左，我就向右，你向右，我就向左。'"（创13：8—9）如果罗得这时有所悔悟，请求亚伯拉罕饶恕，仍然为时不晚。但是罗得"举目看见约旦河的全平原，直到琐珥，都是滋润的"，非常肥沃，竟然毫无谦让之意，抢先"选择约旦河的全平原，往东迁移。他们就彼此分离了。……罗得住在平原的城邑，渐渐挪移帐棚，直到所多玛。所多玛人在耶和华面前罪大恶极。"（创13：10—13）按世人看来，罗得的"选择"是占了便宜。但是却从此走上了极其危险可怕的道路。

2) 走向所多玛以后的罗得：

① 罗得迁到所多玛城以后，所多玛王在一次战争中失败，所多玛城内所有的财物粮食都被对方掳去。同时也把"罗得和罗得的财物掳掠去了"。（创14：11—12）罗得这时落到了极其危险的地步。

② 亚伯拉罕"听见他侄儿被掳去，就率领他家里生养的精练壮丁318人"追去。"便在夜间，自己同仆人分队杀败敌人。……将被掳掠的一切财物夺回来。连他侄儿罗得和他的财物，以及妇女人民也都夺回来。"（创14：14—16）这时罗得本应醒悟过来，再次跟随亚伯拉罕，离开所多玛这

个罪恶的地方。但是罗得迷恋所多玛以及他在所多玛的产业，依然留住在所多玛城中。

③"耶和华说：'所多玛和蛾摩拉的罪恶甚重。'"（创 18：20）耶和华决心要毁灭那些地方。亚伯拉罕因为侄儿罗得仍在所多玛，就求告耶和华说："假若那城里有五十个义人，你还剿灭那地方么？""耶和华说：'我若在所多玛城里见有五十个义人，我就为他们的原故，饶恕那地方的众人。'"（创 18：22—26）然而亚伯拉罕惟怕所多玛城的义人很少，仍然难免毁灭。他就一再降低义人的数目，前后共有六次求告耶和华。最后，亚伯拉罕问耶和华说：假若所多玛城里只有十个义人，耶和华神会不会因此而饶恕全城的人呢？耶和华说："为这十个的原故，我也不毁灭那城。"（创 18：27—32）但是实际上，所多玛连十个义人也没有。罗得和所多玛全城的人，都处在即将灭亡的边缘上，却仍然醉生梦死地毫无警觉。

④耶和华派去毁灭所多玛的那两个天使，如同过路的客旅一样，"晚上到了所多玛，罗得正坐在所多玛城门口。"（创 19：1）当时的城门口是个办理市政的重要场所。而罗得却能坐在那里，也许他还相当得意。但他万没有想到，一夜之间，这座城市就将要变成灰烬了。

⑤罗得毕竟曾多年跟随过亚伯拉罕。他热情地邀请那两位客旅般的天使，请他们到家中去留宿一夜再走。当两个天使要在街上露宿过夜时，由于罗得深知所多玛人的淫风很盛，歹徒甚多，因此，"罗得切切地请他们，他们这才进去到他屋里"。那想到两个天使"还没有躺下，所多玛城里各处的

人，连老带少，都来围住那房子。呼叫罗得说：'今日晚上到你这里来的人在哪里呢？把他们带出来，任我们所为。'"（创 19：1—5）所多玛人的邪恶实在到了极点！

⑥罗得想要保护两个天使，竟然不顾声誉地对那些所多玛人说："我有两个女儿，还是处女，容我领出来，任凭你们的心愿而行。只是这两个人既然到我舍下，不要向他们作什么。"然而那些无恶不作的所多玛徒，并不因为罗得的哀求劝告而离去。他们竟"要攻破房门"，闯进罗得的屋子里去。只是两位天使叫那伙恶棍们，"无论老少，眼都昏迷。他们摸来摸去，总找不着房门。"（创 19：6—11）

⑦两位天使"对罗得说：'你这里还有什么人吗？无论是女婿，是儿女，和这城中一切属你的人，你都要将他们从这地方带出去。我们要毁灭这地方。'"罗得就出去，告诉娶了他女儿的女婿们说：'你们起来离开这地方，因为耶和华要毁灭这城。'他女婿们却以为他说的是戏言。"（创19：12—14）从这件事上看来，罗得平时很少和他的女儿及女婿们谈论耶和华的道，或许素日时有嬉笑多有虚谎，以致他的女婿们对这么一件严肃的大事，认为他说的是笑话。天使的话中既已提到了罗得的女婿，他的女婿们本应是很容易从所多玛的毁灭中得救的，但是只因罗得平素间言行不当，而使他的晚辈们终于灭亡了。后人常说基督徒家庭中的长辈人，应以罗得为戒！

⑧"天明了，天使催逼罗得说：'起来，带着你的妻子，和你在这里的两个女儿出去，免得你因这城里的罪恶，同被剿灭。'但罗得迟延不走。二人因为耶和华怜恤罗得，就拉着

他的手，和他妻子的手，并他两个女儿的手，把他们领出来。……就说：'逃命吧！不可回头看，……免得你被剿灭。'"罗得求两位天使允许他逃到名叫琐珥的小城中去，天使也应允了他。"罗得到了琐珥，日头已经出来了。当时耶和华将硫磺与火……降与所多玛和蛾摩拉，把那些城和全平原，并城里所有的居民，连地上生长的，都毁灭了。"（创 19：15—25）罗得离开亚伯拉罕后，自己贪婪经营的家产，如今都已荡然无存了。

⑨罗得的妻子仍然留恋所多玛的家业，竟不听从天使嘱咐她们"不可回头看"的警告。"罗得的妻子在后边回头一看，就变成了一根盐柱。"（创 19：26）耶稣在世的时候，曾引用这件事警诫那时的人们说："罗得的日子，人又吃又喝，又买又卖，又耕种，又盖造。到罗得出所多玛的那日，就有火与硫磺从天上降下来，把他们全都灭了。人子显现的日子，也要这样。当那日，人在房上，器具在屋里，不要下来拿。人在田里，也不要回家。你们要回想罗得的妻子。"（路 17：28—32）

3）财物丧失净尽时的罗得：

亚伯拉罕带着罗得离开哈兰的时候年 75 岁（创 12：4），那时候的罗得愿意跟从亚伯拉罕，处处求告耶和华，十分蒙福。但是当罗得居住在所多玛，该城即将覆灭的时候，亚伯拉罕年已 99 岁了。（创 17：1）相隔 20 多年后的罗得，在生活上已经和初出哈兰的罗得判若两人。本来亚伯拉罕打败所多玛的敌人，夺回所多玛的居民和财物时，所多玛王对亚伯拉罕非常感激尊敬。（创 14：17；14：21—23）罗得作为亚伯拉罕的侄子，既住在所多玛，理当也受到自己的亲属和所多玛人的敬爱。可是事实上却并非如此：

①所多玛人对罗得十分轻视，任意欺侮。（创19：4—9）

②罗得的女婿们也并不尊重他。（创19：14）

③在天使催促罗得离开危城所多玛时，他自己竟还迟疑不走，罗得的妻子受他的影响，也忽视天使的劝告，而变成了盐柱。（创19：15—16；19：26）

④"罗得因为怕住在琐珥"，就带着两个女儿出离琐珥，跑到山上，"他和两个女儿住在一个洞里。"在所多玛人淫乱成习的环境中，罗得对女儿们却很少品德教养。因此两个女儿在洞中竟用酒把她们的父亲罗得灌醉，连续发生了乱伦的丑事，两个女儿并且各自怀孕都生了孩子。（创19：30—38）罗得原来是因为和伯父争牧场而分开的，如今不仅失去了牧场、羊群和家产，连家庭的名声也丧失殆尽了。

⑤但是罗得仍然被算为义人。彼得说："神也没有宽容上古的世代……又判定所多玛、蛾摩拉，将二城倾覆，焚烧成灰，作为后世不敬虔人的鉴戒。只搭救了那常为恶人淫行忧伤的义人罗得。"（彼后2：5—7）

⑥罗得尚能被称为义人，主要有以下几点原因：

A. 罗得虽然离开了亚伯拉罕，但是还并没有完全离弃他信靠的耶和华。耶和华曾经应许亚伯拉罕说，所多玛若有十个义人也不毁灭那城。（创18：32）所以神"在倾覆罗得所住之城的时候，就打发罗得从倾覆之中出来"。（创19：29）足见耶和华神认为罗得仍是信靠神的义人。

B. 罗得住在所多玛人中间，"看见听见他们不法的事，他

的义心就天天伤痛"。（彼后2：8）

C. 罗得在所多玛城门口看见两个天使时，"就起来迎接，脸伏于地下拜"。（创19：1）罗得在公共场所能这样谦恭地迎见客旅般的天使，这不是一般人所能作到的事。

D. 罗得对两个天使的接待极为殷勤恳切。（创19：2—8）

E. 罗得曾劝说所多玛人不要作恶事。（创19：7）

F. 罗得顾念亲属。（创19：14）

G. 罗得知恩感恩。（创19：18—19）

罗马人（**Romans**）

"罗马人"在新约圣经里泛指取得罗马公民权的人。耶稣降生前后，罗马帝国的版图很大，几乎西欧、南欧、西亚、北非等地中海沿岸地区，都在罗马的统治之下。根据公元前248年定立的颇鸠来卡（Porcius Laeca）律法，甚至高级官吏都不能任意囚杀罗马公民。如果要把享有公民权的罗马人判处死刑，须经国民议会通过。在判处过程中，被告人如果声明自己是罗马人，就不能立即判决，必须经过审查，交由国民议会决定后才能执行。后来民权转而归属于皇帝，便由皇帝审查后决定。所以保罗受到拷打前后，一提自己是罗马人，主管的官吏都非常害怕。（徒16：37—39；22：25—29）保罗在该撒利亚受审时，要求上告于该撒（罗马皇帝），乃是行使他作为罗马人的法定权利。而且巡抚非斯都等人立即表示同意保罗上告，也是有法律约束的。（徒25：11—12）最初，只有居住在罗马城的人，才有被称为罗马人的特权。其后扩大到意大利大部地区。再以后又扩大到意大利半岛以外的地方。到了公元前约200年时，罗马全国人民都可以称为罗马人。后来不分任何种族，不论生在任何地方，只要取得罗马公民权，都叫罗马人。那时为罗马效力的，可以改籍为罗马人，或者花些钱财，也能买得罗马公民权。千夫长吕西亚便是"用许多银子，才入了罗马民籍"的。但保罗生下来就是罗马人（徒22：28），这说明保罗的父亲早在保罗出生前，就取得了罗马人的公民权了。

罗以（Lois）

罗以是提摩太的外祖母。提摩太的母亲友尼基可能是罗以的亲女儿，是信主的犹太妇人。（徒16：1）保罗认为，罗以和友尼基的心中先有了对基督的信心，在罗以和友尼基的引领下，提摩太也有了对基督的信心。（提后1：5）提摩太的父亲虽是希利尼（希腊）人，但由于罗以和友尼基的教导，使提摩太"从小明白圣经"，（提后3：15）成为保罗得力的助手，作了不少事工。罗以和友尼基在提摩太身上所作的无形的工作，其意义绝不下于提摩太所作的有形的工作。

玛各 （Magog）

玛各是雅弗的儿子，是挪亚的孙子。挪亚便是在洪水时代制造方舟的人。（创10：1—2）以后玛各的后裔，按自己的方言宗族立国。（创10：5）国名或地名也叫玛各。（结38：2）使徒约翰在晚年间预言说："那一千年完了，撒但必从监牢里被释放，出来要迷惑地上四方的列国，就是歌革和玛各，叫他们聚集争战。"（启20：7—8）

玛拉基 （Malachi）

1. 玛拉基是耶和华神的先知，也是旧约圣经最后一卷玛拉基书的作者。（玛1：1）按希伯来文的原意，"玛拉基"是"我的使者"

的意思。（参看玛3：1；玛2：7）

2. 多数学者都认为玛拉基是在波斯时代圣殿建立之后作先知的。
（玛1：10）玛拉基书中曾提到当时已有省长（玛1：8），而尼希
米记和哈该书中也提到了省长的职务和工作。（尼5：14；该1：
1）由此可见，玛拉基作先知当在以色列人从被掳之地回国之后
的时代，与以斯拉、尼希米所处的年代比较接近，甚至都在同一
时期。当时的以色列人对耶和华神很不敬虔，祭司中也多有人玩
忽职守，不把他的诫命放在心上（玛2：1—2），有些祭司还藐视
神的名，把有残疾的低劣祭牲献给耶和华。（玛1：8—9；1：
13—14）玛拉基劝戒以色列人当向耶和华神献上十分之一（玛3：
10），并且预言耶和华神将差遣以利亚到以色列人中间。（玛4：5）
而耶稣说施洗的约翰"就是那应当来的以利亚"。（太11：14）

玛拿西（**Manasseh**）

圣经中同名叫玛拿西的有四个人。

1. **约瑟的长子玛拿西。**（创41：51）约瑟的父亲雅各老年生病的时
候，约瑟带着自己的长子玛拿西和次子以法莲去见雅各。雅各说
以法莲和玛拿西要归雅各所有，正如雅各的儿子流便和西缅一
样。（创48：1—5）所以后来以法莲的后裔被称为以法莲支派，
玛拿西的后裔被称为玛拿西支派。雅各给玛拿西和以法莲祝福
时，因比较爱以法莲，"于是立以法莲在玛拿西以上"。（创48：
8—20）

2. **犹太国第十四代的国王玛拿西。**

1）"玛拿西登基的时候，年十二岁，在耶路撒冷作王五十五年。
他行耶和华眼中看为恶的事。……重新建筑他父希西家所拆

毁的邱坛，又为巴力筑坛，作木偶，且敬拜事奉天上的万

象。……又观兆、用法术、行邪术、立交鬼的和行巫术

的……玛拿西引诱犹大和耶路撒冷的居民，以致他们行恶比

耶和华在以色列人面前所灭的列国更甚。"（代下 33：1—9）

2）玛拿西又流许多无辜之人的血，满了耶路撒冷。（王下 21：16）

3）"耶和华警戒玛拿西和他的百姓，他们却是不听。所以耶和华

使亚述王的将帅来攻击他们，用铙钩钩住玛拿西，用铜链锁

住他，带到巴比伦去。"（代下 33：10—11）

4）玛拿西"在急难的时候，就恳求耶和华他的神，且在他列祖

的神面前极其自卑。他祈祷耶和华，耶和华就允准他的祈求，

垂听他的祷告，使他归回耶路撒冷，仍坐国位。玛拿西这才

知道惟独耶和华是神"。（代下 33：12—13）

5）此后玛拿西建筑城墙，设立勇敢的军长，除掉外邦人的假神

偶像，拆毁异教的祭坛，重修耶和华的祭坛向他献祭，并且

吩咐犹大人事奉耶和华独一的真神。（代下 33：14—16）

6）玛拿西是犹大国在位最长的一代国王。他死后他的儿子亚们

继位。（代下 33：18—20）

3. 巴哈摩亚的子孙玛拿西。（拉 10：30）

4. 哈顺的子孙玛拿西。（拉 10：33）

玛土撒拉（Mcthuselah）

1. 玛土撒拉是塞特人，以诺的儿子，拉麦的父亲，挪亚的祖父，玛

土撒拉活了 969 岁，是亚当后裔中活的寿命最长的一个人。（创

5：21—27；代上 1：3；路 3：36—37）

2. 圣经记载古时以色列人的宗祖都是长寿的（创 5：1—31；11：

10—26）。亚当共活了 930 岁。（创 5：5）玛土撒拉活了 969 岁。（创5：27）挪亚的儿子闪活了 600 岁。（创 11：10—11）这样只要经过两个人，亚当时代的事件即可传述给亚伯拉罕。根据圣经记述，他们同时在世的情况如下：

①亚当和玛土撒拉同时在世约 243 年。（创 5：3—27）

②玛土撒拉和挪亚的儿子闪同时在世约近 100 年。（创 5：25—32）

③闪和亚伯拉罕同时在世约 75 年。（创 11：10—26）

马大（**Martha**）

1. 简介：马大住在橄榄山东边的伯大尼村。她和妹妹马利亚，弟弟拉撒路，姐弟三人都是耶稣喜爱的信徒。

2. 圣经记载：

1）马大曾把耶稣请到家中款待。但是马大过多地忙于事务，不像她的妹妹马利亚那样安静听道。马大还希望耶稣叫马利亚也来帮她料理事务。但耶稣却说马大"为许多的事思虑烦扰"，而马利亚却"已经选择那上好的福分"。（路 10：38—42）说明基督徒不能忽视读经祷告追求真道。

2）马大的弟弟拉撒路患病时，马大曾打发人去请耶稣来医治。耶稣从外地来到伯大尼村头上的时候，拉撒路已经死了四天而安葬了，马大出去迎接耶稣说："主啊，你若早在这里，我兄弟必不死。""耶稣说：'你兄弟必然复活。'马大说：'我知道在末日复活的时候，他必复活。'耶稣对她说：'复活在我，生命也在我。'""马大说：'主啊，是的。我信你是基督，是神的儿子。'"（约 11：1—27）那时马利亚还在家中哀哭未曾出

来。马大就回去叫马利亚快出来迎见耶稣。（约11：28—29）

3）耶稣到了拉撒路的坟墓那里，马大说拉撒路"现在必是臭了，因为他死了已经四天了"。但是耶稣望天祷告，却使拉撒路复活了。（约11：38—44）

马可（Mark）

1. 简介：马可又叫约翰，约翰是希伯来人惯用的名字。马可是罗马人惯用的名字，正如保罗原名扫罗一样。为了便于在罗马人的统治地区传道，后来他便常用马可这个名字。马可的母亲叫马利亚，家住耶路撒冷。家中有使女，住房也宽阔，常有信徒在他们家中聚会。马可从小受到感动，终于献身作为一个青年传道人。先后跟随过巴拿巴、彼得、保罗等人，到处布道。马可福音便是马可所写的。

2. 圣经记载：

1）马可在基督的真道上，曾得到了彼得许多的帮助。甚至有人认为他是彼得带领信了耶稣的，所以彼得称呼马可是"我的儿子马可"。（彼前5：13）

2）马可是巴拿巴的表弟。（西4：10）当巴拿巴和保罗受安提阿教会的委托，带了捐款送到耶路撒冷又返回安提阿时，便把马可也带往安提阿去了。（徒12：25）

3）保罗和巴拿巴第一次外出布道的时候，曾带着马可作为青年助手，一起去传道。（徒13：1—5）

4）他们游行传道到了旁非利亚时，马可"就离开他们回耶路撒冷去"了。（徒13：13）马可回耶路撒冷的原因不详，但是保罗对他半途而去很不以为然。所以保罗和巴拿巴第二次外出布道时，保罗便不愿再带领马可一同去工作了。（徒 15：
36—38）

5）马可虽然初次出去布道时，中途返回了耶路撒冷自己的家中。
　　但是他仍然有传扬基督的心志。所以在巴拿巴和保罗第二次
　　外出布道之前，他抛下了优裕舒适的家庭，又到了安提阿。
　　正是由于马可有迫切传道的愿望，巴拿巴坚持要带领马可一
　　起去工作，甚至因为马可的原故，巴拿巴和保罗竟彼此分开，
　　形成了两个布道小组。保罗等人从陆路到了保罗的故乡基利
　　家一带，看望那里的教会。而巴拿巴带着马可从海上到了巴
　　拿巴的故乡居比路①去传道。（徒 15：36—41）

6）虽然当年保罗不肯带领马可，但由于马可在基督道理上的进
　　步，后来仍是在保罗的帮助下一起工作。保罗给腓利门写信
　　时说："与我同工的马可……问你安。"（门 24）保罗给歌罗
　　西教会写信时说，若是马可到了歌罗西，希望歌罗西的圣徒
　　们好好接待马可。（西 4：10）保罗殉道前，甚至写信时吩咐
　　提摩太说："你来的时候，要把马可带来。因为他在传道的事
　　上，于我有益处。"（提后 4：11）

7）马可还跟着彼得一起从事过传道工作，彼得给小亚细亚半岛的
　　信徒们写信时说："我儿子马可也问你们安。"（彼前 5：13）
　　有人认为马可福音乃是根据彼得的口述，由马可书写而成的。

马勒古（Malchus）

马勒古是大祭司该亚法的仆人。当年"犹大带了一队兵，和祭司

---

① 即现在的塞浦路斯岛。

长并法利赛人的差役，拿着灯笼火把兵器"，来到客西马尼园捉拿耶稣。那时马勒古也跟着犹大一起来到园子里。耶稣"对他们说：'你们找谁？'他们回答说：'找拿撒勒人耶稣。'耶稣说：'我就是。'"耶稣一说"我就是"，那些要捉拿他的人，吓得急忙后退，甚至倒在地上。（约18：3—6）在混乱中，彼得拔出刀来，砍掉了马勒古右边的耳朵。耶稣对他说："收刀入鞘吧！……你想我不能求我父，现在为我差遣十二营多天使来么？若是这样，经上所说，事情必须如此的话，怎么应验呢？"（太26：52—54）耶稣的意思是说，耶稣一说"我就是"，他们尚且怕得要命，若是求天父差遣天使来，岂不能救耶稣免于受苦吗？但若这样，又怎能应验先知的预言为万民受难赎罪呢？耶稣出于对人的怜悯，也是要说明他完全有神能不被捉去，就伸手摸马勒古的耳朵，把他治好了。（路22：51）当天夜里，耶稣被带到大祭司的院子里去受审问。彼得也混在人群中跟到院子里。有人说彼得也是耶稣的门徒。彼得却不敢承认，有大祭司的一个仆人，是马勒古的亲属。他对彼得说："我不是看见你同他在园子里么？"彼得越发害怕，更加不敢承认自己是耶稣的门徒了。（约18：25—27）

马利亚（Mary）

1. 简介：新约圣经中同名叫马利亚的妇女共有六人：

    1）耶稣的母亲马利亚。

    2）小雅各的母亲马利亚。

    3）抹大拉的马利亚。

    4）伯大尼的马利亚。

5）马可的母亲马利亚。

6）罗马的信徒马利亚。

2. 圣经记载：

1）**耶稣的母亲马利亚。**

①马利亚住在加利利的拿撒勒。（路1：26—27）她"已经许
配了约瑟，还没有迎娶，马利亚就从圣灵怀了孕"。（太
1：18）天使曾对马利亚说："你在神面前已经蒙恩了。你
要怀孕生子，可以给他起名叫耶稣。……他要作雅各家的
王，直到永远。他的国也没有穷尽。""马利亚对天使说：
'我没有出嫁，怎么有这事呢?'天使回答说：'圣灵要临到
你身上，至高者的能力要荫庇你。因此所要生的圣者，必
称为神的儿子。'""马利亚说：'我是主的使女，情愿照你
的话成就在我身上。'"（路1：27—38）马利亚宁愿受人误
解，甚至遭人毁谤，也愿顺服神，真是一片纯贞。

②天使也曾告诉马利亚，马利亚的亲戚"以利沙伯在年老的
时候，也怀了男胎……现在有孕六个月了。因为出于神的
话，没有一句不带能力的"。（路1：36—37）马利亚急忙
起身，到山地里的以利沙伯家去向她问安。以利沙伯对马
利亚说："你问安的声音一入我耳，我腹里的胎，就欢喜跳
动。"从而印证了天使所说的话，使马利亚确知自己所怀的
胎，乃是以色列人盼望已久的救世主。所以马利亚敬虔地
说："我心尊主为大，我灵以神我的救主为乐。""马利亚和
以利沙伯同住约有三个月，就回家去了。"（路1：39—56）
以后以利沙伯生了儿子，就是施洗的约翰。他是在耶稣以
先开始传道的。（可1：6—8）

③马利亚的未婚夫约瑟是个良善的人，听说马利亚怀了孕，想要暗暗地退婚。但天使却在梦中向约瑟显现，叫约瑟把马利亚娶过来，并且说马利亚所怀的孕是从圣灵来的。正像耶稣降生前700年的先知以赛亚所说的预言一样："必有童女怀孕生子，人要称他的名为以马内利。"① 约瑟遵照天使的话，把马利亚娶了过来。"只是没有和她同房，等她生了儿子，就给他起名叫耶稣。"（太1：19—25）约瑟顺从神的命令，既娶了马利亚，保全了她的名声，又不和她同房，一直到耶稣降生。约瑟实在也是一个纯洁敬虔的人。

④过了几个月以后，罗马皇帝亚古士督（Augustus）有旨意下来，叫犹太人各归各城，报名上册。约瑟是大卫的后裔，他便带着马利亚到大卫的城伯利恒去报名上册。"那时马利亚的身孕已经重了。他们在那里的时候，马利亚的产期到了。就生了头胎的儿子，用布包起来，放在马槽里，因为客店里没有地方。"（路2：1—7）从此可见约瑟和马利亚乃是贫苦人家。客店里住满了有钱的人，耶稣降世，竟生在马棚里。

⑤耶稣降生这件大事，并没有先报给近在客店里的富户人家，而是首先传报给田野间的贫寒人。那时，"在伯利恒的野地里，有牧羊的人，夜间按着更次看守羊群。有主的使者站在他们旁边"，对他们说："我报给你们大喜的信息，是关乎万民的。因今天在大卫的城里，为你们生了救主，就是主基督。你们要看见一个婴孩，包着布，卧在马槽里，那

---

① 以马内利就是"神和我们在一起"的意思。

就是记号了。""忽然有一大队天兵，同那天使赞美神说：'在至高之处，荣耀归于神。在地上平安归于他所喜悦的人。'"牧羊的人按照天使所说的，进到伯利恒城内，找到了马利亚、约瑟和那马槽里的婴孩，"就把天使论这孩子的话传开了"。马利亚也"把这一切的事存在心里，反复思想"。（路2：8—19）

⑥耶稣降生八天后，马利亚和约瑟给他行了割礼。（路2：21）

⑦按照摩西的律法，妇女生了男孩以后40天，算为不洁净的日子。日期未满，不许进圣殿。（利12：1—4）律法另有规定："凡头生的男子，必称圣归主。"因此，当耶稣降生下来40天以后，马利亚和约瑟就带着婴孩耶稣，"上耶路撒冷去，要把他献与主。"（耶路撒冷在伯利恒以北约15里。）"在耶路撒冷有一个人名叫西面。这人又公义又虔诚。素常盼望以色列的安慰者（救世主）来到。……他得了圣灵的启示，知道自己未死以前，必看见主所立的基督。"那一天，西面"进入圣殿，正遇见耶稣的父母抱着孩子进来"。"西面就用手接过来，称颂神说：'主啊，如今可以照你的话，释放仆人安然去世。因为我的眼睛已经看见你的救恩。'"西面一方面给他们祝福，一方面又对马利亚说："你自己的心也要被刀刺透。"西面乃是预言，耶稣最终要被钉十字架救赎万民，这也将是马利亚心中极大的伤痛。（路2：22—35）

⑧马利亚和约瑟，在圣殿里还遇到了一位女先知。这位年纪老迈的女先知亚拿，看见了婴孩耶稣，便向那些盼望救主

弥赛亚降世的人，讲论耶稣将要成就救赎的工作。（路
2：36—38）

⑨马利亚和约瑟把耶稣奉献给神以后，他们返回伯利恒，在
那里暂时居住。那时"有几个博士从东方来到耶路撒冷说：
'那生下来作犹太人之王的在那里？我们在东方看见他的
星，特来拜他。'"后来这几个博士到了伯利恒。在东方所
看见的那颗星，在他们前头引导他们，一直来到婴孩耶稣
所在的地方，那颗星就在上头停住了。博士们"进了房子，
看见小孩子和他母亲马利亚，就俯伏拜那小孩子，揭开宝
盒，拿黄金、乳香、没药为礼物献给他。"博士们走后，天
使向约瑟显现说，希律王听到了博士们的讲论，得知有个
孩子生下来要作犹太人的王，所以希律要寻找这个孩子，
一定要把他杀掉。天使叫约瑟带着耶稣和马利亚，往埃及
去逃难。于是约瑟便在夜间带着他们逃往埃及去了。（太
2：1—14）马利亚一家本来很穷苦。他们由伯利恒长途跋
涉到国外的埃及去，这在1900多年前实在不是件容易的
事。若不是博士们奉献的黄金等物，这种旅程是难于想
像的。

⑩马利亚和约瑟在埃及住了一些时日。希律死了以后，他们
便带着耶稣又离开了埃及，回以色列去。（太2：19—21）
这样就应验了耶稣降生前700年时神藉着先知何西阿所说
的预言："我从埃及召出我的儿子来。"（何11：1）

⑪约瑟和马利亚"因听见亚基老接着他父亲希律作了犹太王，
就怕往那里去。……便往加利利境内去了。到了一座城，
名叫拿撒勒，就住在那里，这是要应验先知所说'他将称

为拿撒勒人'的话"。(太2：19—23)

⑫按照犹太人的习惯，"一切的男丁，要一年三次朝见主耶和华"。(出23：17)对于女子却并无要求。然而马利亚出于对神的虔诚，虽然在耶稣之后她又和约瑟生了许多子女，家务很重，但是每年到了逾越节，她都和约瑟一起，由拿撒勒步行一二百里，上耶路撒冷去守节七天。(路2：41)当耶稣12岁的时候，他们带着耶稣，按着节期的规矩，共同到了耶路撒冷。守满了节期，他们又回拿撒勒去。但是"孩童耶稣仍旧在耶路撒冷"。马利亚和约瑟只以为耶稣在同行的人群中，走了一天的路程，就在亲友当中寻找耶稣，他们在路上找不到他，就又回到耶路撒冷去找。过了三天，却发现耶稣在圣殿里，坐在犹太教师中间，一面听，一面问。马利亚和约瑟非常惊奇。马利亚对耶稣说：孩子，你为什么这样呢？你看，你父亲和我非常焦急，到处找你！耶稣却说："为什么找我呢？岂不知我应当以我父的事为念么？"耶稣这些话乃是说明他应当关心天上父神的事工，但是马利亚和约瑟却不明白。他们回到拿撒勒以后，马利亚心里总是记着这些事。(路2：42—51)

⑬除了耶稣以外，马利亚至少和约瑟又生过六个子女。他们是耶稣的兄弟雅各、约西、西门、犹大和他的妹妹们。(太13：53—56)约瑟是个木匠，马利亚和耶稣要帮助约瑟抚养这么一个大家庭，必然会历经许多的艰辛。

⑭耶稣30岁时，以利沙伯的儿子约翰早已开始传道了。耶稣在约翰那里受洗后，有圣灵降在耶稣的身上。跟着耶稣也传起道来，并且收了一些门徒。这时马利亚对耶稣的使命

与神能，似乎有些了解，却又不甚了解。所以有时候马利亚按自己的意思，想要耶稣作什么事，就不一定恰当。马利亚与耶稣的关系，从肉身说，她是耶稣的母亲，耶稣对她很恭顺；但是从信仰上讲，她却应当是耶稣的门徒，耶稣对马利亚有所规劝的时候，她也能听从。耶稣刚出来传道时，在加利利的迦拿有一家人娶亲设筵。耶稣和马利亚都被请去赴席。筵席之间，酒用尽了。马利亚就对耶稣说，他们没有酒了。（约2：1—3）马利亚是想叫耶稣行个神迹，显示一下耶稣前不久受洗时从圣灵所得的能力。但是耶稣却对马利亚说："妇人，我与你有什么相干？我的时候还没有到。"（约2：4）按当时的习惯，称呼"妇人"，有尊敬的含意，绝不是轻视责难的口气。"我与你有什么相干"，原文有"你不要勉强我作什么"的意思。（You must not tell me what to do.）这样看来，耶稣当时的话，乃是恭敬地告诉马利亚，耶稣作为人类的救主，请马利亚不要再站在母亲的特殊地位上，来勉强耶稣作什么。马利亚并没有为此反驳指责耶稣，她接受了耶稣的劝告。但是马利亚还是相信耶稣会行神迹的，耶稣也终于用水变成了酒。（约2：5—11）

⑮耶稣的弟弟们，虽然在耶稣受难复活之后，成了很好的基督徒（徒1：14），耶稣的兄弟雅各，还成了耶路撒冷教会的负责人，（加1：18—19）但是耶稣在世的时候，耶稣的弟弟们是不信他的。（约7：5）有一次耶稣讲道，"甚至他连饭也顾不得吃。耶稣的亲属听见，就出来要拉住他。因为他们说他癫狂了"。（可3：20—21）又有一次耶稣在讲

道，"耶稣的母亲和他的弟兄们来了，因为人多，不得到他跟前"。（路8：19）耶稣的母亲马利亚和他的弟兄们就"站在外边，打发人去叫他。有许多人在耶稣周围坐着，他们就告诉他说：'看哪，你母亲和你弟兄，在外边找你。'耶稣回答说：'谁是我的母亲？谁是我的弟兄？'就四面观看那周围坐着的人说：'看哪，我的母亲，我的弟兄，凡遵行神旨意的人，就是我的弟兄姐妹和母亲了。'"（可3：31—35）

⑯耶稣33岁最后一次去耶路撒冷时，有许多门徒跟随着他，他母亲马利亚也许是相随同去的。所以，耶稣头一夜突然被捉拿，第二天上午即被钉十字架时，马利亚才得以和约翰等几个门徒一起站在十字架旁。那时耶稣在十字架上对马利亚说："妇人，看你的儿子。"又对约翰说："看你的母亲！"耶稣把马利亚既作为母亲又作为一个信徒交托给约翰，约翰便把马利亚接到他自己的家里去了。（约19：25—27）

⑰耶稣复活升天之后，有120名信徒聚会。马利亚和耶稣的弟兄们，在这120名信徒之内共同祷告。显然马利亚是以一个耶稣信徒的身份而参加那次聚会的。（徒1：12—15）有些人把马利亚当作圣母来崇拜，而且倡导跪在圣母像前祈祷，这种做法在圣经中找不到例证，甚至，还违背了"禁戒偶像"的圣经教训。（徒15：20）

2）小雅各的母亲马利亚。

①"小雅各和约西的母亲马利亚"（可15：40），也就是"革罗罢的妻子马利亚"。（约19：25）

②这位马利亚和其他几位妇女都是耶稣的虔诚门徒。当耶稣
在加利利的时候，她们就常常跟随耶稣，服事耶稣。（可
15：40—41）

③在耶稣最后一次去耶路撒冷的时候，马利亚等人，也一直
跟着耶稣到了耶路撒冷。（太27：55—56）

④在"耶稣背着自己的十字架出来"，到各各他山上去受难的
路上（约19：17），有些人曾跟在耶稣的后面痛哭。（路
23：27）这其中很可能也有马利亚等人。

⑤当耶稣被钉在十字架上的时候，马利亚等人也一直在十字
架附近。（太27：55—56；约19：25）因此她们对耶稣在
十字架上所说的话，会听得十分清楚。耶稣在十字架上最
后的几句话，当然会深深感动马利亚等人，这些话是：

A. 耶稣虽然受到许多人的凌辱苦害，但是却为那些钉死他
的人祷告说："父啊，赦免他们，因为他们所作的他们
不晓得。"（路23：34）

B. 和耶稣同时被钉的一个强盗，在生命的最后时刻认罪悔
改了。他祈求耶稣说："耶稣啊，你得国降临的时候，
求你记念我。"耶稣对他说：'我实在告诉你，今日你要
同我在乐园里了。'"（路23：39—43）

C. 耶稣在十字架上看见他的母亲和他的门徒约翰都站在旁
边，"就对他母亲说：'妇人，看你的儿子。'又对那门
徒（约翰）说：'看你的母亲。'"（约19：26—27）

D. 耶稣在十字架上，成了担当世人罪恶的替罪羔羊。而圣
洁的神是喜爱公义厌恨罪恶的。（来1：9）神的灵这时
不可能再在耶稣的身上。这对耶稣来说，远比肉身被钉

十架还要痛苦。所以耶稣大声喊着说："我的神，我的神，为什么离弃我?"（太 27：46）

E. "这事以后，耶稣知道各样的事已经成了，为要使经上的话应验，就说：'我渴了。'"（约 19：28）"有一个人赶紧跑去拿海绒蘸满了醋，绑在苇子上，送给他喝。"（太 27：48）这件事，完全应验了耶稣降生前很早一篇诗里的预言："我渴了，他们拿醋给我喝。"（诗 69：21）

F. 耶稣知道自己救世的工作即将完成而死，就"大声祷告说：'父啊，我将我的灵魂交在你手里。'"（路 23：46）

G. 耶稣降生前（即公元前）约 1000 年，大卫写的诗篇 22 篇，几乎预言了耶稣受难时的一切情景。例如：

a. "他们扎了我的手我的脚。"（诗 22：16）预言了耶稣被钉十字架。

b. "他们分我的外衣，为我的里衣拈阄。"（诗 22：18）耶稣被钉之后，兵丁们果然拈阄分了耶稣的衣服。（约 19：23—24）

c. "看见我的，都嗤笑我。他们摇头撇嘴说：'他把自己交托耶和华，耶和华可以救他吧！'"（诗 22：8）耶稣被悬挂在十字架上以后，路过那里的人，果然这样摇着头用这些话讥笑他。（太 27：38—40）

d. "我的神，我的神，为什么离弃我?"（诗 22：1）耶稣断气之前，正是这样大声哀呼的。（太 27：46）

e. "我的精力枯干，如同瓦片。我的舌头贴在牙床上。"（诗 22：15）这些诗句，活画出耶稣在十字架上大量流血后的憔悴面容。

f. "我的骨头都脱了节。"（诗 22：14）古人论证说，被钉十字架的人，全身重量都悬在两只手两只脚上，几乎要一整天才能流血殆尽，气绝而死。这样长时间的疼痛辗转，常使骨头脱节。

g. 其他等等。

耶稣在十字架上，完成了救赎的工作，也应验了这些预言，他断气前最后的一句话是："成了！"（约 19：30）耶稣 30 岁出来传道约三年，在世上的时候已有成千上万的人跟从他，最后竟被处以这么残酷的死刑。一般人会想一切都"完了"！但是耶稣却说"成了"。其意义使他的门徒马利亚等人不能不深加思索。

⑥耶稣的身体从十字架上被取下来安葬的时候，马利亚等人一直看着耶稣被送入石墓，甚至用大石头封上墓门之后，她们还面对着坟墓坐着，久久不肯离去。（可 15：42—47；太 27：61）

⑦七日的第一日（即礼拜日）清早，马利亚等人来到耶稣的坟墓那里，却看到封闭墓门的石头已经被滚开了，坟墓里有天使对她们说，正像耶稣自己早已预言过的那样，"他已经复活了。"（可 16：1—6）马利亚等女信徒就回去，把耶稣复活的消息告诉了使徒们。（路 24：8—10）

⑧耶稣复活后，在耶路撒冷 120 人的祷告聚会中，有几个妇女。（徒 1：14—15）这几个妇女很可能就是马利亚等人。

3）**抹大拉的马利亚**。圣经中曾多次把抹大拉的马利亚与小雅各的母亲马利亚同时并述，其共同经历详见上述"小雅各的母亲马利亚"条。

①抹大拉是在加利利海西南方的一个村庄，在提比哩亚西北约九里。信徒称呼她"抹大拉的马利亚"，乃是因为她在抹大拉居住。这样称呼也便于区别其他几个同名叫马利亚的女信徒。

②抹大拉的马利亚被鬼附过，经过耶稣的拯救，"曾有七个鬼从她身上赶出来"。（路8：2）

③抹大拉的马利亚等几个女信徒，对耶稣非常敬虔，当年"耶稣周游各城各乡传道，宣讲神国的福音，和他同去的有12个门徒"，还有抹大拉的马利亚等几个女信徒，她们常"用自己的财物供给耶稣和门徒"。（路8：1—3）

④抹大拉的马利亚与小雅各的母亲马利亚等妇女，曾一起随同耶稣到了耶路撒冷。（太27：55—56）耶稣背着十字架去受难时，马利亚等人也可能和众人跟在耶稣后面一起痛哭。（约19：17，路23：27）她们一同在十字架下面，听到了耶稣在十字架上所说的七句话。（太27：55—56）又一同看到了耶稣的安葬。（太27：61）

⑤耶稣受难的第三天，"天还黑的时候，抹大拉的马利亚来到坟墓那里"，看见封闭墓门的石头被挪开了，就去告诉彼得和约翰说，有人把耶稣的身体挪走了。彼得和约翰跑到坟墓那里，见墓中确实没有耶稣的身体。他们走后，"马利亚却站在坟墓外面哭"。耶稣是亲自先向抹大拉的马利亚显现的。（约20：1—16；可16：9）随后抹大拉的马利亚又把她亲眼见到耶稣复活的喜信，告诉给门徒们。（约20：18）。

⑥从上列事实推论，耶路撒冷120人的祷告聚会中，抹大拉的马利亚等人，便是圣经上所记载的那"几个妇人"。（徒

1：14）

4）伯大尼的马利亚。

①伯大尼的马利亚，住在耶路撒冷以东数里的伯大尼村。（约 11：1）大家这样称呼她，也是为了区别几位同名叫马利亚的女信徒。

②这位马利亚的姐姐名叫马大。她们的弟弟叫拉撒路。姐弟三人都是耶稣素日喜爱的门徒。（约 11：5）

③耶稣曾被马大接到她的家中。"马利亚在耶稣脚前坐着听他的道。马大伺候的事多，心里忙乱，就进前来说："主啊，我的妹子留下我一个人伺候，你不在意么？请吩咐她来帮助我。'耶稣回答说："马大，马大，你为许多的事思虑烦扰。但是不可少的只有一件。马利亚已经选择那上好的福分，是不能夺去的。'"（路 10：38—42）耶稣在这里清楚指明，信徒灵修比忙于事务更为重要。

④马利亚的弟弟拉撒路病了。就打发人去请耶稣到伯大尼来医治，及至耶稣从别处来到伯大尼的时候，拉撒路已经死去埋葬四天了。耶稣到了伯大尼村头，马利亚仍然坐在家中哭泣。马大催促她去迎接耶稣。马利亚急忙起来，到了耶稣那里"就俯伏在耶稣脚前说："主啊，你若早在这里，我兄弟必不死。'"但耶稣来到拉撒路的坟墓前，却使拉撒路复活了。①（约 11：1—44）

⑤耶稣受难前，又一次来到伯大尼，在当地信徒西门的家里

---

① 关于使拉撒路复活的神迹，详见本书"拉撒路"条中的"伯大尼的拉撒路"一项。

吃饭的时候，马利亚"拿着一玉瓶至贵的真哪哒香膏来，打破玉瓶，把膏浇在耶稣的头上"。（可14：3）还用香膏"抹耶稣的脚，又用自己的头发去擦，屋里就满了膏的香气"。（约12：3）"有几个人心中很不喜悦，说：'何斥这样枉费香膏呢？'"耶稣说：马利亚"在我身上作的是一件美事。……她所作的，是尽她所能的。她是为我安葬的事，把香膏预先浇在我身上。我实在告诉你们，普天之下，无论在什么地方传这福音，也要述说这女人所作的，以为记念"。（可14：4—9）

5）**马可的母亲马利亚。**

①马利亚的儿子马可，便是马可福音的作者。她的家中比较宽裕，雇有使女名叫罗大。好些基督徒能在她的家中聚会。（徒12：12）

②当年彼得被希律囚禁起来，教会中的信徒便在马利亚的家中祷告。彼得被天使在夜间救出监牢后，便到马利亚的家中去找那里的信徒们。（徒12：5；12：12）这件事的详细经过，可参看"罗大"条。

6）**罗马的信徒马利亚。**在罗马的基督教会中，这位马利亚是个热心的女信徒。保罗写信给罗马的圣徒时，曾向她问安，并说她为罗马的信徒多受劳苦。（罗16：6）马利亚对教会的事工，必定多有帮助。因为保罗知道，圣徒们的劳苦，"在主里面不是徒然的"。（林前15：58）

马念（Manaen）

马念是安提阿教会的工作人员之一，他是"与分封之王希律同养的"。（徒 13：1）"与分封之王希律同养"的意思是，"和希律王从小称兄道弟一起被抚养大的"。① 马念作为宫廷人员，这样负责教会的工作，说明了两种情况：

1）贫苦人家木匠出身的耶稣，在他被钉死前后不久，他的信徒已经遍及各种阶层：

① 有一般的贫苦群众。例如：

    A. 像彼得等人这样的渔夫（路 5：4—11），

    B. 长大麻风的人（可 1：40），

    C. 被人抬来的瘫子（太 9：2），

    D. 格拉森地方坟墓中被鬼附的人（可 5：1—2），

    E. 患血漏的女人（可 5：25—26），

    F. 耳聋舌结的人（可 7：32），

    G. 害癫痫病的孩子（可 9：17—18），

    H. 像巴底买这样的讨饭的瞎子（可 10：46）。

② 也有一些有权有势或有地位的人。例如：

    A. 像尼哥底母这样的官员（约 3：1），

    B. 像约瑟这样的议士（路 23：50），

    C. 像撒该这样的税吏长（路 19：2），

    D. 像士求保罗这样的罗马巡抚（徒 13：12），

    E. 像哥尼流这样的军官百夫长（徒 10：1，47），

    F. 有大权的总管银库的外国太监（徒 8：27），

    G. 犹太教的许多祭司等人（徒 6：7）。

---

① 英语译文是 "Manaen the foster-brother of Herod the tetrarch" 或 "Manaen who had been brought up with Herod the governor"。

③甚至有希律王室显贵人物。例如：

    A. 希律宫廷官员苦撒的妻子约亚拿（路8：3），

    B. 希律王的义兄或义弟马念（徒13：1）。

2）马念虽然贵为王宫人士，但是在安提阿教会工作人员的名次排列上，却在名不惊众的圣徒西面与路求之后。（徒13：1）虽然圣经认为任何人不分贫富地位如何，只要接受耶稣的救恩，就可以成为基督徒。但是担任教会职务的人，必须信心坚定，爱心充足，生活上有好见证。圣经里从来未曾讲过，要请有权势的人来负责教会工作。相反地，却很注意教会工作人员的信道经历与是否敬虔。例如：

①管理教会事务的人，应当"有好名声，被圣灵充满，智慧充足"。（徒6：3）

②作长老或监督的人，"必须无可指责，只作一个妇人的丈夫，有节制，自守，端正，乐意接待远人，善于教导……不争竞，不贪财，好好管理自己的家，使儿女凡事端庄、顺服。监督也必须在教会外有好名声"。（提前3：2—7）

③作执事的人，"必须端庄，不一口两舌，……不贪不义之财，要存清洁的良心，固守真道的奥秘。这等人也要先受试验，若没有可责之处，然后叫他们作执事。女执事也是如此"。（提前3：8—11）

3）耶稣的兄弟雅各，曾严厉斥责那些用世俗的眼光来区别信徒的教会领导人。他说："不可按着外貌待人。若有一个人带着金戒指，穿着华美衣服，进你们的会堂去；又有一个穷人，穿着肮脏的衣服也进去；你们就重看那穿华美衣服的人，说：'请坐在这好位上。'又对那穷人说：'你站在那里'，或'坐在我脚凳下边。'

这岂不是你们偏心待人，用恶意断定人吗?"（雅2：1—4）

马太（**Matthew**）

1. 简介：马太原名利未。本是个税吏。被耶稣选召之后，成为十二使徒之一。马太福音的作者便是马太。

2. 圣经记载：

1) 马太原来是个税吏。当时的税吏是为罗马政府向犹太人征收税款的。税吏常常尽其所能地从百姓身上搜刮民财。所以犹太人对税吏非常厌恶，常把税吏和罪人相提并论。但是耶稣认为无论多么大的罪人，只要肯于认罪悔改，灵魂就能得救。有一天耶稣看见税吏马太坐在税关上，"就对他说：'你跟从我来！'"（太9：9）他"就撇下所有的，起来，跟从了耶稣"。（路5：28）

2) 马太悔改后，在自己家里设筵接待耶稣。"有好些税吏和罪人，与耶稣并门徒一同坐席。"（可2：15）"法利赛人看见，就对耶稣的门徒说：'你们的先生为什么和税吏并罪人一同吃饭呢?'耶稣听见就说：'康健的人用不着医生，有病的人才用得着。'"（太9：11—12）耶稣又说："我来本不是召义人悔改，乃是召罪人悔改。"（路5：32）

3) 马太深深地认识自己原来是个罪人。马可和路加论到十二个使徒的时候，只提到马太的名字，并没有提马太先前作什么工作。（可3：18；路6：15）但是马太自己写到十二个使徒的名字时，却特意把他的名字写成"税吏马太"。（太10：3）马太以他自己的言行，提醒每一个基督徒，不要忘记蒙恩之前，自己原来是即将沉沦的罪人。

4）马太也很谦卑，有意地对他所作的事工避而不谈。马可和路加都记述了马太曾请耶稣和许多人在家中吃过筵席。（可2：15；路5：29）这对马太是一件光荣的大事。一般的人若叙述这样的事件时，难免要有意无意地说明："耶稣曾在我的家中吃过饭。"但是马太记叙到这个地方，故意地略去了自己的名字，而只说"耶稣在屋里坐席"。（太9：10）本来马太曾为跟从耶稣的原故，撇下了自己一切所有的事物。这也是一件了不起的事情。但这件事乃是路加讲述出来的。（路5：28）而马太自己对它却只字未提。（太9：9）马太这样谦卑地不肯显露自己，使人对他更加敬重。

5）五旬节时，马太参加了耶路撒冷的祷告会（徒1：13），曾和彼得一起向几千人讲道。（徒2：14）与众使徒一同坐牢（徒5：18），同时受审（徒5：27），同被拷问（徒5：40），都把为耶稣受羞辱当成自己的喜乐（徒5：41）。

6）革利门（Clement）曾引证历史家何拉克伦（Heracleon）的论述，证明马太最后以身殉道。

麦基洗德（Melchizedek）

1. 简介：麦基洗德是撒冷王，又是至高神的祭司。（创14：18）乃是耶稣基督的预表。（诗110：1—4）

2. 圣经记载：

1）当年亚伯拉罕为了救出侄子罗得，打败了侵犯所多玛的诸王，撒冷王麦基洗德曾出来迎接他。麦基洗德作为神的祭司曾为亚伯拉罕祝福。亚伯拉罕也承认他是神的祭司，因此把所得的十分之一献给麦基洗德。（创14：18—20）

2）撒冷便是耶路撒冷。（诗76：2）麦基洗德作为耶路撒冷的王，和至高神的祭司，他"无父、无母、无族谱，无生之始，无命之终，乃是与神的儿子（耶稣）相似"。（来7：1—3）关于麦基洗德预表耶稣永远作王，永为祭司的论述，详见希伯来书5—7章。

弥迦（Micah）

1. 简介：犹大王约坦至希西家在位时的一位先知，系摩利沙人。得神的话语，预言撒玛利亚和耶路撒冷的未来而写弥迦书。

2. 圣经记载：

1）弥迦警告：万民都要听，因至高的耶和华神要查验世人。撒玛利亚和耶路撒冷因拜偶像的罪必有灾祸临到，将变为田野乱堆，伤痕无法医治，贵族和人民都被掳离开。（弥1：2—16）

2）弥迦指责犹大人行强暴，从那些安然经过不愿打仗之人身上剥去外衣；将妇人从安乐家中赶出；首领及官长不知公平，吃我民的肉，剥他们的皮，屈枉正直，以人血建立锡安①；使民走差路的先知得利便伪报平安，因此锡安必被耕种像一块田。（弥2：6—10；3：5—12）

3）论到献祭，弥迦写道："我朝见耶和华，在至高神面前跪拜，当献上什么呢？"，"他向你所要的是什么呢？只要你行公义，好怜悯，存谦卑的心，与你的神同行。"（弥6：6—8）

4）在为以色列哀叹之后，弥迦相信耶和华神会饶恕他自己产业之余民的罪过，不永远怀怒，喜爱施恩。耶和华神必按应许

---

① 锡安：耶路撒冷一座山名，常作该城代称。

列祖的话，向雅各发诚实，向亚伯拉罕施慈爱。（弥7：1；18—20）

5）弥迦指着伯利恒说了一个极重要的预言："伯利恒以法他啊，你在犹大诸城中为小。将来必有一位从你那里出来，在以色列中为我（耶和华神）作掌权的。他的根源从亘古，从太初就有。""他必起来，依靠耶和华的大能，并耶和华他神之名的威严，牧养他的羊群。他们要安然居住，因此他必日见尊大，直到地极。"这是指的耶稣基督。（弥5：2，4；太2：5）

米非波设（Mephibosheth）

圣经中名叫米非波设的有两人。

1. 扫罗王的儿子米非波设。米非波设是由爱雅女子利斯巴所生的，后来被基遍人杀害了。（撒下21：8—9）

2. 约拿单的儿子米非波设。

1）当米非波设5岁时，他的祖父扫罗和父亲约拿单战死于基利波。米非波设的乳母抱着米非波设逃跑，因为跑得太急，将米非波设掉在地上，米非波设的腿摔瘸了，（撒下4：4）居住在约但河东的罗底巴，大卫王派遣使者将米非波设召入宫中来见大卫，此事是因大卫和米非波设的父亲约拿单相交甚密，情同兄弟，故此特别优待米非波设。王将扫罗的遗产全归给米非波设，而且允许米非波设常与王同桌吃饭以示恩待。（撒下9：1—13）。

2）大卫的儿子押沙龙叛变后，米非波设的奴仆洗巴向大卫王控告米非波设，说米非波设居心叵测。大卫相信了洗巴的话，将米非波设的家产都归给了洗巴。（撒下16：1—4）直到大卫回到耶路撒冷宫中，米非波设向大卫剖白此事，大卫又将其产业一半归还给米非波设。米非波设向大卫王说，王既然安然无恙回来，我的愿望已得到满足，还有什么所求呢？（撒下19：24—30）

3）米非波设有一个儿子名叫米迦，延续了约拿单的后嗣。（撒下9：12）

米该雅（Micaiah）

同名被译作米该雅或米该亚的有七个人。

1. **亚哈王末年著名的先知米该雅**。（王上22：7—8）

1）以色列国第七代的王亚哈很恶劣。他曾请犹大国王约沙法一起去攻打拉末城。约沙法对亚哈说："请你先求问耶和华。"于是亚哈招聚了400个顺口说好话的所谓的耶和华的先知，亚哈问这些人说上去攻取拉末可以不可以。这400人都说："可以上去。因为主必将那城交在王的手里。"约沙法说："这里不是还有耶和华的先知，我们可以求问他么？"亚哈对约沙法说："还有一个人，是音拉的儿子米该雅，我们可以托他求问耶和华。只是我恨他，因为他指着我所说的预言，不说吉语，单说凶言。"但约沙法劝亚哈不该这样讲，于是亚哈便叫一个太监把米该雅召了来。（王上22：1—9）

2）以色列王亚哈和犹大王约沙法各穿朝服，坐在位上。所有的先知都在他们面前预言说，可以攻打拉末，"必然得胜，因为耶和华必将那城交在王的手中"。"那去召米该雅的使者对米该雅说：'众先知异口同音地都向王说吉言。你不如与他们说一样的话，也说吉言。'"但米该雅说："耶和华对我说什么，

我就说什么。"（王上 22：10—14）

3）米该雅对亚哈说："我看见以色列众民散在山上，如同没有牧人的羊群一般。"又说："谎言的灵入了你这些先知的口，并且耶和华已经命定降祸与你。"亚哈非常恼怒，下令囚禁米该雅说："把这个人下在监里，使他受苦，吃不饱，喝不足，等候我平平安安地回来。"米该雅说："你若能平平安安地回来，那就是耶和华没有借我说这话了。"（王上 22：17—28）

4）跟着，亚哈去攻打拉末时，便在战车上受伤而死。血从伤处流在车中，有人把他的车在妓女洗澡的池旁洗刷，竟有狗来舔他的血，这就应验了耶和华降祸与亚哈的话。（王上 22：29—38）

2. 罗波安的妻子米该亚。（代下 13：2）

3. 约沙法的臣子米该亚。（代下 17：5—7）

4. 亚革波的父亲米该亚。（王下 22：12）

5. 吹号之祭司的子孙米该亚。（尼 12：35）

6. 吹号的祭司米该雅。（尼 12：41）

7. 基玛利雅的儿子米该亚。（耶 36：11—13）

米迦勒（Michael）

1. 简介：米迦勒是一位天使长的名字。（犹 9）另外，在旧约中也有十个人同名，都叫米迦勒。

2. 圣经记载：

1）**天使长米迦勒**。

①耶稣降生前五六百年间的先知但以理见到异象，曾三次提到米迦勒。他说米迦勒是大君（或天使长）之一。（但

10：13）是保护以色列人的使者。（但12：1）并说米迦勒将帮助以色列的护卫天使与其他魔君争战。（但10：20—21）但以理还说："使多人归义的，必发光如星，直到永永远远。"（但12：3）

②耶稣受难后，他的使徒约翰见到异象，他说将来在天上会有争战，"米迦勒同他的使者与龙争战。龙也同它的使者去争战"。（启12：7）

2）旧约中同名叫米迦勒的十个人，并未见什么事绩。在下列圣经章节中只提到他们的名字：

①民13：13　　②代上5：13　　③代上5：14

④代上6：40　　⑤代上7：3　　⑥代上8：16

⑦代上12：20　　⑧代上27：18　　⑨代下21：2

⑩拉8：8

米利暗 （Miriam）

圣经上名叫米利暗的有两个人，一女一男。

1. **女先知米利暗。**（出15：20）

1）米利暗是暗兰与约基别的女儿，也是亚伦和摩西的姐姐。（出15：20；参出6：20）

2）摩西出生前，埃及王曾下令杀死一切以色列人的男婴。摩西出生后，因摩西长得俊美，他的父母把他收藏了三个月，后来不能再藏了，就把摩西放在涂有石漆石油的蒲草箱中，并将此箱搁在河边芦荻中，摩西的姐姐米利暗远远站着守护此箱。法老的女儿看见婴儿摩西，想收养他。米利暗机敏地使自己的母亲当了孩子的奶妈。（出2：4—8）

3）以色列民出埃及经过红海后，米利暗和民中许多女子唱凯歌歌颂神。（出 15：20—21）。

4）米利暗因不服摩西为民众领袖，她和亚伦一起毁谤摩西，口出怨言。耶和华神惩罚米利暗，使她得大麻风病。后来因摩西为她向耶和华神求告，神才使米利暗的大麻风病得到痊愈。（民 12：1—15）

5）米利暗死后葬于加低斯。（民 20：1）

6）先知弥迦曾把米利暗和摩西亚伦相提并论。（弥 6：4）

2. 犹大支派的米利暗。是以斯拉的后代，益贴的儿子。（代上 4：17）

米拿现（Menahem）

米拿现是以色列国第十六代国王。他是杀了以色列王沙龙而篡夺了王位的。（王下 15：14）米拿现行耶和华眼中看为恶的事。（王下 15：17—18）他攻打提斐萨城，剖开满城的孕妇的肚腹。（王下 15：16）亚述王来攻击以色列时，米拿现给亚述王大量金钱，请亚述王坚定自己的国位，因而向以色列的富户索要银子。（王下 15：19—20）但是米拿现在位仅十年而死。他的儿子比加辖继位后两年又被别人杀死篡位了。（王下 15：22—25）

米煞（Meshach）

米煞是但以理的三个少年朋友之一。和亚伯尼歌等都是忠心敬奉耶和华的人。由于遵照耶和华神的教导不拜偶像，被扔在火窑中。但却蒙耶和华神保护，毫无损伤。（但 3：1—30）详细情况请参看本书"但以理"条和"亚伯尼歌"条。

摩西 （Moses）

1. 简介：摩西是历史上著名的以色列领袖，伟大的先知，为神的事
   工献上了自己的一生。他受耶和华神的差遣，带领以色列人出离
   埃及的苦境。宣布了神对以色列人的诫命和律法。圣经最初的五
   卷经文——创世记、出埃及记、利未记、民数记和申命记，除申
   命记末段外都是摩西写的，因此被称为摩西五经。摩西五经的篇
   幅，约占全部旧约的四分之一。在大卫的时代，以色列人常读的
   律法书等（诗 1：2），便是摩西五经。旧约圣经共提到摩西约
   170 次。新约圣经提到摩西 70 余次，足见摩西是个重要的人。

2. 圣经记载及有关历史记述：

   1）摩西在家中受的影响

   ①摩西的父亲叫暗兰，母亲叫约基别。（出 6：20）他们都是
     以色列族利未家的人。（出 2：1—10）摩西的哥哥叫亚伦。
     （出 6：20）他的姐姐叫米利暗。（出 15：20）摩西是在以
     色列人苦难深重的时候出生的。

   ②起初，以色列全家曾因饥荒由迦南地迁居到埃及。（创
     46：5—7）400 多年以后，摩西出生时，以色列的男丁数目
     已经达到 60 万人。（出 12：37—40）那时候的埃及王法老看
     到以色列人比埃及人还多，又比埃及人强盛（出 1：9），就
     压迫他们，以色列人形同奴隶，他们作苦工，和泥作砖，修
     建城池。然而埃及人越苦待以色列人，以色列人却越发地多
     了起来。（出 1：11—14）于是埃及王法老吩咐他的百姓说：
     "以色列人所生的男孩，你们都要丢在河里。一切的女孩，
     你们要存留她的性命。"（出 1：22）正在这时候，摩西诞生
     了，他的父母看到摩西是个俊美的男孩子，就冒着危险，藏

了他三个月，后来不能再藏，就取了一个蒲草箱，抹上石漆和石油。将孩子放在里头。把箱子搁在河边的芦荻中。孩子的姐姐（米利暗）远远站着，要知道他究竟怎么样。法老的女儿来到河边洗澡，她的使女们在河边行走。她看见箱子在芦荻中，就打发一个婢女拿来。她打开箱子看见那孩子，孩子哭了，她就可怜他说：'这是希伯来（以色列）人的一个孩子。'孩子的姐姐对法老的女儿说：'我去在希伯来妇人中叫一个奶妈来，为你奶这孩子，可以不可以？'法老的女儿说：'可以。'"摩西的姐姐米利暗就把摩西的生身母亲约基别叫了来。"法老的女儿对她说：'你把这孩子抱去，为我奶他。我必给你工价。'"约基别就抱了孩子去奶他。（出2：1—9）摩西在他父母兄姐的抚养看顾下，渐渐长大。由于家庭的影响，他从小就知道自己是以色列人。既知道以色列人信奉敬拜的耶和华，也知道埃及人对以色列人的奴役欺压。后来，幼小的摩西带着他本族人的信仰和情操，被送进法老王宫，"带到法老的女儿那里，就作了她的儿子"。（出2：1—10）从此以后摩西便在宫内过着王子的生活。

2）**摩西在王宫受的教育**

①根据有关历史资料推论，摩西出生时的埃及王法老，可能是陶特麦斯一世（Thotmes Ⅰ）。若这样，他的女儿（也就是摩西的养母）即是海实普萨（Hatshepsut）。海实普萨曾经代替她的丈夫陶特麦斯二世（Thotmes Ⅱ）摄政，并且代替她的弟弟陶特麦斯三世（Thotmes Ⅲ）摄政20年。那时候埃及往南征服了现今的埃塞俄比亚一带。东面的领土一直扩张到幼发拉底河流域。埃及还建立了一支强大的海军，

前后17次攻打巴勒斯坦和叙利亚等地。按当时的埃及政情，摩西若是放弃他生身父母传给他的信仰，而追随养母海实普萨之后，他很可能成为埃及王位的继承人。摩西在宫中的童年友伴，都是王室皇族，如果带养摩西的确实是海实普萨，摩西即会与阿门厚太二世（Amenhotep Ⅱ）等人，自幼在宫中玩耍为伴，同受宫廷教育。后来阿门厚太二世继位作埃及法老，其他同伴也成了王朝贵族。有些学者认为，摩西后来率领以色列人出埃及的时候，那时对摩西反复无常的埃及法老，正是阿门厚太二世。

②摩西在皇宫中既有这样优越的地位，因此40岁以前，在宫中能以博览群书，获得了多方面的知识。犹太历史学家夫拉卫尤·约西弗（Flavius Josephus）说，摩西逃离王宫之前，曾指挥过埃及南部的一支军队。又有论述说海实普萨对开发西乃的矿产很有兴趣，而且修复了西乃地区塞拉比（Serabit）的建筑物。这些工程很可能都是摩西负责督导的。这样就培养了摩西领导军政事务的能力，也使他在埃及和以色列人中有了名望，从而为摩西以后率领以色列人出埃及作了准备。正像司提反在最后的一次讲道中所说的："摩西学了埃及人一切的学问，说话行事都有才能。"（徒7：22）

③摩西虽然贵为埃及王子，但是由于坚信他的列祖敬奉的耶和华真神，他"长大了，就不肯称为法老女儿之子。他宁可和神的百姓同受苦害，也不愿暂时享受罪中之乐。他看为基督受的凌辱，比埃及的财物更宝贵"。（来11：24—26）所以他终于放弃了40年的王宫生活，决心到他弟兄以色列人那里，看看他们的重担到了何等的地步。（出2：11；徒7：23）

3）摩西在米甸受的磨炼

①有一天，摩西出了王宫，"见一个埃及人打希伯来（以色列）人的一个弟兄。他左右观看，见没有人，就把埃及人打死了，藏在沙土里。第二天他出去，见有两个希伯来人争斗，就对那欺负人的说：'你为什么打你同族的人呢？'那人说：'谁立你作我们的首领和审判官呢？难道你要杀我，像杀那埃及人么？'摩西便惧怕说：'这事必是被人知道了。'法老听见这事，就想杀摩西。但摩西躲避法老，逃往米甸地居住。"（出2：12—15）从此摩西由一位皇宫王子，成了远逃异乡的亡命者。

②米甸原来是个人名，乃是亚伯拉罕与基土拉所生的一个儿子。（创25：1—2）古时米甸的后代居住在现今的亚喀巴湾（Gulf of Akaba）两岸，那一带地方就叫作米甸旷野。米甸也有祭司，这就说明了有些米甸人可能未忘记他们的祖先亚伯拉罕信奉的独一真神。米甸的祭司叶忒罗，（出3：1）或许就是米甸人敬拜神的领导人之一。叶忒罗也叫流珥，他有七个女儿。有一天，"她们来打水，打满了槽，要饮父亲的群羊"。却被歹徒们把她们赶走了。摩西正好走到那里，就制止了歹徒的恶行。而且"帮助她们，又饮了她们的群羊"。叶忒罗便请摩西来家中居住，以后"把他的女儿西坡拉给摩西为妻"。西坡拉给摩西生了两个儿子，摩西给他们起名叫革舜和以利以谢。（出2：16—22；18：3—4）

③"摩西牧养他岳父米甸祭司叶忒罗的羊群。"（出3：1）行踪足迹遍布西乃半岛，度过了40年的荒山野岭岁月。（徒7：30）摩西在法老王宫的前40年，学得了许多学识，但

是在米甸旷野这后 40 年，却领悟到神的道理，锤炼了自己的信仰与品德。他在将近 40 岁的时候，乃是凭着血气之勇，想要依靠自己的能力去拯救以色列人，结果以失败而告终。但是经过了米甸旷野的熬炼，在他七八十岁的时候，他已感到，若没有神的帮助，人的血肉之体和世上的才智都将毫无用处。他在著名的祷告诗中说：

"主啊，你世世代代作我们的居所。

…………

我们经过的日子，

　都在你震怒之下；

我们度尽的年岁，

　好像一声叹息。

我们一生的年日是七十岁，

　若是强壮可到八十岁，

但其中所矜夸的，

不过是劳若愁烦，

转眼成空，我们便如飞而去！

…………

求你指教我们怎样数算自己的日子，

好叫我们得着智慧的心。

…………

求你使我们早早饱得你的慈爱，

好叫我们一生一世欢呼喜乐！"（诗 90：1—14）

④摩西的苦难经历，炼尽了他自身的渣滓，使他更为纯全。这时候耶和华才呼召他出来，叫他把以色列人从水深火热

的罪奴境地中，领向迦南那片流奶与蜜之地。（出3：7—8）被耶和华重用过的人们，像大卫、以利亚、施洗的约翰、使徒保罗等人，几乎都曾度过一段旷野生涯。所以有一位诗人，颇有所感地说：

> "他们经过流泪谷，
>
> 叫这谷变为泉源之地，
>
> 并有秋雨之福，
>
> 盖满了全谷。"（诗84：6）

又有一位诗人说：

> "神啊，
>
> 你曾试验我们，熬炼我们，
>
> 如熬炼银子一样。
>
> …………
>
> 我们经过水火，
>
> 你却使我们到丰富之地。"（诗66：10—12）

4）摩西在旷野受的使命

①有一天摩西牧放羊群，"到了神的山，就是何烈山（又称西乃山）。"耶和华向他显现说："现在以色列人的哀声，达到我耳中，我也看见埃及人怎样欺压他们。故此，我要打发你去见法老，使你可以将我的百姓以色列人从埃及领出来。……你们必在这山上事奉我。"（出3：1—12）那时的摩西，已经不再是40年前自高自恃的摩西了。他惟怕自己力不胜任，曾再三推辞不肯前往。但在神的呼召下，摩西终于决定重返埃及去，依靠耶和华的神能，把以色列人从埃及带领出来。（出3：1—4：18）

②那时寻索摩西性命的法老王已经死了。（出2：23，出4：
19）摩西带着妻子西坡拉和两个儿子，手中拿着神的杖，
离开了米甸。（出4：20）在回埃及的路上，为儿子行了割
礼。摩西的哥哥亚伦，往旷野去迎见了摩西，他们招聚了
以色列的众长老，向他们述说神召他们出离埃及的心意。
"以色列人听见耶和华眷顾他们，鉴察他们的困苦，就低头
下拜。"（出4：20—31）

5）摩西在埃及行的神迹

①"摩西亚伦对法老说，耶和华以色列的神这样说：'容我的
百姓去，在旷野向我守节。'法老说：'耶和华是谁，使我
听他的话，容以色列人去呢？我不认识耶和华，也不容以
色列人去。'"（出5：1—2）"摩西亚伦与法老说话的时
候"，摩西已是80岁了。（出7：7）

②由于法老侮慢耶和华神，神便藉着摩西的手，连续施行神
迹，一再降灾给埃及人，却保护了以色列人。耶和华降灾
稍重的时候，埃及王法老就马上同意以色列人离开埃及。
但灾害刚刚过去，法老就立即反口，又不肯放走以色列人。
法老这样几经反复，使那些欺压以色列人的埃及人共遭受
到下列十种灾害：

A. 河水变成血水，（出7：20—24）

B. 地上满了青蛙，（出8：5—15）

C. 尘土变成虱子，（出8：16—19）

D. 到处苍蝇成群，（出8：20—32）

E. 牲畜都染瘟疫，（出9：1—7）

F. 埃及人人生疮，（出9：8—12）

G. 冰雹毁掉农田，（出 9：22—35）

H. 蝗虫吃尽青叶，（出 10：12—20）

I. 遍地黑暗三天。（出 10：21—27）

但是埃及王法老到了这种地步，仍然刁难以色列人，甚至恫吓摩西说："你要小心，不要再见我的面，因为你见我面的那日，你就必死！"（出 10：28）这样，埃及王就把自己推到了绝路上。耶和华便降了第十种灾害，那就是：

J. 击杀埃及长子。（出 11：5）

6）神使摩西宣立逾越节

①对顽梗的法老和埃及人，耶和华决定要击杀他们的长子和头生的牲畜，同时却保守以色列人，使他们人畜平安，好叫人知道，"耶和华是将埃及人和以色列人分别出来"。（出 11：4—7）耶和华晓谕摩西亚伦，吩咐以色列全族，每家准备一只羊羔，在黄昏的时候，把羊羔杀了。各家要取羊血，涂在房屋的门楣和门框上。当夜要吃羊羔的肉。要带着头、腿、五脏，用火烤了，与无酵饼加苦菜同吃。不可剩下一点，若留到早晨，要用火烧掉。耶和华怎样吩咐摩西亚伦，以色列人就怎样遵行。那一夜耶和华击杀了埃及人所有的长子，凡是门楣门框上有血的房屋，就越过那个门口，凡是门上没有血的，从法老到囚犯，所有埃及人的长子和头生的牲畜都被杀了。（出 12：1—30）以色列人终于得以出离埃及，摆脱了罪奴的生活。（出 12：41）

②耶和华晓谕摩西、亚伦说："你们要记念这日。"（出 12：14）"这是耶和华的逾越节。"（出 12：11）"是以色列众人世世代代该谨守的。"（出 12：42）所以从那时以后，

以色列人年年要守逾越节。但，"这些原是后事的影儿，那形体（reality）却是基督。"（西2：17）后来耶稣在逾越节受难，成为"逾越节的羔羊"，（林前5：7）给世人"开了一条又新又活的路"。（来10：20）

7）神使摩西领导以色列人过红海

①埃及人的长子被击杀后，"夜间法老召了摩西亚伦来说：'起来，连你们带以色列人，从我民中出去。依你们所说的，去事奉耶和华吧！'"（出12：31）按照当时的惯例，主人使奴仆自由离家的时候，要应允奴仆适当地索要些东西，作为他们多年作奴仆的代价。"以色列人照着摩西的话，向埃及人要金器银器和衣裳。"埃及人便给了他们所要的。（出12：35—36）这时摩西这个逃亡40年的流亡者，又在法老臣仆和百姓的眼中，成为极其伟大的人物。（出11：2—3）那时摩西率领以色列人，被称为"耶和华的军队"，出了埃及。（出12：41）

②摩西和以色列人从埃及出发不久，法老又一次反悔。他带领了600辆战车，想去追回这些离去的以色列奴隶。以色列人到了红海边上，可能相当于现今的苏伊士运河附近，他们被埃及人追上了。他们面对大海，别无他路，情况万分紧急。（出14：5—9）但是"摩西对百姓说：'不要惧怕，只管站住。看耶和华今天向你们所要施行的救恩。'"耶和华对摩西说："你吩咐以色列人往前走。你举手向海伸仗，把水分开。以色列人要下海中走干地。我要使埃及人的心刚硬，他们就跟着下去，我要在法老和他的全军、车辆、马兵上得荣耀。……埃及人就知道我是耶和华了。"

（出14：13—18）摩西遵照神的命令，把他从米甸带来的神杖拿在手中，"向海伸杖。耶和华便用大东风，使海水一夜退去。"海就成了干地。以色列人过红海时，水在他们的左右作了墙垣，一直到对岸登陆。埃及的军兵追赶以色列人，也跟着以色列人追入了红海。但是以色列人全体到达对岸后，"耶和华对摩西说：'你向海伸杖，叫水仍合在埃及人并他们的车辆马兵身上。'"摩西向海再次伸出神杖，"水就回流，淹没了……法老的全军，连一个也没有剩下"。（出14：21—28）

③那时摩西和以色列人在海岸上向耶和华唱歌说："耶和华是我的力量，我的诗歌，也成了我的拯救。"（出15：1—2）摩西的姐姐米利暗已经90岁左右，这位老年人也带着妇女击鼓跳舞，应声歌颂耶和华。（出15：20—21）

8）摩西和以色列人绕行旷野40年大事记

①耶和华曾晓谕摩西，以出埃及的那个月定为以色列人的正月。（出12：1—2）在正月十四日逾越节黄昏宰杀羊羔。（出12：6）第二天正月十五日摩西率领以色列人从兰塞起行。（民33：3）

②摩西和以色列人未过红海前，以色列人曾向摩西大发怨言，（出14：10—12）但神用奇迹使他们过了红海。

③以后，"摩西领以色列人从红海往前行，到了书珥的旷野。在旷野走了三天找不着水。到了玛拉，不能喝那里的水，因为水苦。……百姓就向摩西发怨言说：'我们喝什么呢？'摩西呼求耶和华，耶和华指示他一棵树，他把树丢在水里，水就变甜了。"（出15：22—25）

④"他们到了以琳，在那里有十二股水泉，七十棵棕树。他们就在那里的水边安营。"（出 15：27）

⑤当年的 2 月 15 日，他们到了汛的旷野。以色列人因为没有食物，就又向摩西、亚伦发怨言，说在埃及的时候，"我们坐在肉锅旁边，吃得饱足，你们将我们领出来，到这旷野，是要叫这全会众都饿死啊！"但耶和华使鹌鹑飞来，遮满了营地，并且每天降下吗哪作以色列人的食物。以色列人吃吗哪共 40 年，直到迦南。（出 16：3—35）

⑥摩西带领以色列人继续前行，到了利非订，百姓没有水喝，又一次向摩西发怨言争闹。摩西呼求耶和华，耶和华叫摩西用神的杖击打何烈的磐石，就有水从磐石中流了出来。（出 17：1—6）

⑦"那时亚玛力人来在利非订，和以色列人争战。摩西对约书亚说：'你为我们选出人来，出去和亚玛力人争战。明天，我手里要拿着神的杖，站在山顶上。'于是约书亚照着摩西对他所说的话行，和亚玛力人争战。摩西、亚伦与户珥，都上了山顶。摩西何时举手，以色列人就得胜。何时垂手，亚玛力人就得胜。但摩西的手发沉，他们就搬石头来，放在他以下，他就坐在上面。亚伦与户珥扶着他的手，一个在这边，一个在那边。他的手就稳住，直到日落的时候。约书亚用刀杀了亚玛力王和他的百姓。"（出 17：8—13）这是以色列人出埃及后，第一次与异族人争战。由于所取得的胜利，就更加坚定了依靠耶和华的信念。

⑧摩西出埃及前，曾打发他的妻子和儿子回到米甸，住到他的岳父叶忒罗那里。如今叶忒罗听到以色列人出了埃及，

就带着摩西的妻子西坡拉和他的两个儿子，来到摩西安营的地方。（出18：1—5）叶忒罗见摩西事无巨细，都要亲自过问，十分劳累。就建议摩西：

A. 用律例和法度教训以色列人，指示他们当行的道，当作的事。（出18：20）

B. 把以色列人组织起来，从百姓中选立"敬畏神、诚实无妄、恨不义之财的人，派他们作千夫长、百夫长、五十夫长、十夫长，管理百姓。"（出18：21）

⑨以色列人出埃及地以后，满了三个月的那一天，来到了西乃的旷野，（出19：1）直到第二年二月二十日才离开西乃。（民10：11—12）他们停留在西乃山附近，共约十个月之久。这期间，"耶和华降临在西乃山顶上。耶和华召摩西上山顶，摩西就上去。"（出19：20）有两次，摩西在山上各有40昼夜。（出24：18；34：2—28）摩西每次下山，便把耶和华的吩咐告诉百姓。同时作了几项重要的工作。计有：

A. 宣布十条诫命（出20：1—17）

　　a. 除了耶和华以外不可信奉别的神。

　　b. 不可敬拜任何偶像。

　　c. 不可妄称耶和华神的名。

　　d. 当记念安息日，守为圣日。

　　e. 当孝敬父母。

　　f. 不可杀人。

　　g. 不可奸淫。

　　h. 不可偷盗。

　　i. 不可作假见证。

j. 不可贪恋别人一切所有的东西。

B. 定立约书法规

摩西先"将约书念给百姓听。他们说：'耶和华所吩咐的，我们都必遵行。'"然后摩西将献祭的血"洒在百姓身上说：'你看，这是立约的血，是耶和华按这一切话与你们立约的凭据。'"（出 24：4—8）约书的内容是：

a. 关于处理希伯来奴仆问题的条款。（出 21：2—11）

b. 关于杀人、拐骗、打骂父母者应予处死的条款。（出 21：12—17）

c. 关于争斗伤人者须受刑罚的条款。（出 21：18—27）

d. 关于因牛伤人的处治条款。（出 21：28—36）

e. 关于偷窃、有意损人或无意损人者的处理条款。（出 22：1—15）

f. 关于引诱妇女者的处理条款。（出 22：16—17）

g. 关于行邪术者应予处死的条款。（出 22：18）

h. 关于处死与兽淫合者的条款。（出 22：19）

i. 关于处死祭祀假神者的条款。（出 22：20）

j. 关于抚恤孤儿、寡母、寄居者的条款。（出 22：21—27）

k. 关于不准毁谤神和官员的条款。（出 22：28）

l. 关于奉献的条款。（出 22：29—31）

m. 关于不准造谣、作恶、贿赂的条款。（出 23：1—9）

n. 关于安息年、安息日、逾越节、收割节、收藏节、献祭等活动的条款。（出 23：10—19）

C. 指明制造帐幕、圣具及献祭等圣礼的法则。（出第 25—31 章；利未记全卷）

D. 在摩西上山 40 天的期间，亚伦和以色列人制造了金牛犊当作神明敬拜，使耶和华十分震怒。摩西极力求告，才使耶和华停息了怒气，未曾降祸给以色列人。（出 32：1—14）

E. 摩西选了以色列人当中的精巧工匠，按耶和华指示的方法规格，制作了帐幕（即会幕）、约柜和有关的圣物。（出 35：10—39：43）约柜中放着三样东西：

a. 写着十诫的两块法版，

b. 一罐吗哪，

c. 亚伦发过芽的杖。（来 9：4）

约柜是安放在会幕的西面的。

以色列人出埃及的"第二年正月初一日，帐幕就立起来"。（出 40：17）"耶和华的荣光就充满了帐幕。"（出 40：34）我们可以想见以色列人是何等的喜乐。

F. "以色列人出埃及地后，第二年二月初一日"，耶和华在会幕中晓谕摩西，除了利未支派之外，各支派都要核点人数。（民 1：1；1：47）由利未人专管约柜、帐幕和其中的器具等事务。（民 1：48—54）其他的人都在本支派的大旗下安营。（民 2：1—2）他们安营的位置可看后面的简图。（民 2：3—31；3：16—39）

⑩以色列人出埃及后第二年二月二十日，他们按各支派的组织顺序与分工，由各支派的首领及大旗前导，离开西乃，继续前行。（民 10：11—13）以色列人在埃及的时候，曾多受苦待。如今蒙耶和华眷顾，本应感恩。但是以色列人却常发怨言，以致耶和华发怒，"使火在他们中间焚烧，直烧

到营的边界。百姓向摩西哀求，摩西祈求耶和华，火就熄了，那地方便叫作他备拉"。（民11：1—3）

以色列各支派人数及安营位置图

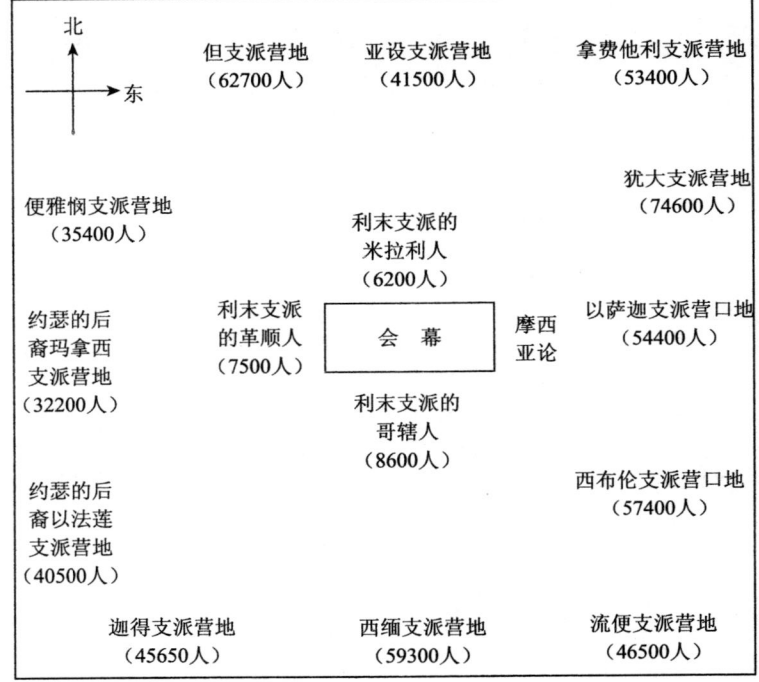

⑪以色列人对耶和华多有悖逆。他们常常想念埃及的肉锅，却不想那时的苦情，常常只看眼前的艰苦，却不想将来进入迦南的福乐。"他们中间的闲杂人，大起贪欲的心，以色列人又哭号说：'谁给我们肉吃呢？我们记得在埃及的时候，不花钱就吃鱼，也记得有黄瓜、西瓜、韭菜、葱和蒜。现在我们的心血枯竭了，除这吗哪以外，在我们眼前并没

有别的东西。'"（民11：4—6）摩西在神面前也觉得管理以色列人的担子太重，甚至到了求死的地步。（民11：11—15）耶和华又一次使鹌鹑飞来，但是却刑罚了那些起贪心的人。"肉在他们牙齿之间，尚未嚼烂，耶和华的怒气就向他们发作，用最重的灾殃击杀了他们。"（民11：31—33）

⑫摩西与以色列人再次前进到哈洗录。摩西娶了古实女子为妻。米利暗和亚伦因此毁谤摩西。但摩西"极其谦和，胜过世上的众人"。神也称赞摩西是尽忠的，耶和华因为米利暗毁谤他的仆人摩西，就使她长了大麻风。而摩西却为这个毁谤他的人"哀求耶和华说：'神啊，求你医治她。'"耶和华命令把她锁在营外七天。满了七天之后，才许她进入会众当中，其后以色列人又继续起行。（民12：1—15）根据以色列人长大麻风痊愈后要在帐棚外居住七天的律例，（利14：2—9）看来神已听了摩西的祷告，使米利暗又得到了医治。摩西这样以德报怨，真是常人难于做到的。

⑬"以后百姓从哈洗录起行，在巴兰的旷野安营"。（民12：16）到了加低斯，该处已临近迦南。耶和华晓谕摩西，要派各支派的首脑人物共12人，去窥探迦南地。（民13：1—2）"过了四十天，他们窥探那地才回来。"（民13：25）这12个窥探人员回到加低斯，向以色列人说，迦南果然是流奶与蜜之地。但是那里的居民强壮，城邑坚固。其中迦勒和约书亚二人，主张立即攻取迦南。但另有十个人，却报恶信说，迦南人身量高大，难于取胜。（民13：27—33）于是以色列人再一次哭号抱怨说："巴不得我们早死在埃及地，或是死在这旷野。……我们回埃及去岂不好吗？"（民

14：1—3）这些以色列人，竟是这样快就忘记了耶和华领他们过红海，并消灭埃及追兵的经历。那时候，过红海这件大事，对各族人震动很大。"外邦人听见就发颤，疼痛抓住非利士的居民。那时以东的族长惊惶……迦南的居民心都消化了。"（出15：14—15）以色列人若是听从迦勒和约书亚的话，依靠神，以过红海的余威，很容易攻占迦南，但是他们却信心很小，惧怕艰难，竟想另立一个首领返回埃及。（民14：4）本来耶和华要用瘟疫击杀这些悖逆的人，只因摩西的求告，耶和华才赦免了他们（民14：13—20），然而因为以色列人屡次向神抱怨，耶和华说20岁以外向神发怨言的，都不能进入迦南。将在旷野度日直到死去。惟有迦勒和约书亚二人将和以色列新生的一代，攻取迦南。（民14：26—35）以后这些事都完全应验了。而那十个报恶信的人，由于对以色列人起到了鼓动他们反对神的作用，虽然他们原来是各支派的族长等人，（民13：1—3）却都遭瘟疫死在耶和华面前。（民14：37）

⑭以色列人看到十个报恶信的窥探者的死亡，因此对神十分畏惧。他们也曾悲哀认罪，但是这些人习惯于以自我为中心，总是按照自己的想法任意行动。他们由惧怕迦南人，忽然一变，又轻视迦南人，竟想在心灵昏乱心神不定的情况下，冒然去进攻迦南。摩西认为以色列人内部刚刚经历了争论不和，已经失去了进取迦南的良机，因此劝阻他们不要冒险。但是这些灵命不稳的以色列人，却在耶和华的约柜和摩西都没有伴随他们的情况下，他们竟擅敢自作主张，出发作战。"于是亚玛力人和住在那山上的迦南人，都

下来击打他们，把他们杀退了，直到何珥玛。"（民14：39—45）这些以色列人，他们认罪而不顺服，就必然会常常认罪又常常犯罪。貌似勇敢，却招致失败，成为后世基督徒的警戒。

⑮以色列人在加低斯战败后，耶和华通过摩西，陆续不断地向以色列人晓谕了更详细的律法条例。（民15：1—41；申命记有关章节）

⑯那期间，曾有可拉等人，共250个以色列中的首领，一同起来攻击摩西，说"你们擅自专权"。"摩西听见这话，就俯伏在地，对可拉和他一党的人说：'到了早晨，耶和华必指示谁是属他的，谁是圣洁的。'"结果地裂开了口，把"可拉的人丁财物都吞下去"。"又有火从耶和华那里出来"，烧灭了那250人。但许多以色列人说摩西、亚伦杀了可拉等人，从而攻击摩西、亚伦。因此耶和华刑罚以色列人，他们遭瘟疫而死的共有14700人。（民16：1—50）

⑰其后，以色列人在邻近的旷野中绕来绕去，共历38年之久。在他们出埃及后的第四十年正月，又回到了加低斯。摩西的姐姐米利暗死在该地。那时，"会众没有水喝，就聚集攻击摩西亚伦。""耶和华晓谕摩西说：'你拿着杖去，……吩咐磐石发出水来。'"摩西因为以色列人多次攻击他，便失去了忍耐，向神也失去了谦卑顺服。"摩西举手用杖击打磐石两下，就有许多水流出来，会众和他们的牲畜都喝了。"但"耶和华对摩西亚伦说：'因为你们不信我，不在以色列人眼前尊我为圣，所以你们必不得领这会众，进我所赐给他们的地去。'"摩西和亚伦终于未能进入迦南。（民20：1—13）

⑱摩西在加低斯要求以东王，希望借道从以东境内到迦南去。但是以东王不容以色列人过境，他们便到了何珥山。当年五月初一日，摩西的哥哥亚伦死在何珥山。（民33：38）

⑲那时，迦南南方的亚拉得王来和以色列人争战。以色列人战胜了亚拉得王。（民21：1—3）摩西想率领以色列人先往南走，再向东转移，最后北上绕过以东地区，以便进入迦南。百姓因为这条路很难走，就怨渎神和摩西。"于是耶和华使火蛇进入百姓中间，蛇就咬他们，以色列人中死了许多。百姓到摩西那里说：'我们怨渎耶和华和你，有罪了。求你祷告耶和华，叫这些蛇离开我们。'于是摩西为百姓祷告。"耶和华指示摩西制造一条铜蛇，"挂在杆子上。凡被蛇咬的，一望这铜蛇，就活了。"（民21：4—9）这件史实，也是一个预表。后来耶稣说，摩西在旷野怎样举蛇，人子（耶稣基督）也必照样被举起来（钉在十字架上）。叫一切信耶稣的人都得永生。（约3：14—15）

⑳摩西和以色列人在继续绕行的路上，经过了摩押人的东边境界，战败了亚摩利王西宏和巴珊王噩。（民21：21—35）

㉑当摩西和以色列人在摩押平原安营的时候，摩押王巴勒派使臣召来了假先知巴兰，求巴兰来咒诅以色列人（民22：2—7），巴兰虽然未曾咒诅以色列人，却教导巴勒，让摩押女子引诱以色列人淫乱犯罪，迷惑他们拜她们的假神。因此耶和华发怒，使以色列人遭瘟疫而死的，共有24000人。（民25：1—9）以后耶和华晓谕摩西去攻打米甸人，杀了米甸的五个王和巴兰。（民31：1—8）这时的摩西已经临近他最后的日子了。

9）摩西离世前所作的事工

①劝勉以色列人，要坚信神必引导神的子民进入迦南福乐之
地。（申31：3）

②确立他培养了多年的约书亚承担耶和华的事工。勉励约书
亚要刚强壮胆，率领以色列人重返以色列的先祖所居住的
迦南。完成神的计划。（申31：7）

③写出了详细的律法，交给祭司和长老。并且嘱咐他们，今
后要教导青年一代的以色列人，敬畏耶和华，谨守遵行律
法上的话。（申31：9—13）

④书写了一篇诗歌，教导以色列全会众。诗中说：

> "我的教训要淋漓如雨，
>
> 我的言语要滴落如露，
>
> 如细雨降在嫩草上，
>
> 如甘霖降在菜蔬中。……"

诗中对以色列人谆谆训诲。可以看出，这位年已120岁的
摩西，对神的子民是何等的关切。（申31：30—32：43）

⑤老年的摩西，登上了尼坡山，观看近在眼前的迦南。在那
片美丽的土地上，他好像看到了他的祖先亚伯拉罕、以撒、
以色列等人的身影足迹和生活工作的情景。虽然摩西自己
不能亲自进到迦南去，但是在神面前，他顺服到底，毫无
怨言。（申32：48—52）而且由于他深信他的下一代人必会
进入迦南，在他对以色列人的祝福中，仍然充满了喜乐。

⑥摩西向神忠心，对人友爱。虽然有些以色列人曾反对过他，
但是摩西离世前，仍然为以色列人祝福，祝福的语言恳切，
真是感人肺腑，动人心肠。（申33：1—29）

⑦摩西的一生，享受过王宫的富贵40年，忍受过米甸的艰辛40年，出埃及后，又在西乃的沙漠中，事奉耶和华，帮助看顾以色列人40年，耶和华称摩西为"我的仆人"。（民12：7）这位神的老仆人死的时候，眼目没有昏花，精神没有衰败，仍然关切着神的选民的前途，那些屡发怨言的以色列人，在摩西死后，竟为他哀哭了30天之久。（申34：7—8）可见摩西的劳苦，绝不是徒然的。（林前15：58）

末底改 （**Mordecai**）

圣经中同名叫末底改的有两个人。

1. **使犹大人免遭灭族之难的便雅悯人末底改。**

1）波斯帝国的亚哈随鲁作王的时候，有一个人名叫末底改（斯2：5），收养了他的堂妹以斯帖（又名哈大沙，他叔叔的女儿），把她当作自己的女儿。以斯帖的容貌非常俊美。（斯2：7）

2）亚哈随鲁王在书珊城登基的第三年，一怒之下废去了他的王后。（斯1：10—19）但是事过之后，亚哈随鲁王的忿怒止息了，就开始想念王后。于是他的亲信就建议在全国范围挑选美女，立他最喜欢的美女为王后。这样许多美貌的女子被带到书珊城。末底改抚养的以斯帖也被带进王宫的宫院。（斯2：8）当时以斯帖遵照末底改的嘱咐，并没有把她的种族和亲属关系告诉别人。（斯2：10）

3）亚哈随鲁王做王的第七年十月，以斯帖被带进王宫。王喜爱她胜过其他的女子，于是便立她为王后。（斯2：16—18）

4）以斯帖被立为王后时，末底改在朝中有一份官职。（斯2：19）有两名太监想要谋害亚哈随鲁王，被末底改发现了，于是末底改通过以斯帖把太监的阴谋转告给亚哈随鲁王。亚哈随鲁就杀了这两名太监，并命令将这事的始末写在历史上。（斯2：21—23）

5）这事以后，亚哈随鲁王提升哈曼做宰相。并要朝中的臣仆跪拜他。然而惟独末底改对哈曼却不跪拜。哈曼见末底改不跪不拜就怒气填胸，定意要杀灭国内所有的犹太人。（斯3：1—6）他取得了国王盖印的戒指，以国王的名义向全国发出通告，要在当年十二月十三日将全国各地的犹太人全部杀戮灭绝。（斯3：8—15）

6）末底改知道这事以后非常悲痛，全国各地的犹太人也都悲哀、禁食、哭泣、哀号。（斯4：1—3）

7）末底改把所发生的事告诉了以斯帖，但以斯帖回话说：王已经一个月没召见她了。如不蒙召见，擅自进见国王，除非王向她伸出金杖，不然无论是谁都是要被处死的。（斯4：4—12）

8）末底改听了这话，就托人叫以斯帖向国王请命，并且说："焉知你得了王后的位分，不是为现今的机会么？"（斯4：12—14）

9）以斯帖听了这话，就转告末底改，请他和全书珊城的犹太人，同以斯帖一起为这事禁食祷告三天三夜。然后她就冒死去面见国王为犹太人请命。（斯4：15—17）

10）第三日，以斯帖穿上朝服进了王宫的内院，亚哈随鲁王在殿里的宝座上看见以斯帖站在院内，就施恩于她，伸出了金杖，并问她说："王后以斯帖啊，你要什么？……就是国的一半，也必赐给你。"以斯帖回答说："王若以为美，就请王带着哈曼今日赴我所预备的筵席。"王召了哈曼一同去以斯帖处赴宴。喝酒的时候，王又问以斯帖：你要什么，我必赐给你。"以斯帖回答说："我若在王眼前蒙恩……就请王带着哈曼再赴我所要预备的筵席。明日我必照王所问的说明。"（斯5：1—8）

11）哈曼心情愉快地回到家里。但是当他看到犹太人末底改坐在宫门口，他就觉得非常烦恼。于是他的妻子给他出主意说：不如立一个五丈高的木架，明日求王将末底改挂在其上。哈曼觉得这是个好主意，就叫人造了个木架。（斯5：9—14）

12）那夜王睡不着觉，就吩咐人把官方的历史带来念给他听。有一段提到末底改怎样揭发一个暗杀亚哈随鲁的阴谋。王问：末底改行了这事，赐他什么尊荣爵位没有？王的臣仆回答说没有。这时哈曼来了，王就问他：王所喜悦尊荣的人，当如何待他呢？哈曼心想："王所喜悦尊荣的不是我是谁呢？"于是就对王说：对这样的人，应由一个大臣给他穿上一套王的朝服，让他骑上王的御马。走遍全城的街市，并叫这个大臣在他面前宣告说，王所喜悦尊荣的人就如此待他。亚哈随鲁王听罢，就命令哈曼说："你速将这衣服和马，照你所说的，向坐在朝门的犹大人末底改去行，凡你所说的，一样不可缺。"于是哈曼给末底改穿上朝服，让他骑上御马，牵着马走遍全城，在他面前宣告说：王所喜悦尊荣的人，就这样待他。事后，哈曼垂头丧气地回家去了。（斯6：1—12）

13）这天晚上，亚哈随鲁传哈曼再次去以斯帖那里赴宴。席间，亚哈随鲁王又问以斯帖："你求什么？"以斯帖回答说：我若蒙陛下恩宠，请答应我一个请求，我求王饶我的性命，也饶我同胞的性命。我们要被灭绝，要遭灭种之祸了。亚哈随鲁王问：谁敢做这种事呢？以斯帖回答说：迫害我们的敌人就

是恶人哈曼。哈曼听了极其惊惶。（斯 7：1—6）

14）王愤怒地站起来，离席到外边园子中去了。哈曼看出王决心要为这事惩罚他，就在内室求王后饶他的命。当王从花园中回来时，哈曼正伏在以斯帖躺坐的椅子上求怜悯。王见到这种情形，就大发雷霆说：这个人竟敢在王宫，当着王的面凌辱王后吗？有一个太监说：哈曼在他家里造了一个木架，要用来吊死那个救了陛下的末底改。于是王下令道：把哈曼吊在那里。这样哈曼就被吊在他要吊死末底改的木架上。（斯 7：7—10）

15）当日，亚哈随鲁王便将从哈曼那里追回的印章戒指交给了末底改。（斯 8：1—2）

16）后来以斯帖请求亚哈随鲁王撤消杀灭本国犹太人的命令。亚哈随鲁王对以斯帖和末底改说：当犹太人受到武力攻击时，可以反击，杀戮并灭绝那用武力攻击他们的人。这通告将在 12 月 13 日（即原订杀灭犹太人的那一天）生效。这样犹太人都做好了准备，在那一天向他们的敌人报仇。（斯 8：3—13）

17）12 月 13 日这天，犹太人的仇敌本想制伏犹太人，结果犹太人反胜过了他们。各省的官员，因怕末底改，都帮助犹太人。于是在书珊城的犹太人在 14 日又聚集起来，杀了 300 仇敌。（斯 9：1—16）

18）后来末底改定每年十二月十四、十五日为节日。因为这两天是犹太人除灭仇敌的日子。（斯 9：20—22）又因当初哈曼选定这日来灭犹太人时是抽签决定的，抽签又叫普珥，所以这两天就是犹太人按末底改的指示所守的普珥节。（斯 9：20—28）

2. 从巴比伦返国的末底改。（拉 2：2）

N.

拿伯 （**Naboth**）

拿伯是一个葡萄园主，因以色列王亚哈要侵占他的葡萄园而被亚哈杀害。当年以色列王亚哈和他的王后耶洗别敬拜巴力假神，杀戮耶和华的先知，作恶多端。那时拿伯有一个祖传下来的葡萄园，靠近亚哈的王宫。亚哈想要把拿伯的葡萄园改为菜园。拿伯说："我敬畏耶和华，万不敢将我先人留下的产业给你。"亚哈为此闷闷不乐地回宫。王后耶洗别得知亚哈忧闷的原因后，就以亚哈的名义，写信给那些与拿伯同城居住的贵族们。信上说："你们当宣告禁食，叫拿伯坐在民间的高位上，又叫两个匪徒坐在拿伯对面，作见证告他说：'你谤渎神和王了。'随后就把他拉出去用石头打死。"那些贵族们就照信而行，打死了拿伯。亚哈听见拿伯死了，就来强占拿伯的葡萄园。这时耶和华指示先知以利亚到拿伯的葡萄园中去见亚哈，并指责亚哈说，因为亚哈行耶和华眼中看为恶的事，耶和华必降灾与亚哈，狗必吃耶洗别的肉，凡属亚哈的人，死在城中的必被狗吃，死在田野的必被鸟吃。后来亚哈死后，狗果然舔了他的血（王上22：34—38），耶洗别死后，狗果然吃了她的肉。（王下9：30—36）亚哈的儿子约兰被人用箭射死后，他的尸首被扔在拿伯的田间，正如耶和华对亚哈所说的预言一样。（王下9：22—26）

拿答（Nadab）

同名叫拿答的有两个人。

1. 亚伦的长子拿答。（出6：23）拿答曾随摩西一同上过西乃山。（出24：1—9）后来拿答成为祭司，但因没有按耶和华的吩咐献祭，以致犯罪受罚，被火烧死。（利10：1—2）

2. 以色列分裂后第二代国王拿答。他行耶和华眼中看为恶的事，在位仅两年，便被巴沙弑杀，篡了他的王位。（王上15：25—30）

拿单（Nathan）

同名叫拿单的有六人。

1. 亚太的儿子，撒拔的父亲拿单。（代上2：36）

2. 大卫及所罗门王朝时期的**先知拿单**。大卫有意为耶和华建殿，询问拿单，拿单赞成。当夜耶和华神的话临到拿单说，大卫不可建殿，等大卫寿终时，他的后裔继位为耶和华建造殿宇。拿单按照这默示告诉大卫，大卫照耶和华所说的去行。（撒下7：1—17）后来大卫谋杀赫人乌利亚，并娶其妻拔示巴为妻。耶和华甚不喜悦，乃差遣拿单去见大卫。拿单以羊羔为比喻斥责大卫之罪。

（撒下 12：1—15）他又以先知资格赐所罗门一个名字叫耶底底亚，（撒下 12：25）因为耶和华爱他。拿单和迦得又制定圣所奏乐的要求。（代下 29：25）大卫年迈，亚多尼雅谋夺王位，拿单忠于大卫王，劝拔示巴告诉大卫，随后拿单也到王面前，证实真相。大卫誓许所罗门为王，命祭司撒督和先知拿单膏所罗门作王。（王上1：5—45）

3. 大卫部下勇士以甲的父亲。（撒下 23：36）

4. 大卫在耶路撒冷的第三个儿子。（撒下 5：14）

5. 与以斯拉同在亚哈瓦河边的首领之一。（拉 8：16）

6. 巴尼的子孙，后受以斯拉劝告，认罪离绝异邦的妻子。（拉 10：34—39）

拿但业 （Nathanael）

1. 简介：拿但业是加利利的迦拿人。（约 21：2）许多人都认为拿但业即是巴多罗买，是耶稣的十二使徒之一。

2. 圣经记载：

1) 拿但业是由他的朋友腓力引领信从耶稣的。当腓力向他传讲拿撒勒人耶稣的时候，拿但业说："拿撒勒还能出什么好的么？"腓力邀请他亲自去见耶稣，"耶稣看见拿但业来，就指着他说：'看哪，这是个真以色列人，他心里是没有诡诈的。'拿但业对耶稣说：'你从哪里知道我呢?'耶稣回答说：'腓力还没有招呼你，你在无花果树底下，我就看见你了。'拿但业说：'拉比（老师），你是神的儿子，你是以色列的王。'"（约 1：45—49）拿但业是个诚实无伪的人。

2) 马太、马可、路加三人记载 12 个使徒时，常把腓力与巴多罗买并列。（太 10：2—4；可 3：16—19；路 6：12—19）约翰福音未曾记载巴多罗买，却具体地记载了拿但业信从耶稣的过程，并且记述了腓力和拿但业的关系。耶稣复活后向使徒们显现的时候，拿但业的名字也在那些使徒中间。（约 21：2）故此可以推论，巴多罗买乃是拿但业的姓，实际上乃是同一个人。

3）早期教会相传，拿但业曾在帕提亚传道。

拿俄米 （Naomi）

拿俄米是以利米勒的妻子。（得 1：2）当士师秉政时，国中遭饥荒，拿俄米随其丈夫和两个儿子从伯利恒到摩押地寄居，并为两个儿子娶了摩押的女子为妻。耶和华神看拿俄米在平安的顺境中无法令她转回，所以叫她遭遇种种逆境。先叫她所靠赖的丈夫死去，又叫她所疼爱的两个儿子相继离世。直到拿俄米到了绝境时才有归回犹大的心念。当拿俄米归回时，众人看她受苦可怜的样子都很惊讶。拿俄米说，不要叫我拿俄米，要叫玛拉（痛苦），因为全能者使我受了大苦。拿俄米虽然在外面受了苦，却终于归回家乡，投靠万福之主的翅膀下，变苦为甜了。（得 1：3—21）其后，儿媳路得成为波阿斯的妻子，生子俄备得，由拿俄米抚养。后来俄备得生了耶西。耶西即大卫王的父亲。（路 4：13—17）

拿弗他利 （Naphtali）

拿弗他利是雅各（以色列）的第六个儿子。（创 30：7—8）他的后裔即以色列人中的拿弗他利支派。（民 2：29）

拿鹤 （Nahor）

圣经中有二人同此名。

1. 他拉之子亚伯兰（亚伯拉罕原名）之弟拿鹤（创11：26），娶密迦为妻，密迦所生八子中的彼士利是利百加之父。（创22：21—22；24：24）利百加为以撒之妻。（创24：67）

2. 亚伯兰的祖父拿鹤。（创11：22—25）

拿孙 （Nason）

拿孙是居比路人。是个信从耶稣多年的基督徒。保罗第三次外出布道，由该撒利亚到了耶路撒冷，便住在拿孙的家里。① （徒21：16）

那鸿 （Nahum）

那鸿是旧约那鸿书的作者。（鸿1：1）但旧约中对那鸿的事迹毫无记载。据推算，那鸿做先知时约在耶稣降生前630—610年间。有人认为路加福音3章25节中提到的拿鸿，可能便是这位那鸿。

乃缦 （Naaman）

圣经中叫乃缦和乃幔的两个人英译都作 Naaman。

1. **比拉的儿子乃幔**。是便雅悯的孙子，也是乃幔族的族长。 （民

---

① 这节圣经另有译文为："有些该撒利亚的信徒，他们带着一个居比路人拿孙与我们同行，我们要住在这个人家里。（Some of the disciples from Casarea also went with us bringing with them the man Mnason from Cyprus at whose house we were going to stay.）若这样，则拿孙明明知道保罗到了耶路撒冷将会遭遇危险，而拿孙仍然带他到自己的家中去居住，更可看出拿孙这个老基督徒的虔诚。

26：38—40；代上8：3—4)

2. **亚兰王的元帅乃缦。**

1）古时的亚兰即是叙利亚，乃缦曾经为亚兰人作战获胜，很受亚兰王的尊重。(王下5：1)

2）"先前亚兰人成群的出去，从以色列国掳了一个小女子，这女子就服事乃缦的妻。"成了乃缦家的婢女。(王下5：2)

3）乃缦那时长了大麻风，这个以色列的女孩子不忘她依靠的耶和华，便说她本国有一个真神的先知，若是乃缦到以色列国去见这位先知，就"必能治好他的大麻风"。(王下5：1—3)

4）于是乃缦去见亚兰王，谈到那个以色列国女子所讲的话。亚兰王便写信给以色列王，叫乃缦带着去见以色列王，请他治好乃缦的大麻风。当时以色列是个弱国，以色列王见信之后，认为是亚兰王寻隙准备攻击他。(王下5：4—7)

5）以色列的先知以利沙听见这件事，就打发人去见以色列王说，可以叫乃缦到以利沙这里来医治，这样就可以使乃缦知道以色列中有神的先知了。乃缦来到以利沙门前，以利沙并未出来迎接他，只是叫人通知乃缦到约但河中去洗澡七次，这样就可以使大麻风痊愈。(王下5：8—10)

6）这时，这位叙利亚的堂堂大国元帅忍不住了。乃缦原来以为以利沙会亲手给他治病的。不料以利沙连门口都不肯出来，只是叫他到以色列人的河里去洗澡，乃缦说叙利亚的大马色河等处，岂不比以色列的河水更好么？于是气忿忿地转身要走。(王下5：11—12)

7）这时乃缦的仆人劝他还是到约但河去洗一洗。乃缦听从了仆人的劝说，到约但河去沐浴了七回，果然病就好了。（王下

5：13—14）

8）乃缦回到以利沙那里说："如今我知道，除了以色列之外，普天
下没有神。现在求你收点仆人的礼物。"以利沙坚决不肯受礼，
乃缦便表明心志，决定专心信靠耶和华。（王下 5：15—18）

9）耶稣当年责备拿撒勒人不肯相信他，曾说："先知以利沙的时
候，以色列中有许多长大麻风的，但内中除了叙利亚国的乃
缦，没有一个得洁净的。"（路 4：27）说明没有信从之心，
是不能得救的。

尼布甲尼撒 （Nebuchadnezzar）

1. 简介：尼布甲尼撒是巴比伦国王，曾三次掳走犹大人，使犹大国
   灭亡。

2. 圣经记载：

   1）当年尼布甲尼撒攻打犹大国，犹大国王约雅敬臣服于他三年。
   后来约雅敬背叛。巴比伦（即迦勒底）的军队联合其他种族
   攻击约雅敬，毁灭了犹大。（王下 24：1—2）尼布甲尼撒用铜
   链锁住约雅敬，把约雅敬俘掳到巴比伦，并且把耶和华殿里
   的宝物也带到巴比伦他自己的王宫里。（代下 36：5—6 新译）

   2）约雅敬的儿子约雅斤继续作犹大王，仍然行耶和华眼中看为恶
   的事。他作王仅三个月零十天，尼布甲尼撒又把约雅斤和圣殿
   里的宝贵器皿掳到巴比伦。（代下 36：9—10；王下 24：8—16）

   3）尼布甲尼撒另立约雅斤的叔叔西底家作犹大和耶路撒冷王。
   西底家依然行耶和华眼中看为恶的事。尼布甲尼撒曾使西底
   家指着神起誓。西底家后来背叛了尼布甲尼撒。尼布甲尼撒
   （当时是迦勒底的王）来攻击犹大人，杀了他们的壮丁，剜了

西底家的眼睛，掳走了圣殿里的大小器皿和一切财宝，焚烧了圣殿和王宫，拆毁了耶路撒冷的城墙，把没有丧命于刀下的人掳到巴比伦去，强迫他们作奴隶，服侍尼布甲尼撒及其后代。（代下 36：10—12；王下 24：17—25：21）

4）尼布甲尼撒把犹大改为一个省，使基大利作省长。犹大国至此灭亡。（王下 25：22）

5）尼布甲尼撒又曾围攻推罗（结 29：18），还掳掠埃及群众。（结 29：19）

6）历史记述尼布甲尼撒在位 43 年，死于公元前 562 年。

尼哥底母（Nicodemus）

1. 简介：尼哥底母是个法利赛人，也是犹太人的官员。（约 3：1）后来成为虔诚的基督徒。

2. 圣经记载：

1）"当耶稣在耶路撒冷过逾越节的时候"，有许多人听了耶稣讲的道理，看见他所行的神迹，就信从了他。（约 2：23）尼哥底母也想进一步明白基督的道理，但又怕人反对讥笑，所以便在夜里来见耶稣。尼哥底母认为：耶稣是神差遣而来的，乃是来作老师教人行善的。（约 3：2）耶稣针对他的肤浅看法，对尼哥底母说明，耶稣不仅是从神那里来的，而且是神的独生儿子，"叫一切信他的，不至灭亡，反得永生"。（约 3：16）耶稣还告诉他："人若不重生，就不能见神的国。"（约 3：3）意思是说教人行善并不能进神的国，只有重生的人才能进去。

2）尼哥底母说："人已经老了，如何能重生呢？岂能再进母腹生出来么?"耶稣对他说:"从肉身生的就是肉身;从灵生的就是灵。"也就是说,"重生"并不是进到母亲的腹内再生一次,而是自己要从心灵中接受圣灵的感动,认罪悔改获得耶稣永远的生命,就像新生的一个人一样。(约 3:4—8)

3) 当年犹太教的祭司长与法利赛人商议,想要捉拿耶稣。尼哥底母也在其间,他说,不先听本人的口供,不清楚一个人所作的事,按犹太人的律法是不能先定罪的。(约 7:45—51)尼哥底母曾试图为耶稣辩护,但还不敢承认自己是信徒。

4) 以后,尼哥底母便逐渐公开承认是耶稣的门徒了。当耶稣受难后,尼哥底母"带着没药和沉香约有 100 斤前来……把耶稣的身体用细麻布加上香料裹好了",安葬在墓穴里。这件事足以说明他的虔诚。(约 19:39—40)

尼哥拉 (Nicolas)

尼哥拉是安提阿人,原来加入过犹太教。后来也一度热心参与基督徒的活动,被耶路撒冷教会选为管理饭食事务的工作人员之一。(徒 6:5) 但许多人都认为这个尼哥拉,后来堕落成为传讲异端的人。即是约翰斥责的尼哥拉一党的首领。并且说,他们的悖逆行为,也是神所根恶的。(启 2:6)

尼希米 (Nehemiah)

1. 简介:以色列人被掳后,尼希米曾奉派作犹大省长 12 年。(尼 5:14) 人们认为他是尼希米记的作者。

2. 圣经记载:

1) 尼希米是耶和华神的一位仆人,其父为哈迦利亚。在波斯国王亚达薛西（一世）统治犹大时，他是被掳之民，尼希米在宫中作给亚达薛西王进酒的工作。当亚达薛西王 20 年基斯流月（据考查应指 19 年 11—12 月），他从一位来自犹大的弟兄得知被掳后留在犹大的居民受辱，耶路撒冷城被毁，就大为悲伤并为此禁食祈祷。（尼 1：1—4）

2）亚达薛西王 20 年尼散月，一次在给国王摆酒时，国王察觉尼希米面带愁容，于是他向王说明了上述原因，并请求回犹大去重建耶路撒冷。此事得到王的应允，又为此下达了允许通行和供应营建圣殿和城墙的木料等诏书，还派了军长护送尼希米回犹大。（尼2：1—9）

3）尼希米到达耶路撒冷后，就开始在夜间出去勘察重建工程。三天后尼希米对犹大人说明耶和华神如何帮助他和得到国王的批准，组织发动修城工作，并按家族分工负责（尼2：10—3：32）。工程一开始就受到当地撒玛利亚统治者参巴拉和亚扪人等的反对。他们既认为犹大人无力重建，又担心其建成，屡谋破坏，贿买假先知对尼希米进行恐吓，甚至计划对施工人员进行偷袭。因此犹大人只得一手作工，一手拿武器自卫坚持修建工程。（尼4；6：10—14）

当时因许多犹大人都很贫苦，靠耕种田园勉强糊口，有的因纳税而欠债，甚至失去土地成为奴婢。尼希米听到民众的呼声，就怒斥贵族和作官的犹大人向自己的兄弟取利。于是他召集大会，要求尽力将卖与外族为奴的弟兄赎回，大家都当免去利息，众人同意他的规劝，返还所取的田园、房屋和利息。尼希米召来祭司起誓按上述许诺去作。会众都说阿们，并赞美耶和华。（尼5：1—13）

在这种艰苦情况下，重建耶路撒冷城墙只用 52 天就完成了。这事使一切仇敌和周围其他民族，见工程的完成是出于耶和华而感到恐惧和不快。（尼 6：15—16）

4）从亚达薛西王 20 年起，尼希米还被任命为犹大省长达 12 年之久，尼希米和他的随员因见人民负担过重而一直没有吃粮饷。（尼 5：14—19）此后尼希米一度回到国王那里，但过了一段时间，他又向国王请准回耶路撒冷。回来后发现管理耶和华神库房的人私占房屋，也未照定例供应供职的利未人等。于是尼希米进行整顿调换了管理人员，他又见有人不遵守安息日，或与异族女子通婚，便指出这是干犯神，并采取了相应的措施。（尼 13：4—31）

【附】圣经以斯拉记、尼希米记中有关犹大人自巴比伦回归的经过

以斯拉记和尼希米记中所记述犹大人回归事多有重叠，因均不是按编年记述，常使读者在理解全过程时发生困难，现整理如下供参考。

1．犹大人被掳

犹大人在巴比伦王国尼布甲尼撒二世时期，前后共三次被掳。

1）第一次在犹大王约雅敬三年，有但以理等被带到巴比伦。（但 1：1—7）

2）第二次在犹大王约雅斤在位三个月时。约雅斤及王室和高级官员以及勇士等共 8000 余人被掳。（王下 24：8—16，耶 24：1）

3）第三次在西底家 11 年，尼布甲尼撒率全军攻陷耶路撒冷，城被拆毁，圣殿、王宫及居民房屋被焚烧彻底破坏，人民大量被掳。（王下 25：1—21）

2. 犹大人返回与重建

1）波斯王古列（Cyrus 或 Kurush，今译居鲁士）于公元前 536 年占领巴比伦，当年古列王下诏书通告全国说：耶和华神嘱咐他在耶路撒冷为耶和华建造殿宇，凡作神子民的可以上耶路撒冷建殿。同时归还了尼布甲尼撒从耶路撒冷圣殿掠来的器皿，将其按数交给犹大的首领设巴萨。返国人数共约五万人，由所罗巴伯和耶书亚等人率领。（拉 1—2：65）

回后第二年 2 月所罗巴伯和耶书亚为圣殿奠基。此事遭到敌对民族的各种反对和破坏，历经数王仍未能完工。（拉 3：1—13，4：1—6）

2）第二次兴建在亚达薛西（一世）20 年，尼希米得到国王授权返回犹大再次修建，尼希米组织犹大人仅用 52 天修完了城墙，但由于当地其他民族联名上告国王：犹大人有背叛的危险，国王又下令停止了圣殿工程。（尼 2：1—8；6：15；拉 4：7—24）

3）大利乌王（二世）二年，耶和华神借先知哈该和撒迦利亚向所罗巴伯和大祭司约书亚①说劝勉的话，并指责修建圣殿不力。所罗巴伯于同年 6 月 24 日率领民众复工。（拉 5：1—2；该 1：1—15）此次当地总督虽未立即阻止，但仍上奏于大利乌（二世），为此犹大人也请王查阅古列王时代的诏书。在证实先王的旨意后，大利乌（二世）指示复工并给予经费和方便条件。经四年的修建于第六年 12 月 3 日圣殿完工。（拉 5：3—17；6：1—15）

---

① 约书亚又译作耶书亚（参看拉 3：8）。

4）第三次返回是在圣殿完工后，大利乌（二世）已经死去，其子继位称亚达薛西（二世）。第七年。亚达薛西（二世）允许通晓耶和华律法和诫命的犹大人祭司以斯拉和甘心去耶路撒冷的以色列人回归，他们还携带有国王和百姓的奉献。亚达薛西（二世）还授权以斯拉任命明白耶和华律法的人为士师治理犹大地百姓。以斯拉率领归回的人共有 15 个家族，他们于正月一日自巴比伦出发，五月一日到达。（拉 7：1—9；25—26；8：1—14）

[上述时间顺序符合圣经所记，即由古列王始，经大利乌（一世），亚达薛西（一世）至大利乌（二世）完成建殿。（拉 6：14—15）这以后以斯拉于亚达薛西（二世）七年率第三批人回耶路撒冷。这部分文字还参考了《新牛津注释圣经》及《简明不列颠百科全书》等有关章节或条目。]

宁法（Nympha）

宁法是老底嘉的信徒，他的家中常有教会的信徒聚会，保罗在罗马写信给歌罗西教会时，曾问候宁法和宁法家中的教会。因为老底嘉和歌罗西两城距离很近，所以保罗叫歌罗西的圣徒们读完了保罗给歌罗西的信，就转给老底嘉的教会，叫他们也读一读。并且要歌罗西教会，也要读从老底嘉来的信。（西 4：15—16）那时没有印刷术，保罗常在羊皮上写一些重要的信件，让各城的信徒们传阅，但是福音却仍然广泛传开了，也是件奇妙的事。

挪亚（Noah）

1. 简介：挪亚是亚当第十代的后裔。（创 5：1—29）曾制作了方舟。

在天降大雨、洪水灭世的时候，只有挪亚一家和方舟里的飞禽、走兽和昆虫得救而生存下来。

2. 圣经记载：

1）挪亚在世的时代，世上满了强暴，世人尽都邪恶。人类的罪恶很大，终日所想的，都是邪念（创6：5），但是"挪亚是个义人，在当时的世代是个完全人。"当世人都忘记了神，以奸为荣、以罪为乐的时候，惟有挪亚一尘不染，他信靠神"与神同行"。（创6：9）他遵行神的话而且传讲义道。（彼后2：5）真是基督徒应当效法的榜样。

2）那时神认为人的尽头已经来到。（创6：13）然而神还可以宽限他们120年，容他们悔改。（创6：3）神叫挪亚造一个方舟，长约135米，宽约22.5米，高约13.5米。相当于现今在大洋上航行的船只。方舟里面分成上、中、下三层，并要一间一间地分开。（创6：14—16）神"要使洪水泛滥在地上，毁灭天下。凡地上有血肉有气息的活物，无一不死"。（创6：17）但神要使挪亚和他的妻子，以及三个儿子和儿妇，全家八口都要进入方舟，"凡有血肉的活物，每样两个，一公一母"，也要进入方舟，好保全性命。神并且要挪亚为自己和将进方舟的生物准备食物。凡神所吩咐的，挪亚都照样遵行。（创6：13—22）挪亚这样作，真不是一件容易的事，当时要制造那么大的一个方舟，恐怕挪亚要全家齐心亲自动手，还要耗尽家中大量的资财。他一方面要长年累月地在旱地造船，另一方面还要向人宣讲，洪水灭世必会发生，规劝人们悔改，遵行义道。对挪亚这些作法和说法，当代那些强暴邪恶的人们，不知道要怎样讥笑辱骂甚至欺压反对他。挪亚若没有坚定的信心，真是难以胜过的。

3）当挪亚宁肯倾家荡产，全力以赴地制作方舟的时候，当他忍受讥笑规劝世人，希望他们悔改得救的时候，世人并不肯听信挪亚的话，只知道吃喝嫁娶。（太24：38）后来日期到了，挪亚全家都进了方舟。一切畜类、飞鸟和昆虫，都是一对一对的，有公有母，也进了方舟。从"挪亚600岁，2月17日那一天"，"四十昼夜降大雨在地上"。（创7：7—12）那时耶和华把挪亚他们关在方舟里头，（创7：16）世上那些不肯听信挪亚的人，这时即或再想进方舟去，但时机已过，已经无法进去了。

4）那时水势浩大，把天下的高山都淹没了。方舟在水面上漂来漂去，共150天之久。地上一切的飞鸟、牲畜、昆虫以及所有的人都死了。后来方舟停在亚拉腊山上。（创7：12—8：4）

5）挪亚在方舟里共一年多。（创7：11；8：14—19）后来他撤去方舟的盖子观看，见地面上干了，便遵照神的吩咐出了方舟，立即为耶和华筑坛献祭。（创8：13—22）

6）神赐福给挪亚和他的儿子们，使他们生养众多，遍满了全地。并且以彩虹为立约的记号，应许洪水不再泛滥灭世。（创9：1—17）

7）以后挪亚成为农民，栽了个葡萄园，洪水以后，挪亚又活了350年。（创9：20—29）挪亚的三个儿子叫闪、含、雅弗。这三个人的后裔，分开居住，各随各的方言宗族，在地上成为邦国。（创10：1—32）

8）先知以赛亚和以西结，都论到过挪亚。（赛54：9；结14：14）诗篇中曾说："洪水泛滥之时，耶和华坐着为王。"（诗29：10）

9）耶稣曾说，挪亚进方舟的时候，不知不觉，洪水来了，把世上的罪人全都冲去。将来人子（耶稣基督）再次降临，也要这样。（太 24：38—39）

10）保罗和彼得都曾引用挪亚的事迹，作为对信徒们的教训。（来 11：7；彼前 3：20；彼后 2：5）

S.

....

撒督（Zadok）

同名叫撒督的有五个人。

1. **亚实突的儿子撒督**。大卫作以色列人的王时，撒督和亚希米勒作祭司长。（撒下8：17）大卫在未死之先，早就确定了让他的儿子所罗门继位作王，建造圣殿，（代上22：5—11）并且吩咐以色列的众首领帮助所罗门。（代上22：16）到了大卫年纪老迈时，大卫的另一个儿子亚多尼雅妄自尊大说："我必作王。"就为自己预备车辆马兵。（王上1：5）但撒督等人都不顺从亚多尼雅。（王上1：8）撒督遵照大卫的吩咐，膏立了所罗门为王。（王上1：32—40）由于原来的祭司亚比亚他追随过亚多尼雅，企图夺取王位，（王上1：7）所罗门作王之后，便革除了亚比亚他的祭司职务，（王上2：26—27）使撒督独任祭司的职分。（王上2：35）

2. 耶路沙的父亲撒督。（王下 15：33）

3. 米拉约的儿子撒督。（代上 9：11）

4. 巴拿的儿子撒督。（尼 3：4）

5. 音麦的儿子撒督。（尼 3：29）

撒非喇（Sapphira）

撒非喇是耶路撒冷的亚拿尼亚的妻子。那时有产业的信徒们出于自愿，常把自己的房屋田地卖掉，把卖得的钱交给使徒，分给穷人。亚拿尼亚和撒非喇二人卖了一些田产，却把卖得的钱留下一部分，由亚拿尼亚去把其余的款交给使徒。彼得责备亚拿尼亚是欺哄圣灵。亚拿尼亚立即倒地而死，被青年信徒抬出去埋葬了。过了三个小时，撒非喇来到使徒那里，她还不知道那时她的丈夫已经死去，彼得问撒非喇说："你们卖田地的价银就是这些么？"撒非喇说："就是这些。"彼得说："你们为什么同心试探主的灵呢？"撒非喇听到自己的丈夫因欺骗圣灵而死，她立刻也倒下死了。全教会和听见这件事的人，都非常惧怕。（徒 4：32—徒 5：11）

撒该（Zacchaeus）

撒该是个税吏长，也是个财主。当时的税吏是替罗马政府搜乱民财的。犹太人对税吏非常轻视，撒该身为税吏长，当然更使犹太人厌恶。撒该曾听过有关耶稣拯救罪人的传闻，因此平素就渴望能亲自看看耶稣是怎样的人。那天正好耶稣经过耶利哥。但是许多人拥挤跟随着耶稣，撒该身量很矮，所以不得看见。他就跑到前头，爬上桑树，以便看到耶稣。一个财主，身为高级税务官长，必然穿戴不凡。但是他竟然不怕别人的讥笑，而爬到树上去看耶稣。其心之诚，其情之切，从此可见。因此耶稣看见撒该，便招呼他快些下来，并且当着许多的犹太人就对撒该说，今天要住在撒该家里。这对一个被众人唾弃的税吏真是莫大的安慰。因此撒该就"急忙下来"，"欢欢喜喜地接待耶稣"。大家十分诧异，纷纷议论说，耶稣怎么竟会到罪人家中去住宿呢？但撒该确实真诚地悔改了，他严肃地站起来说："主啊，我把所有的一半给穷人，我若讹诈了谁，就还他四倍。"撒该由一个爱财的贪官污吏，因为信靠耶稣，而改变成为一个痛改前非的人，所以耶稣说："今天救恩到了这家。"并说，他到世上来，就是为了要寻找拯救失丧的人。（路 19：1—10）

撒迦利亚 （**Zachariah**）

1. 简介：在中文圣经里，把 Zacharias 和 Zechariah 都译成了"撒迦利亚"。实际上这是两个不同的名字。同名叫 Zechariah 的共有 30 人，都在旧约，较重要的有二人。同名叫 Zacharias 的二人，都在新约，介绍如下。

2. 新约圣经记载：

   1）**施洗约翰的父亲撒迦利亚。**

   ①撒迦利亚是个祭司，他的妻子叫以利沙伯，他们二人都是义人。因为以利沙伯不生育，两个人到了老年还没有孩子。有一次撒迦利亚进圣殿烧香，有位天使向他显现说，神已经听了以利沙伯的祷告，要使她生一个儿子，给他起名叫约翰。约翰要使许多以色列人从罪恶的道路上回转。撒迦利亚认为他们夫妇都已老迈，很诧异怎么能再生孩子，天

使说："到了时候，这话必然应验，只因你不信，你必哑吧不能说话，直到这事成就的日子。"不久他的妻子以利沙伯就怀了孕。（路 1：5—24）

②撒迦利亚夫妇住在犹大的一个山城里。以利沙伯与耶稣的母亲马利亚是亲戚。马利亚因圣灵怀孕后，曾到撒迦利亚家中去问以利沙伯的安。以利沙伯一听到马利亚问安，她所怀的胎就在腹中跳动。以利沙伯被圣灵充满，高声为马利亚祝福。（路 1：34—42）

③马利亚和以利沙伯一同住了三个月。马利亚走后，以利沙伯生了一个儿子。邻里亲族向撒迦利亚打手势，问他这孩子该叫什么名字。撒迦利亚要了一块写字的板写道，他叫约翰，这时撒迦利亚的口立时开了，说出话来称颂神。（路 1：56—64）

④撒迦利亚预言说：约翰要走在救世主的前面，预备救主的道路。因为神的怜悯，叫清晨的阳光照亮黑暗角落里的人；把人的脚步，引到平安的路上。（路 1：67—79）

2）**被杀于祭坛旁边的义人撒迦利亚**。耶稣曾在讲道时提到此人。（太 23：35；路 11：51）

3. 旧约圣经记载：

1）**先知撒迦利亚**。为易多之孙，比利家之子，撒迦利亚书著者。

①大利乌王（二世）二年，撒迦利亚和先知哈该奉以色列神的名向犹大和耶路撒冷的人说劝勉的话，于是所罗巴伯和耶书亚都起来动手建造神的殿。（参看拉 5：1—3）

②撒迦利亚所著撒迦利亚书中多为预言。

A. 撒迦利亚表达了耶和华对以色列人所说的话："你们要转向我，我就转向你们"，并宣告，"万军之耶和华如此说：'我为耶路撒冷，为锡安，心里极其火热。我甚恼怒那安逸的列国。因为我从前稍微恼怒我民，他们就加害过分'。所以'……现今我回到耶路撒冷仍施怜悯。我的殿必重建在其中。'"（亚1：3，14—16）

B. 指出犹大人被分散到外国以及耶路撒冷变为荒凉是因不听律法和神借先知所说的话。预言耶和华神将来要坚固犹大家，拯救约瑟家，使他们重建，必像未曾弃绝的一样。耶和华要从东方，从西方救回他自己的民，使他们住在耶路撒冷中。"那日必给大卫家和耶路撒冷的居民开一个泉源，洗除罪恶与污秽。"（亚7：8—14；8：7—8；10：6；13：1）

C. 撒迦利亚预言说："锡安的民哪，应当大大喜乐！耶路撒冷的民哪，应当欢呼！看哪，你的王来到你这里，他是公义的，并且施行拯救，谦谦和和地骑着驴，就是骑着驴的驹子。"（亚9：9）这事正应验在耶稣身上。（太21：1—11）

D. 撒迦利亚还预言："耶和华我的神必降临"，"耶和华必作全地的王"。（亚14：5，9）

2）大祭司耶何耶大之子撒迦利亚。

①耶何耶大死后，犹大的众首领来朝拜约阿施王，王听从他们去侍奉亚舍拉和偶像。那时，耶和华神的灵感动祭司耶何耶大的儿子撒迦利亚，他就站在上面对民说："神如此说，你们为何干犯耶和华的诫命，以致不得亨通呢？因为你们离弃耶和华，所以他也离弃你们。"

众人谋害撒迦利亚，就照王的吩咐，在耶和华殿的院内，

用石头将他打死。撒迦利亚临死时说："愿耶和华鉴察伸冤"。（代下 24：17—18；20—22）

②耶稣在和一位律法师谈话时曾说："使创世以来，所流众先知血的罪，都要问在这世代的人身上，就是从亚伯的血起，直到被杀在坛和殿中间撒迦利亚的血为止。"（路 11：50—51）

撒拉（Sarah）

1. 简介：撒拉原名撒莱，是亚伯拉罕的妻子（创 11：29），比亚伯拉罕年轻 10 岁（创 17：17），也是亚伯拉罕同父异母的妹妹。（创 20：12）被称为"多国之母"。（创 17：16）

2. 圣经记载：

1）撒拉十分勤劳，家中虽然有使女夏甲等人，但仍是亲自操作炊事等工作，乐于接待客旅。（创 18：6）

2）撒拉长期不生育。但因为耶和华赐福，在 90 岁的时候生了以撒。（创 21：5）以撒的儿子以色列即是以色列人的始祖。

3）撒拉共活了 127 岁。她的详细经历，请参看本书"亚伯拉罕"条。

4）撒拉虽有信心，但信心不足，所以把自己的使女夏甲给亚伯拉罕为妾。但夏甲生了以实玛利之后，撒拉又不能宽容夏甲母子，给亚伯拉罕及其后代都带来许多烦扰苦难。

5）然而撒拉可取之处也很多，保罗和彼得对她的信心和顺服各有称赞的记述。（来 11：11；彼前 3：6）

撒罗米（Salome）

撒罗米与抹大拉的马利亚，和小雅各的母亲马利亚，常常结伴跟随耶稣，服事耶稣及其门徒们，其事迹详见"马利亚"条中"小雅各的母亲马利亚"一项。

1. 简介："撒罗米"（可 15：40）可能是"西庇太两个儿子的母亲"。（太 27：56）西庇太的两个儿子乃是雅各和约翰。（路 5：10）他们都是耶稣的使徒。（太 10：2）

2. 圣经记载：

1）"西庇太儿子的母亲"（可能即是撒罗米），曾经向耶稣要求过一件事，她希望她的两个儿子雅各和约翰，在耶稣的国里，一个坐在耶稣的左边，一个坐在耶稣的右边。耶稣没有答应。其他的使徒们听见这件事，对雅各和约翰都很恼怒，耶稣便教训众门徒说："你们中间谁愿为大，就必作你们的用人。谁愿为首，就必作你们的仆人。正如人子来，不是要受人的服侍，乃是要服侍人，并且要舍命，作多人的赎价。"（太 20：20—28）

2）耶稣被钉十字架时，撒罗米和其他几个女信徒一起，也在十字架旁守候。（可 15：40）耶稣复活的那天早晨，她也曾和其他几位妇女一同到了坟墓那里，同时听到了天使传报耶稣复活的消息。

3）约翰福音、马可福音和马太福音，记述十字架旁边的妇女时，除了耶稣的母亲以外，都具体地记了三个人。今把这三个人列表对照如下。

可 15：40	约 19：25	太 27：56
撒罗米	耶稣的母亲的姊妹	西庇太两个儿子的母亲
抹大拉的马利亚	抹大拉的马利亚	抹大拉的马利亚
小雅各和约西的母亲马利亚	雅各和约西的母亲马利亚（即革罗罢的妻子马利亚）	雅各和约西的母亲马利亚

4）从该表中可以看出，撒罗米很可能即是耶稣的母亲的姊妹，或许是西庇太的妻子。若这样，撒罗米和西庇太的两个儿子雅各和约翰，既是耶稣的门徒，也是他的姨表兄弟了。

撒玛利亚人（Samaritans）

1. 简介：撒玛利亚（Samaria）是一地名，在巴勒斯坦北部，古以色列国领域内。圣经中所写撒玛利亚人，无明确记述为单一民族，而常泛指居住在该地以色列人以外的其他人民或民族。

2. 圣经记载：

1）暗利登基作以色列王，在得撒作王六年。暗利用二他连得①银子，向撒玛买了撒玛利亚山，在山上造城，就按着原主撒玛的名，给所造的城起名叫撒玛利亚。（王上 16：23—24）

2）以色列人的祖先雅各曾在撒玛利亚地方的示剑购买土地，筑坛名伊利·伊罗伊·以色列（意思就是"神·以色列的神"）。后来以色列人从埃及带回的约瑟骸骨也葬于此地。在叙加城外同耶稣谈过话的一位撒玛利亚妇人也说她取水的井，是祖先雅各留下来的。（创 33：19；书 24：32；约 4：9—12）

3）何细亚王第九年亚述王攻取了撒玛利亚，将以色列人掳到亚述，又将巴比伦、古他、亚瓦、哈马和西法瓦音人迁移来，安置在撒玛利亚的城邑，代替以色列人，他们就得了撒玛利亚，住在其中。（王下 17：6，24；拉 5：10）

4）这些外来移民开始住那里时，因不敬畏耶和华，所以被狮子

---

① "他连得"是古时当地的重量单位或货币单位。一"他连得"约重 30 公斤。一个"重他连得"约重 60 公斤。

咬死。因此亚述王叫掳来的祭司回去一个，将耶和华的规矩指教那些民。然而，各族之人在所住的城里，各自为自己制造神像，安置在撒玛利亚人所造有邱坛的殿中。他们既惧怕耶和华，又侍奉自己的神。（王下 17：24—33）大约从这时起移居该地的外族，在圣经中被称为撒玛利亚人。

5) 巴比伦王亚达薛西年间，所罗巴伯率领被掳归回的和留在原地的犹大人重修耶路撒冷圣殿时，受到居住在撒玛利亚的外族移民同亚兰人等的一致反对。（拉 5：7—14）

6) 撒玛利亚人与犹太人长期互不往来，那时，在信仰问题上有不同习惯作法者常被指为另一族。犹太人认为撒玛利亚人乃是异教徒。福音书中曾有下列记载：

①"撒玛利亚的妇人对他（耶稣）说，你既是犹太人怎么向我一个撒玛利亚妇人要水喝呢？原来犹太人和撒玛利亚人没有来往。"（约 4：9）然而，耶稣却用此机会将救恩的道理讲给撒玛利亚妇人。（约 4：13—26）

②犹太人曾反对耶稣说，"我们说你是撒玛利亚人……这话岂不正对吗？"（约 8：48）实际上，耶稣曾讲过一件事，说明自以为是耶和华神的儿女却又反对基督真道的犹太人，反而不如那些遵行真道的撒玛利亚人。（参看路 10：25—37）

撒母耳（Samuel）

1. 简介：撒母耳是以色列人最早的先知之一。以色列的第一个国王扫罗，和第二个国王大卫，都是由撒母耳膏立的。

2. 圣经记载：

1) 撒母耳的父亲以利加拿有两个妻子。一个叫哈拿，一个叫毗

尼拿，毗尼拿有儿女，哈拿没有儿女。因此毗尼拿常常羞辱
折磨哈拿。哈拿哀求耶和华赐给她一个儿子，并许愿说要让
这个儿子终身归于耶和华。后来哈拿果然生了个儿子，就是
撒母耳。（撒上1：1—20）

2）哈拿把撒母耳献给了神，他从幼年开始，便留在殿中，在祭
司以利的帮助下事奉耶和华。（撒上2：11）撒母耳渐渐长大
了，耶和华神和以色列人都很喜爱他。（撒上2：26）

3）有一天夜里，神的灯在耶和华的殿内还没有熄灭的时候，少
年撒母耳已经睡着了，耶和华几次呼唤撒母耳。起初撒母耳
还以为是祭司以利叫他，后来他清楚了这乃是耶和华向他说
话。那时耶和华对撒母耳说，以利的两个儿子罪恶很大，神
必将刑罚他们。天亮之后，以利追问撒母耳，夜间神向他讲
了些什么，撒母耳把神的话都告诉了以利。以后撒母耳长大
了，"耶和华与他同在，使他所说的话，一句都不落空"。因
此以色列人都知道，撒母耳是神立的先知。（撒上3：1—20）

4）不久，以色列人和非利士人作战而失败。以利的两个儿子被
杀。神的约柜也被掳去了。那时以利已经98岁了，当他听到
约柜被掳之后，就从座位上向后倒下而死。（撒上4：1—18）
以利死后，撒母耳作为神的先知，成了以色列人最后的一位
士师。（撒上7：15）士师就是古时以色列人抵抗外族人的领
袖。由于耶和华刑罚非利士人，七个月之后，非利士人又把
约柜送了回来，并且向以色列人献了陪罪的礼物。（撒上
5：1—7：1）

5）20年后，撒母耳对以色列人说，以色列人应当把外邦的假神
都除掉，专心归向耶和华。撒母耳在米斯巴聚集以色列人，

禁食祷告，向神认罪悔改。那时非利士人又来攻打以色列人。由于神的帮助，非利士人大败而逃。撒母耳在米斯巴立了一块石头，把它叫作"以便以谢"，意思是"到如今耶和华都帮助我们"。撒母耳作士师的时候，以色列人收复了非利士人所夺去的城邑。撒母耳每年巡行各地，审判以色列人。在他所住的地方拉玛，他为耶和华筑了一座坛，也在拉玛审判以色列人。（撒上7：2—17）

6）"撒母耳年纪老迈，就立他儿子作以色列的士师。"但是他的儿子们"贪图财利，收受贿赂，屈枉正直。以色列的长老都聚集，来到拉玛见撒母耳"。求撒母耳给他们立一个王治理他们。撒母耳认为耶和华神乃是以色列的王，为什么还要立王治理百姓?! 但耶和华指示撒母耳，虽然以色列人这样厌弃耶和华，不过还是可以应允他们的请求。只是要警告以色列人，他们将来的王要管辖他们。撒母耳把耶和华的话告诉了百姓。百姓竟不肯听撒母耳的话。（撒上8：1—22）

7）撒母耳按神的指示，膏立了扫罗。（撒上9：5—10：1）又将百姓聚集到米斯巴，宣告扫罗乃是神给他们选立的人，并且说明了国法。（撒上10：17—25）后来扫罗战败了亚扪人，撒母耳在耶和华面前，立扫罗为王。（撒上11：6—15）同时撒母耳向以色列人讲述了几件要紧的事：

①他向百姓表明自己一生作士师，公正无欺。（撒上12：1—5）

②他正告以色列人，他们要求立王的事，是在耶和华面前犯了大罪。（撒上12：17）

③他劝勉以色列人，仍要敬畏耶和华，诚诚实实地尽心事奉

他。（撒上 12：20—24）

④他警告以色列人，若仍然作恶，他们和他们的王都必一同

灭亡。（撒上 12：25）

8）由于扫罗不遵从神的命令，撒母耳非常忧愁，便终夜哀求神。

（撒上 15：10—11）撒母耳还责备扫罗说："你既厌弃耶和华

的命令，耶和华也厌弃你作王。"（撒上 15：17—26）以后按

照神的指示，撒母耳又膏立了大卫。（撒上 16：1—13）

9）大卫被扫罗无故忌恨追捕的时候，他首先来到撒母耳那里述说

扫罗的无理行径，得到了撒母耳的保护。（撒上 19：18—24）

10）撒母耳死后，以色列人聚集为他哀哭，把他安葬在拉玛。

（撒上 25：1）

11）虽然新约圣经中只有少数几处提到撒母耳，（徒 3：24；13：

20；来 11：32）而且也未具体谈到他个人的事迹和教训，但

是撒母耳实在是以色列立国时期的一个十分重要的人。

塞特（Seth）

塞特是亚当的儿子，形像样式和亚当相似。（创 5：3）在塞特之

前，亚当曾有两个儿子，名叫该隐和亚伯。但该隐把他的兄弟亚

伯杀了，该隐受到了耶和华神的咒诅。（创 4：1—11）塞特是神

给亚当另立的一个儿子，代替亚伯（创 4：25），圣经中，只有塞

特的子孙才被称为亚当的后代。（创 5：1—32）

扫罗（Saul）

中文圣经里所译出的扫罗，实际上是 Shaul 和 Saul 两个不同的名

字。同名叫 Shaul 的三个人都在旧约，本书暂不介绍。同名叫

Saul 的也有三个人，今介绍如下：

1. **以东的王扫罗**。以色列人没有君王之前，在以东地便已有了君王，利河伯人扫罗曾作过以东王。（创 36：31；36：37）

2. **以色列的第一个国王扫罗**。

   1）作王以前的扫罗

   ①以色列人在耶和华的引领下，出离埃及，进入迦南后，他们屡次背弃耶和华的教导，常受异族人的侵略欺压。那时候领导以色列人抵抗外族的领袖叫作"士师"，士师时代共约 400 年之久。最后一个士师撒母耳年纪老迈时，以色列人请求撒母耳给他们立一个王，像外族人一样由君王来治理他们。这便说明了以色列人厌弃耶和华作他们的王。这件事是耶和华神和撒母耳都不喜欢的。但撒母耳还是遵照耶和华的指示，准备给以色列人选立君王。（撒上 8：4—22）

   ②扫罗是便雅悯支派中基士的儿子。又健壮，又俊美，身体比别人高过一头，扫罗的父亲丢了几头驴，就叫扫罗带着一个仆人去找驴。那时扫罗年约 35 岁，他们找了三天也没找到，便到撒母耳处求问。撒母耳见到扫罗的时候，耶和华对撒母耳说，扫罗正是耶和华选定的以色列的国王。撒母耳便用膏油浇在扫罗的头上，印证他将要作王。（撒上 9：1—10：1）以后扫罗离别了撒母耳，神就赐给他一颗新的心灵。（撒上 10：9）

   ③撒母耳把百姓召集到米斯巴，准备选立扫罗为王，百姓见扫罗身材高大，便齐声欢呼。不久扫罗带领以色列人打败了亚扪人，撒母耳便带着众百姓到了吉甲，在耶和华面前

正式立扫罗为国王。撒母耳并劝勉警告以色列人和扫罗，不要偏离耶和华，而要尽心事奉他。若是作恶，以色列和以色列的王，都必一同灭亡。（撒上 10：17—12：25）

2）不遵神命的扫罗

①扫罗登基的时候，年 40 岁。不久，以色列的主要强敌非利士人大举进攻，百姓战战兢兢地跟着扫罗在吉甲迎战。按照撒母耳的约定，扫罗应当等候撒母耳来到吉甲献祭。而且献祭的大礼，也应由先知撒母耳主持。但是在撒母耳稍稍来迟的时候，扫罗就擅自献了祭。从此可以看出，扫罗已经妄自尊大，违背了耶和华的法度。所以撒母耳说，扫罗没有遵行神的命令，他的王位不会长久。耶和华已经找到一个合他心意的人（即大卫），要立他作百姓的君王了。（撒上 13：1—14）

②当时以色列人和非利士人的兵力，对比起来悬殊很大，非利士人"有车三万辆，马兵六千，步兵像海边的沙那样多。"（撒上 13：5）"扫罗数点跟随他的，约有六百人。"（撒上 13：15）此外，在武器装备上，以色列也弱不堪言。由于非利士人多年来欺压以色列人，根本不许以色列人有自己的铁匠，甚至平时以色列人的铁制农具和工具，都要请非利士人制造，因此在这次的战斗中，只有扫罗和他的儿子约拿单有兵器，而其他的战士，手中连刀枪都没有。（撒上 13：19—22）两军对阵，情况确实危急，但是扫罗的儿子约拿单认为"耶和华使人得胜，不在乎人多人少"。（撒上 14：6）他带着他的青年侍卫，突然主动出击，当时地也震动，（撒上 14：13—15）使非利士人惊慌失措，以色

列人紧紧追杀，非利士人竟溃逃而走。（撒上 14：16—23）

③扫罗巩固了以色列的王位以后，打仗十分英勇，使以色列人屡屡脱离外患。（撒上 14：47—48）但是扫罗任意而为，一再违背耶和华的命令，因此耶和华决意废弃扫罗，使撒母耳膏立了大卫，预示要叫大卫接替扫罗作王。（撒上 16：1；16：13）

3）嫉贤妒能的扫罗

①扫罗被神离弃后，常有恶魔扰乱他。他的臣仆说，少年大卫善于弹琴。于是便请大卫来给扫罗弹琴驱赶魔鬼，使扫罗心情舒快。扫罗最初很喜欢大卫，就让大卫作了他的侍卫人员。（撒上 16：14—23）后来非利士人又来侵犯以色列人，非利士的大将歌利亚是个身高将近三米的巨人，全身盔甲，天天骂阵，40 天之久，扫罗的军兵都不敢出战。扫罗下令说，无论任何人，只要能战胜歌利亚，扫罗就把自己的女儿嫁给他。大卫用甩石的机弦，把一块石子打中了歌利亚的额部，他杀了歌利亚，使以色列人大获全胜。当扫罗和大卫等人凯旋归来的时候，以色列的妇女们跳舞唱歌欢迎他们说："扫罗杀死千千，大卫杀死万万。"从此扫罗忌恨大卫，多次要杀害他。（撒上 17：1—18：9）而大卫一直以德报怨，忠于扫罗。这就更加显明了扫罗的罪恶。（详细情况请参看本书"大卫"条。）

②扫罗企图杀害大卫共有下列一些行径：

A. 扫罗受恶魔缠扰，大卫再次给扫罗弹琴时，扫罗突然抢枪要刺死大卫。刺了两次，大卫都躲了过去。（撒上 18：10—11）

B. 扫罗假意要把他的女儿米甲嫁给大卫，却要大卫杀死

100 个非利士人作为聘礼，企图借刀杀人。但大卫却杀死了 200 个非利士人而娶了米甲。（撒上18：17—29）

C. 有一天大卫再次杀败非利士人回来，在给扫罗弹琴的时候，扫罗又要用枪刺死大卫，枪刺入墙内，大卫却逃回自己家中去了。（撒上 19：8—10）

D. 扫罗凶相毕露，派人窥探大卫的住房，想要等到天亮就杀死大卫。但是扫罗的女儿，也就是那个嫁给大卫的米甲，她深爱大卫，把大卫放走了。（撒上 19：11—17）

E. 大卫到处逃难，扫罗却到处追索他。有一次扫罗在隐基底的一个洞里大解，没想到大卫正在洞的深处躲藏着。大卫用刀割了扫罗的衣襟，扫罗却毫未察觉。扫罗出洞后，大卫也追了出来，拿着扫罗的衣襟，向他表白自己没有伤害扫罗之意，扫罗也感动得放声大哭。（撒上 24：1—17）

F. 扫罗哭过之后，嫉妒的本性却并没有改变。不久仍然继续追讨大卫。当扫罗在哈基拉山下安营的时候，大卫带着一个亲信将士，半夜潜入扫罗的营房，拿走了在扫罗头旁边的枪和水瓶。大卫回到山顶上以后，拿着扫罗的枪和水瓶，向扫罗再次表白自己对扫罗的忠诚。扫罗再一次承认自己糊涂，而撤退回去。但是扫罗杀死大卫的念头并未改变，直到大卫被迫逃往外族之后，扫罗才不再寻索大卫。（撒上 26：1—27：4）扫罗逼走了大卫这么一个忠心的人士，实在是选择了自取灭亡的道路。

4）战败身亡的扫罗

①非利士人又来进攻以色列，扫罗看见非利士的军旅，就怕

得心中发颤，那时撒母耳已经死了。扫罗求问耶和华，耶和华也不回答他。（撒上 28：1—6）扫罗竟去找一个交鬼的女巫帮助他。结果吓得仆倒在地，毫无力气。（撒上 28：8—20）

②这一次战役，以色列人被非利士人打得一败涂地。扫罗的三个儿子，尽皆战死。扫罗中箭，负伤甚重。他怕被敌人掳去受辱，就自杀而死。但是他的尸首，仍然被非利士人钉在城墙上示众。（撒上 31：1—10）有人论述说，若是扫罗不逼走大卫，何致落到这种地步？！

3. 新约中大数城的扫罗

即是使徒保罗的原名，扫罗是希伯来（以色列）人常用的名字，保罗是罗马人常用的名字。为了便于在罗马统辖地区传道，所以他改名保罗。（徒 13：9）

沙得拉 （Shadrach）

1. 与但以理等一同被尼布甲尼撒王掳至巴比伦的青年之一，原名哈拿尼雅。他们在巴比伦立志不以王的饭和酒玷污自己。王见但以理，沙得拉等四人智慧聪明比本国术士胜过 10 倍，所以留他们在王面前侍立。（但 1：1—20）

2. 但以理为尼布甲尼撒解梦时，要沙得拉等三人一同祈求神。（但 2：17—18）

3. 沙得拉与米煞，亚伯尼歌三人，因违王命不拜所立的假神，被扔进火窑，但得蒙神拯救，毫未损伤地从火中上来。（但 3 章，参见"亚伯尼歌"条）

沙龙（Shallum）

1. 简介：圣经中同此名者有 12 人，重要者为**以色列第十五位王沙龙**。其他人从略。

2. 圣经记载：

   沙龙为雅比的儿子，他密谋反对撒迦利亚王，在百姓面前将撒迦利亚王杀死，夺取了王位。沙龙作王只一个月，被米拿现杀死。（王下 15：10；13—14）

珊迦（Shamgar）

珊迦在以色列人的士师时代，曾打死了 600 个非利士人，救了以色列人。（士 3：31）

闪（Shem）

闪是挪亚的长子。（创 5：32）当洪水灭世的时候，闪和他的父亲挪亚等一家八口人进了方舟而得救。（创 7：13—23）洪水退了以后，挪亚一家出了方舟。（创 8：13—18）耶和华神赐福给挪亚和他的儿子们，使他们生养众多，遍满全地。（创 9：1）挪亚又特别提到"耶和华闪的神是应当称颂的"。（创 9：26）亚伯拉罕（亚伯兰）即是闪的后代。（创 11：10—26）

示巴女王（Queen of Sheba）

示巴是古时非洲古实人的一族。居住在埃及的南方，因此后来耶稣称示巴女王为"南方的女王"。（太 12：42）古代以色列的第三位国王所罗门，由于耶和华的赐福，他治理下的以色列，民富国强，他的名声也传到了远方。示巴女王听见所罗门的名声，就带着许多随从和贵重物品来访问以色列国。她原想用一些难题来试试所罗门能否答对，但所罗门把她的问题解答得非常清楚。示巴女王又看到所罗门建造的宫殿十分壮丽，臣仆们颇有礼仪，她非常惊奇。她对所罗门极其钦佩，并且说："耶和华你的神是应当称颂的。"她把带来的黄金、宝石、香料都送给了所罗门，所罗门也还赠了礼品，示巴女王便回国去了。（王上 10：1—13；代下 9：1—12）耶稣在世的时候曾说："当审判的时候，南方的女王要起来定这世代的罪。因为她从地极而来，要听所罗门的智慧话。看哪！在这里有一人比所罗门更大！"（路 11：31）耶稣所讲的含意乃是说，示巴女王听到神重用了所罗门，还从远方来听所罗门的讲论。而耶稣是道成肉身的神，比所罗门更大，若是人们忽视耶稣的救恩，审判的时候，示巴女王的信念将成为对世人的控告。

示玛雅 （Shemaiah）

圣经中同名叫示玛雅的共有 27 人。

1. **先知示玛雅**。当年所罗门死后，他的大臣耶罗波安被拥立为以色列人的王。所罗门的儿子罗波安招聚了犹大支派和便雅悯支派的 18 万人，要和耶罗波安争战而夺回国位。但是耶和华对示玛雅说："你去告诉所罗门的儿子、犹大王罗波安和犹大、便雅悯全家并其余的民说：'耶和华如此说，你们不可上去与你们的弟兄以色列人争战。各归各家去吧，因为这事出于我。'"众人就听从耶和华的话，遵着耶和华的命回去了。（王上 12：20—24）从此以色列人分裂为以色列国和犹大国。

2. 其他名叫示玛雅的 26 人，事迹不多，从略。

示每（**Shimei**）

1. 示每是利未的孙子。（民 3：17—18）示每的后裔便用示每来命名本族的名称。（亚 12：13）

2. 同名叫示每的有很多人。圣经中记载较多的是扫罗族中谩骂大卫的示每。而其他许多叫示每的人，圣经中只提到他们的名字，却很少记载他们的事迹。

3. **扫罗族中谩骂大卫的示每。**

   1）大卫在扫罗死后作了以色列的国王。后来大卫犯了罪，耶和华对大卫说："我必从你家中兴起祸患攻击你。"（撒下 12：11）以后大卫的儿子押沙龙背叛了大卫，大卫带着少数随从他的人匆忙奔逃，十分危急。（撒下 15：12—13）在大卫逃难的路上，扫罗族的示每出来，一面走，一面咒骂大卫，又拿石头砍他，拿土扬他。示每咒骂说："你这流人血的坏人哪，去吧去吧。你流扫罗全家的血，接续他作王。耶和华……将这国交给你儿子押沙龙。现在你自取其祸。因为你是流人血的人。"（撒下 16：5—8）

   2）跟随大卫的人要去杀死示每。但大卫说："由他咒骂吧……或者耶和华见我遭难，为我今日被这人咒骂，就施恩与我。"大卫就是这样在耶和华神面前谦卑认罪，容忍了示每。（撒下 16：9—14）

   3）大卫战胜押沙龙返回耶路撒冷时，示每急忙与众人一同去迎接大卫王，俯伏在大卫面前请罪。跟随大卫的人又一次要杀示每，大卫却饶恕了示每。（撒下 19：16—23）

   4）大卫去世前遗命他的儿子所罗门，要追讨示每的罪行（王上 2：8—9）。大卫死后，所罗门曾命令示每不许离开耶路撒冷。

但示每却违背了所罗门的命令，因而被杀正罪。（王上 2：
36—46）

4. 其他名叫示每的人，见于下列经文：

1）出 6：17	2）代上 6：42	3）代上 6：29
4）代上 25：17	5）代下 29：14	6）拉 10：23
7）王上 4：18	8）代上 8：21	9）斯 2：5
10）代上 27：27	11）代上 4：26	12）代上 5：4
13）拉 10：33	14）代上 3：19	15）拉 10：38

士求保罗（Sergius Paulus）

士求保罗是罗马属地居比路的方伯①。居比路便是现在的塞浦路斯
岛。士求保罗是个通达人。当保罗和巴拿巴来到居比路传道的时候，
士求保罗就请了巴拿巴和保罗来，要听神的道。但是士求保罗有个
朋友名叫以吕马，以吕马是个有法术的假先知，他反对保罗，阻止
士求保罗信道。保罗斥责以吕马，以吕马的眼睛暂时失明了。士求
保罗看到这种情况，就信道而做了基督徒。（徒 13：4—12）

司提反（Stephen，Stephanas）

在新约圣经中，有姓名不同的 Stephen 和 Stephanas 两位圣徒，但
中文译本都译成了司提反。Stephen 是耶稣受难后第一个殉道者
司提反。而 Stephanas 乃是哥林多教会的一个信徒。

1. 殉道者司提反（Stephen）

1）耶稣复活升天后，五旬节时圣灵降临。使徒们放胆传道，耶

---

① 方伯，governor，也可译作"总督"或"巡抚"。

路撒冷的信徒很快增加到上万人。（徒2：37—47；4：4）那时信徒们凡物公用。（徒4：32）对信徒们的生活供给已不容忽视。当时使徒们说："我们撇下神的道，去管理饭食，原是不合宜的。"于是他们决定，从众多的信徒中，选出七个有好名声、被圣灵充满、智慧充足的人，派他们管理这些事。司提反就是其中的一个。（徒6：1—5）

2）"司提反乃是大有信心，圣灵充满的人。"（徒6：5）他不但胜任本职工作，而且"满得恩惠能力，在民间行了大奇事和神迹"。（徒6：8）

3）当时有人和司提反辩论，但"司提反是以智慧和圣灵说话，众人抵挡不住"。于是有人怂动百姓，突然把司提反提到犹太公会，捏造罪名指控他。然而司提反却无所畏惧，泰然自若，"他的面貌好像天使的面貌"。（徒6：9—15）

4）那时有人作假见证说，司提反传讲耶稣，诽谤摩西和神，并且糟践圣所和律法。（徒6：11—14）然而司提反依靠圣灵的能力，纵观以色列人的历史，全面分析，加以阐述，说明耶稣就是以色列人所盼望的那义者基督。最后司提反向犹太公会的领袖们说，他们的祖宗"把预先传说那义者（耶稣基督）要来的人杀了"。而他们"又把那义者（耶稣基督）卖了，杀了"。他们"受了天使所传的律法，竟不遵守"。（徒7：1—53）

5）犹太公会的"众人听见这话，就极其恼怒"。他们把司提反推到城外，用石头打他。司提反被打死之前说："我看见天开了，人子（耶稣）站在神的右边。"他还向天祷告说："求主耶稣接收我的灵魂。"并为那些杀害他的人们祈求说："主啊，

不要将这罪归于他们。"司提反为了见证耶稣的救恩，成了第一个殉道者。（徒7：54—60）

2. **哥林多的信徒司提反（Stephanas）**

1）保罗亲自给司提反一家施过洗。（林前1：16）

2）司提反全家是哥林多所在地、亚该亚省最早的信徒。保罗对哥林多人说：司提反一家，"他们专以服事圣徒为念。我劝你们顺服这样的人。"（林前16：15—16）

3）保罗对哥林多人还说：司提反及另外两个信徒到保罗那里，正好补偿哥林多众人不在那里的遗憾。并且说："这样的人，你们务要敬重。"（林前16：17—18）

所罗巴伯（Zerubbabel）

所罗巴伯是犹大王约雅敬的曾孙。（代上3：11—19）他的名字也列在耶稣基督先祖的家谱中。（太1：12—13）当年犹大亡国后，犹大人被掳到巴比伦。（王下25：8—11）但后来波斯王古列战胜了巴比伦，便下诏书允许犹大人回国，（拉1：1—3）并派所罗巴伯为犹大省长，（该2：21）让所罗巴伯等人率领犹大人回国重建耶和华的圣殿。（拉2：1—2；1：3）重建圣殿的工程浩大，参与建殿的会众甚多。（拉2：64—65）而且犹大的敌人又多方阻挠破坏。（拉4：1—16）有些人因建殿困难而灰心，建殿工作也曾被迫停工。（拉4：23）但是所罗巴伯依靠耶和华神的权能，得以继续建殿的事工。（该1：14—15）圣殿终于建成。（拉6：14—15）

所罗门（Solomon）

1. 简介：所罗门是大卫的儿子，也是耶和华所喜爱的人。（撒上

12：24—25）遵照大卫的命令，他继承了王位，是以色列第三位国王。所罗门的智慧不但闻名于世，他的事迹，至今也常为人称道。他的一生有功有过，但老年时有所悔悟，所以他的诗歌写作，仍能为神所用。

2. 圣经记载：

1）所罗门早年间的心志与作为

①大卫想叫所罗门继承王位，并不是在临终前仓促决定的。早在大卫计划建造圣殿的时候，耶和华便指示大卫，叫所罗门作王之后，完成建殿工作。（代上 22：5—9）所以大卫平时便教导所罗门遵行耶和华的律法，谨守耶和华的典章。（代上 22：11—12）大卫不仅为建殿准备了钱财物料和工匠，（代上 22：13—15）也嘱托以色列的众首领辅佐所罗门。（代上 22：16）

②所罗门未曾登基以前，大卫的长子亚多尼雅争夺王位。（王上 1：5—10）但是大卫已经叫祭司和先知等人膏立了所罗门作王。（王上 1：32—36）亚多尼雅的企图未能得逞。所罗门即位时约在耶稣降生前 970 年，那时他才 20 岁。

③所罗门初登王位时，遵照大卫的遗命（王上 2：1—9），追讨了一些人的旧罪：

A. 大卫的长子亚多尼雅妄想要娶大卫的妃子为妻，因此被杀。（王上 2：13—25）

B. 祭司亚比亚他曾帮助亚多尼雅争夺王位，因此被废弃。（王上 2：26—27）

C. 约押曾帮助亚多尼雅同谋不轨，因而被杀。（王上 2：28—35）

D. 示每先前曾在大卫逃难时辱骂过大卫。所罗门命令他不许离开耶路撒冷。但示每玩忽王命，擅自离开了耶路撒冷，因此被问罪处死。（王上 2：39—46）

所罗门虽仅 20 多岁，但是执法严明，"这样便坚定了所罗门的国位。"（王上 2：46）

④所罗门去献祭的时候，在梦中耶和华向他显现说："你愿我赐你什么？"所罗门说："求你赐我智慧，可以判断你的民，能辨别是非。"（王上 3：4—9）神说："你……不为自己求寿求富，……单求智慧可以听讼。我就应允你所求的。……你所没有求的我也赐给你，就是富足尊荣。"因为所罗门所求的，实在蒙神悦纳。（王上 3：10—12）

⑤有一天，有两个妇女来见所罗门。她们两个人住在同一个房子里，前后只差三天，各自生了一个孩子。房子里也没有别的人。一天晚上，一个妇女睡觉的时候，压死了自己的孩子。她就把另一个妇女的孩子抱过来，却把自己的死孩子放在那个人的身边。两个妇女都说活孩子是自己的，二人争论不休，请所罗门判断。所罗门说既是两个人都争着要这个活孩子，就把他劈成两半，各分一半算了。活孩子的母亲，为自己的孩子心里伤痛，就说请王不要杀他，还是把活孩子给那个妇人吧。但另一个妇女说，孩子既不能归给一个人，那就劈开分了吧。所罗门马上判断说，不肯杀死孩子的正是孩子的母亲，应该把活孩子给她。大家听到所罗门的判断，都很敬畏他。（王上 3：16—28）

2）所罗门的内政建设

①所罗门的臣仆各有专职专责。（王上 4：1—6）

②他把以色列全地分为 12 个地区，各派一些官吏管理。（王上 4：7—19）

③当时以色列的领域扩大，四境平安。（王上 4：20—24）

④他建立了一支军队，巩固国防，保卫国内的建设。他在位 40 年，只有一次对外作战，攻取哈马锁巴。（代下 8：3）其余时间，国内国外都没有战争。

⑤所罗门实现了大卫的遗愿，动用了大量的人力物力，花了七年的时间，建造了圣殿。（王上 6：1—38）每年献祭三次。（王上 9：25）

⑥他又用了 13 年的时间，为自己建造了宫室。（王上 7：1—12）

⑦还修建了耶路撒冷的城墙，以及一些城邑。（王上 9：15）

3）所罗门与邻国的关系

①所罗门与埃及联为姻亲，娶了法老的女儿为妻。（王上 3：1）并且从埃及买来车辆马匹。（王上 10：28—29）

②他与推罗王希兰和好立约，（王上 5：12）用以色列的农作物，换取推罗的木料。（王上 5：8—11）

③所罗门建造船只，用来航海通商。（王上 9：26—28）"三年一次，装载金银、象牙、猿猴、孔雀回来。"（王上 10：22）

④远在非洲的示巴女王也来以色列国访问，互相答谢，赠送礼物。（王上 10：1—13）

4）所罗门的学识与写作

①"所罗门的智慧超过东方人和埃及人的一切智慧。""他作箴言 3000 句，诗歌 1005 首。他讲论草木，自黎巴嫩的香柏树，直到墙上长的牛膝草。又讲论飞禽走兽，昆虫水族。"

各国的国王都派人来学习他的知识。(王上 4：30—34)

②所罗门受圣灵的感动，书写或编辑了下列经卷：A. 箴言
（箴 1：1），B. 传道书（传 1：1），C. 雅歌（歌 1：1）。

5）所罗门晚年间的罪恶过犯

①所罗门约在耶稣降生前 931 年逝世，在位 40 年。（王上
11：42—43）他为耶和华作了一些事工，但也有一些事是
得罪耶和华的。"所罗门王在法老的女儿之外，又宠爱许多
外邦女子。""所罗门有妃七百，都是公主；还有嫔三百。"
他"年老的时候，他的妃嫔诱惑他的心去随从别神。"（王
上 11：1—4）因此耶和华向所罗门发怒，预言他的国将被
他的大臣夺去，只留一个支派给所罗门的儿子。（王 11：
9—13）所罗门死后，以色列果然分裂为以色列和犹大两个
弱小的国家。

②所罗门为自己建造王宫，用了 13 年的时间，比建造圣殿还
多了六年。这样大兴土木劳民伤财，便增加了人民很沉重
的负担。因此引起了他的大臣耶罗波安的背叛，以及哈达
与利逊的敌对。（王上 11：14—40）

③但是所罗门晚年也多有悔悟。他深感一切的豪华宴乐，只
是像幻梦一样，转眼就会逝去，惟有遵行神的道，才能永
远长存，他曾经说：

A. "虚空的虚空，虚空的虚空，凡事都是虚空。"（传 1：2）

B. "神造万物，各按其时成为美好，又将永生安置在世人
心里。"（传 3：11）

C. "愚昧的人在黑暗中摸索。"（传 2：14 新译文）

D. "敬畏耶和华是智慧的开端，认识至圣者便是聪明。"

（箴 9：10）

人们想一想所罗门老年的腐朽生活，对比地看一看上述的名言警句，真可以成为后世人的警戒。

所提尼（Sothenes）

所提尼是哥林多城管理犹太教会堂的人，因为保罗在这个会堂里宣讲过耶稣的救恩，所提尼也成了基督徒。后来犹太人控告保罗，但是巡抚迦流不予受理。犹太人竟在公堂前面，揪住了所提尼，无理地殴打。足见所提尼和保罗关系密切。（徒 18：12—17）保罗在写给哥林多教会的第一封信中，也提到他和所提尼情同兄弟，并且说，那封信是他们两个人写的。（林前 1：1）这也说明了，保罗一点也没有忽视他这些无名的弟兄。

T.

特罗非摩（**Trophimus**）

特罗非摩是以弗所人。（徒21：29）保罗第三次外出布道的时候，特罗非摩随同保罗，从希腊经过马其顿，直到亚西亚（徒20：1—4），以后又一同到了耶路撒冷。犹太人看见特罗非摩和保罗一起在耶路撒冷城里，他们出于对保罗的偏见，误认为保罗曾把特罗非摩这个异族人带进了圣殿。按当时犹太人的习惯，他们认为外族人进圣殿就是玷污了圣殿，这是极大的罪恶。当地的犹太人拿住了保罗，千方百计要把保罗杀死。（徒21：27—30）保罗因此被拘押审问，一直被押解到罗马，数年之后才得释放。后来保罗外出布道时，特罗非摩仍然随同保罗一起工作。保罗给提摩太写信时说："特罗非摩病了，我就留他在米利都。"（提后4：20）由此可见，特罗非摩传道的心志非常坚定。

提阿非罗（Theophilus）

提阿非罗是路加福音和使徒行传的收信人，路加写这两封信给他，目的是详细向他叙述耶稣的一生，和使徒们传扬耶稣的事迹。路加称提阿非罗为"大人"（或译作"阁下"），乃是尊称，例如巡抚腓力斯也被称为"大人"。（徒23：26）从此可知，提阿非罗很可能是一位罗马的高级官吏。但从路加的语气上看，显然提阿非罗也已经成为基督徒了。

提庇留（Tiberius）

1. 简介：提庇留是罗马皇帝，生于耶稣降生前 42 年，他的父亲是该撒犹留（Julius Caesar）的大臣，他的母亲利维亚（Livia）再婚嫁给了亚古士督大帝（King Augustus）。因此提庇留成了奥古斯都的儿子。因为提庇留有战功，亚古士督立他为太子，同秉国政。耶稣降生后 14 年，亚古士督去世，提庇留继位。他逐渐削弱民权，独断专行。罗马史中曾记述了提庇留的放荡和残忍。

2. 圣经记载：

   1）"该撒提庇留在位第十五年，本丢彼拉多作犹太巡抚，希律作加利利分封的王。"那时施洗的约翰开始出来传道。（路3：1—3）不久，耶稣出来传道，也是正当提庇留在位期间。

   2）耶稣在世时，犹太人正在罗马的统治之下。有些人阴谋巧言盘问耶稣说："纳税给该撒可以不可以？"耶稣叫他们拿一个银钱来，并且向他们说，这钱上的像和号是谁的。他们说："是该撒的。"耶稣说："该撒的物当归给该撒，神的物当归给神。"（可12：13—17）这段对话中所说的该撒，便是该撒提庇留。耶稣在这里清楚地表明，基督徒要尊重当时的执政君王，尽上人的本分。同时也要尽心、尽性、尽意、尽力，爱主你的神。（可 12：30）

3）耶稣受难前被审的时候，巡抚彼拉多认为耶稣无罪，本想释放他，但是那些自命为神的选民的犹太人，却对彼拉多说："你若释放这个人，就不是该撒的忠臣。"这些犹太人说，耶稣"以自己为王"，这"就是背叛该撒"。（约 19：12）此处所说的该撒，也是提庇留。犹太人在这里把耶稣所讲的纯洁真道，说成是名利目的，实在是歪曲诬陷。虽然耶稣直到受审的时候，也没有否认他是天国的王。（约 18：37）但是耶稣同时又明明地说，他的国并不属于这个世界。（约 18：36）在此之前，当耶稣知道众人要强逼他作王的时候，他就独自又退到山上去了。（约 6：15）耶稣从未讲过所有世人都将成为信徒，以便在地上建立基督教王国，相反地，他认为，"引到灭亡，那门是宽的，路是大的，进去的人也多。引到永生，那门是窄的，路是小的，找着的人也少"。（太 7：13—14）有些学者认为，任何以基督教为国教的时期，都是真假信徒不分，反而混乱了基督的道理。耶稣在世时，一再教导人们不要贪图世上的名利地位，所以任何人以任何方式把世俗企图掺进基督教会中来，都不符合耶稣的教训。而当年的犹太人说耶稣"背叛该撒"，当然也是不符合事实的。

4）提庇留直到耶稣降生后 37 年才去世。因此，耶稣的受难复活、司提反的殉道、保罗的悔改等新约圣经中的大事，都是提庇留作罗马皇帝时发生的。

提多 （**Titus**）

新约圣经中同名叫提多的有两个人。

1. **哥林多的信徒提多**。也就是提多犹士都（Titus Justus）。他的姓是犹士都，名字叫提多。起先保罗在哥林多的犹太会堂里讲道，由于犹太人的反对，保罗便离开了会堂。提多犹士都是个敬拜神的人。他的家离会堂很近，便把保罗接到他的家中，在他的家里讲道传福音，作教会的工作。（徒18：4—7）

2. **希腊的信徒提多**。

   1）希腊的信徒提多，大约是保罗领他信奉耶稣的，所以保罗说，提多"在我们共同信仰的真道上，是我的真儿子"。（多1：4新译文）由于提多不断地长进，后来成为保罗得力的助手，且是个能独立工作的传道人。（多1：5）

   2）保罗第一次外出在外邦人中布道后，回到了安提阿。这时有人认为，外邦人作了基督徒也应当接受割礼，因此在信徒间产生了不同的意见。所以安提阿教会决定，叫保罗和巴拿巴到耶路撒冷去，和众使徒辩论这一问题。和他一起同去的，还有几个信徒（徒15：1—2）。这几个信徒中便有提多。提多虽然是希腊的信徒，但耶路撒冷的使徒和长老并没有勉强提多受割礼，也同样地接待他。（加2：1—3）这样，提多作为一个外邦信徒而不受割礼的具体范例，使基督徒的纯正信仰突破了犹太教条的束缚。

   3）保罗曾差派提多去帮助哥林多教会的工作。提多的工作很有功效。他回来向保罗谈到了哥林多教会的情况。提多在哥林多所得到的工作中的安慰，也安慰了保罗。（林后7：6—7）跟着保罗便又一次派他到哥林多继续工作。保罗说提多很殷勤。虽然是保罗劝他去的，但提多自己更是热心于教会的事工，也是他自愿要到哥林多去工作的。（林后 8：16—17）保罗并且称赞提多这样工作，绝不是为了得什么好处或报酬。（林后 12：18）

4）保罗第一次被囚于罗马又经释放后，提多有时跟着保罗，共同作传道工作。他们经过革哩底时，保罗曾把提多留在革哩底，继续完成一些事工，并且遵照保罗的嘱咐，在各城设立长老。（多 1：5）这时，提多由一个年轻的传道人，已经逐渐有能力设立长老了，从此看出了他的长进。

5）保罗第二次被囚在罗马时，提多也和保罗同在罗马。提多还曾被差派到挞马太去工作（提后 4：10），从此也可看出保罗对提多的重视。

6）保罗曾写信给提多（多 1：4），谆谆教导提多如何作好教会工作，人称提多书是教牧书信之一。

提多犹士都 （Titus Justus）

参看"提多"条中，"哥林多的信徒提多"一项。

提摩太 （Timothy）

1. 简介：提摩太是保罗传道的青年同工。保罗曾称呼他是"因信主作我真儿子的"人（提前 1：2），从此推论，提摩太很可能是保罗初次到路司得时，带领他信奉耶稣的。保罗在他的收信中曾说，提摩太"兴旺福音与我同劳，待我像儿子待父亲一样"。（腓 2：22）可见两个人的关系极其密切。

2. 圣经记载：

1）提摩太是住在路司得的一个青年信徒。他的父亲是希腊人。

（徒16：1）他的母亲友尼基是信奉耶稣的犹太人。他的外祖母罗以也早已信了基督。（提后1：5）因此提摩太从小明白圣经的道理。（提后3：15）他信道无伪，"路司得和以哥念的弟兄都称赞他"。（徒16：2）

2）保罗第二次外出布道，再次经过路司得的时候，有意要带着提摩太一同去传道。由于提摩太的父亲是希腊人，为了使提摩太便于在犹太人中间传道工作，在提摩太自愿的情况下，便给他行了割礼。（徒16：1—3）此后保罗离开路司得时，提摩太显然便随着保罗出发到了马其顿。所以当保罗离开马其顿省的庇哩亚时，便把提摩太和西拉留在庇哩亚，继续作教会的工作。（徒17：12—14）

3）以后保罗到了雅典，曾叫提摩太和西拉快些也到雅典来。（徒17：15）但跟着，保罗又叫提摩太去看望庇哩亚旁边的帖撒罗尼迦教会，安慰帮助那里的信徒。（帖前3：1—3）

4）不久保罗由雅典到了哥林多。（徒18：1）提摩太和西拉便由马其顿省（即庇哩亚和帖撒罗尼迦所在的地区），来到哥林多城保罗那里。（徒18：5）提摩太向保罗讲述了帖撒罗尼迦信徒们的信心爱心，以及他们记念保罗等人的情况，使保罗很得安慰。（帖前3：6—7）

5）保罗第三次外出布道时，提摩太仍是和他同工。保罗在以弗所布道居住三年（徒20：31），在保罗即将离开以弗所时，又差派提摩太和以拉都往马其顿去看望教会。（徒19：22）保罗在以弗所时，给哥林多人写了第一封信。其中曾说，若是提摩太到了哥林多，希望哥林多的信徒好好接待提摩太，并且还要提摩太再回到保罗身边来。（林前16：10—11）哥林多乃是马其顿以南的一个大城市。

6) 由于以弗所有一次骚乱，保罗便由以弗所到了希腊住了三个月。（徒20：1—3）这时提摩太又回到保罗那里。这期间保罗给哥林多人的第二封信，便指明该信是和提摩太一同写的。（林后1：1）

7) 以后保罗要返回耶路撒冷去，有好些人和他同行出发，提摩太也在其中。（徒20：3—4）

8) 保罗由耶路撒冷辗转被押解到罗马后，提摩太也和他同在罗马。这时保罗写了三封信，都说是和提摩太一起书写的。这时保罗称呼他是"兄弟提摩太"。（西1：1；门1）给腓立比教会的信，则说是"基督耶稣的仆人保罗和提摩太"共同所写的。显然提摩太已经成长了起来。

9) 保罗在上述给腓立比的信中，曾说他可能将被释放，很盼打发提摩太到腓立比去帮助教会工作。并且说提摩太在福音工作上和保罗同样劳苦。（腓2：19—22）

10) 保罗果然不久即被释放。提摩太又帮助保罗到各地去传道，提摩太曾被留在以弗所工作。（提前1：3）不久，保罗写了提摩太前书，向提摩太详细讲论怎样作好教会工作。（提前全卷）

11) 保罗第二次被囚于罗马时，知道自己即将殉道，又写了提摩太后书，劝勉提摩太要持守真道（提后1：14），作无愧的传道人。（提后2：15）并且希望提摩太赶快到罗马来，以便殉道前再能会见。（提后4：9）

12) 希伯来书的作者（有人认为即是保罗）说："我们的兄弟提摩太已经释放了。"（来13：23）从此可以知道，提摩太为基督的福音，是付过代价的。

帖土罗（Tertullus）

帖土罗是个律师。当年大祭司要诬陷保罗，就请帖土罗在巡抚腓力斯面前控告保罗。控词中对腓力斯的阿谀奉承，完全是当时罗马辩士的腔调（徒24：1—8），但由于保罗对他们的反驳，腓力斯并未听从帖土罗等人的控告。

土西拉（Drusilla）

历史记述土西拉是希律亚基帕一世的幼女，本是犹太人，14岁时便已出嫁。但受巡抚腓力斯的诱惑，土西拉竟与丈夫离婚，改嫁给腓力斯，腓力斯又不是犹太人，这样土西拉便违反了两条犹太律法，只因身在权门，无人敢问。后来保罗被因于腓力斯任内，腓力斯和土西拉叫保罗来给他们讲道，保罗讲到将来的审判，腓力斯甚觉恐惧。（徒24：24—25）

推喇奴（Tyrannus）

推喇奴是住在以弗所的一个教师或学者。他有自己讲学的地方。保罗在以弗所的犹太会堂中讲道三个月，因为犹太人毁谤这道，保罗便改到推喇奴讲学的地方去和人谈道。这样有两年之久。（徒19：1；19：8—10）

推基古（Tychicus）

1. 简介：推基古是亚西亚人（徒20：4），也是和保罗常在一起工作的信徒或传道人。

2. 圣经记载：

1）推基古和其他教会的代表等几个人，带着各教会的捐献款项，曾陪同保罗一起到耶路撒冷去资助那里的信徒，这几个代表先到特罗亚去等候保罗等人（徒20：4—5），然后一同经过该撒利亚（徒21：8），最后到了耶路撒冷（徒21：17）。

2）保罗由耶路撒冷被辗转押解到罗马时，推基古也在罗马。保罗曾打发推基古去以弗所看望以弗所的圣徒们，保罗在监狱里写给以弗所教会的信中说："今有所亲爱忠心事奉主的兄弟推基古，他要把我的事情并我的景况如何，全告诉你们。"保罗并且说，他是特意打发推基古去安慰以弗所圣徒的。（弗6：21—22）

3）保罗除了打发推基古到以弗所去之外，还曾叫推基古到歌罗西去，保罗说，推基古是忠心的执事，和保罗"一同作主的仆人"，保罗也是特意打发推基古去安慰歌罗西的圣徒的。（西4：7—8）

4）保罗在罗马恢复自由以后外出布道时，推基古仍在伴随着保罗。那时提多在革哩底负责教会工作，保罗曾给提多写信说，保罗将打发亚提马或推基古去革哩底，代理提多的工作，以便提多赶紧往尼哥波立去与保罗会晤。（多3：12）

5）保罗第二次被囚于罗马时，推基古仍在他的身边。那时提摩太正在以弗所工作（提前1：3），保罗便写信给提摩太说，保罗已经打发推基古往以弗所去（提后4：12），使推基古可以接替提摩太的事工，以便提摩太快些到保罗这里来（提后4：9）。

陀拉（Tola）

在以色列人的士师时代，陀拉曾起来拯救以色列人，作士师23年。（士10：1—2）

W.

乌西雅（Uzziah）

圣经中同名叫乌西雅的有五个人。

1. 少罗的父亲乌西雅。（代上 6：24）

2. 约拿单的父亲乌西雅。（代上 27：25）

3. 哈琳的子孙乌西雅。（拉 10：21）

4. 法勒斯的后裔乌西雅。（尼 11：4）

5. **犹大国第十代国王乌西雅。**

　　1）乌西雅又名叫亚撒利亚。（参看代下 26：1 经文中的小字部
　　　　分）他登基的时候年仅 16 岁。他行耶和华眼中看为正的事，
　　　　在耶路撒冷作王 52 年。（王下 15：1—3）

　　2）乌西雅战胜了犹大国的世仇非利士人以及邻近的异族。他使
　　　　亚扪人给他进贡。因为他非常强盛，名声传到了远方。（代下

26：6—15）

3）但是乌西雅，"他既强盛，就心高气傲，以致行事邪僻，干犯耶和华他的神，进耶和华的殿，要在香坛上烧香。祭司亚撒利亚率领耶和华勇敢的祭司 80 人，跟随他进去。他们就阻挡乌西雅王，对他说：'乌西雅啊，给耶和华烧香不是你的事，乃是亚伦子孙承接圣职祭司的事。你出圣殿吧，因为你犯了罪。你行这事耶和华必不使你得荣耀。'"乌西雅却发怒，必要烧香。这时他的额上长了大麻风，他自己急速出殿。但乌西雅长大麻风一直到死。（代下 26：16—21）

X.

希伯来人（**Hebrew**）

按圣经历史来看，希伯来人是指从伯拉河东岸渡河到迦南而来的人。（书 24：2—4）也就是离开迦勒底进入迦南的亚伯兰的后裔。（创 14：13；11：13—12：5）以色列人是亚伯兰（即亚伯拉罕）的后裔，当然也包括在希伯来人之内。保罗便曾说他是希伯来人，也是以色列人。（林后 11：22）在新约时代，希伯来人意指那些说希伯来语或亚兰语的犹太人，和说希腊语（即希利尼话）的犹太人有些区别。（参看徒 6：1）保罗既能说希腊语（徒 21：37），又能说希伯来语；（徒 21：40）他也说他本是犹太人。（徒 21：39）圣经中曾提到希伯来人所生的希伯来人（腓 3：5），意指其父母即是希伯来的血统，乃是纯粹的希伯来人。因为外族人的男子若受了希伯来人的割礼，遵守希伯来人的律例，也可看作

是加入了希伯来的民籍，和希伯来人一样。（出 12：43—49）

希罗底 （**Herodias**）

希罗底本是大希律的孙女，先嫁给叔父腓力为妻，后来又成为她丈夫的哥哥希律安提帕的妻子。施洗约翰责备他们这样乱伦，她怀恨在心。适逢她的后夫安提帕的生日，希罗底叫女儿撒罗米去跳舞祝贺，博得后夫安提帕（即希律）的欢心，乘机要求杀死约翰。（太 14：1—12）希罗底的女儿撒罗米嫁给了另一个腓力为妻。而这个腓力乃是希罗底的两个丈夫的兄弟。从此可以看出，希律家庭中完全丧失了人伦道德。

希律 （**Herod**）

希律家族原来并不是以色列人。只因受了形式上的割礼，才取得了以色列人的虚名，但根本没有敬畏耶和华的心意。在耶稣降生前后，希律家族投靠罗马皇帝，连续几代的子孙中，曾有好几个人被罗马皇帝宠信，在耶路撒冷一带地区，担任省长或分封的王。因此耶稣降生及受难，使徒们传道与被杀等这些历史上的大事，都是在希律王室人员当政时期发生的。"希律"原意是"英雄"，但是希律宫室中，互相残杀，秽闻百出。他们历代分封之王，几乎都是刁顽诡诈、杀害无辜的暴徒。（见后面的希律家族表。）

1. **大希律** （Herod the Great）

   1）大希律在位时，施洗的约翰诞生。（路 1：5—13）

   2）希律在位时，耶稣降生在伯利恒。东方有几个博士，来到耶路撒冷说："那生下来作犹太人之王的在哪里?" 希律听见了就心里不安，假意让博士们去寻找，并要博士们找到后，来告诉他。后来博士们找到了耶稣，却没有回去告诉希律，希律极其愤怒，把伯利恒境内所有的男孩，凡两岁以里的，全都杀害了。（太2：1—18）

3）约瑟带着耶稣逃往埃及不久，希律即死去。（太2：19—20）

4）历史记述大希律有十个妻子，由于妻子之间、儿子之间争权夺利，希律杀了两个儿子。但又疑惧自己也会被杀，惶惶而死。

2. 希律亚基老（Archelaus）

是大希律的儿子，他继承他父亲作犹太王，所以约瑟从埃及回来后，又转往加利利去居住。（太2：19—22）历史记述亚基老性格恶劣。他的弟弟们曾和他争夺王权，由于罗马皇帝支持他，他才得以继承王位。但对百姓非常暴虐，因此不久即被废黜。

3. 希律安提帕（Antipas）

1）这个希律作王的时候，娶了自己兄弟的妻子希罗底，因此被约翰指责，希律恼羞成怒，把约翰下在监里。本来他怕百姓拥护约翰，不敢杀害约翰。在他生日的时候，希罗底的女儿出来跳舞。希律一时高兴，就对他女儿说，她无论要什么他都答应。希罗底唆使女儿要约翰的头，希律只好杀了约翰。（太14：3—12）

2）耶稣受难的那一天早晨，巡抚彼拉多把耶稣送交希律审问，希律指望耶稣行一件神迹，耶稣却一言不答，希律就藐视戏弄耶稣。以后又把耶稣送回彼拉多那里去。（路23：6—12）

3）希律为人狡猾，如同狐狸。（路13：31—32）历史记述他邪淫无德，最后被废去王位，驱逐出境而死。

希 律 家 庭 表

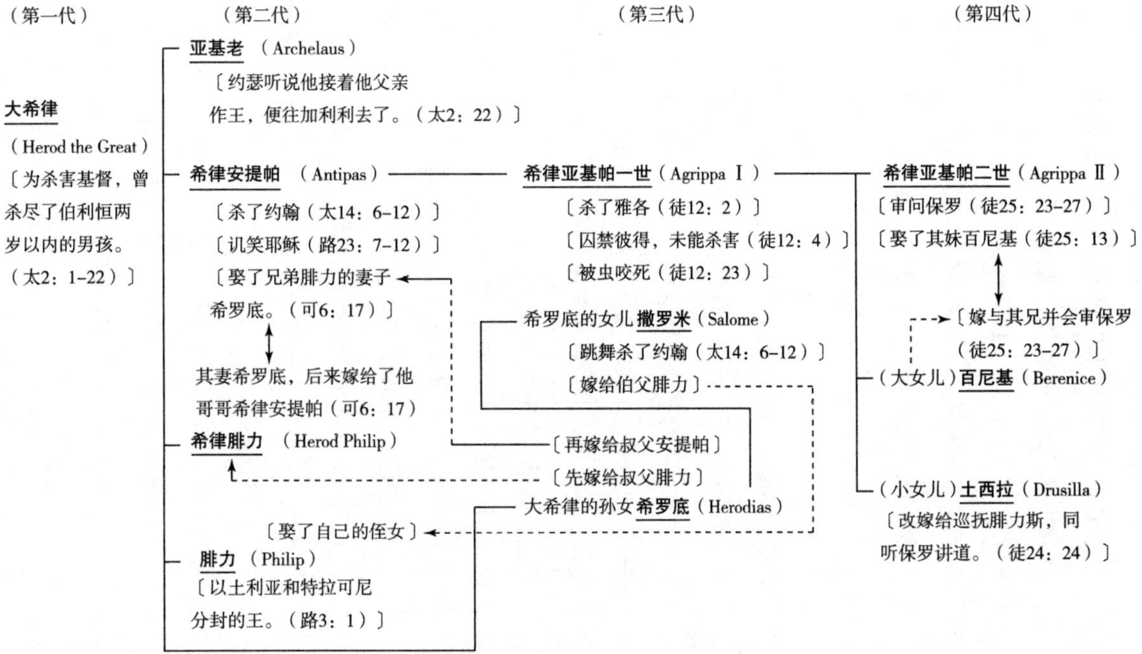

（第一代）　　　　　（第二代）　　　　　（第三代）　　　　　（第四代）

大希律（Herod the Great）
[为杀害基督，曾杀尽了伯利恒两岁以内的男孩。（太2：1-22）]

亚基老（Archelaus）
[约瑟听说他接着他父亲作王，便往加利利去了。（太2：22）]

希律安提帕（Antipas）
[杀了约翰（太14：6-12）]
[讥笑耶稣（路23：7-12）]
[娶了兄弟腓力的妻子]

希罗底。（可6：17）

其妻希罗底，后来嫁给了他哥哥希律安提帕（可6：17）

希律腓力（Herod Philip）
[娶了自己的侄女]

腓力（Philip）
[以土利亚和特拉可尼分封的王。（路3：1）]

希律亚基帕一世（Agrippa Ⅰ）
[杀了雅各（徒12：2）]
[囚禁彼得，未能杀害（徒12：4）]
[被虫咬死（徒12：23）]

希罗底的女儿**撒罗米**（Salome）
[跳舞杀了约翰（太14：6-12）]
[嫁给伯父腓力]

大希律的孙女**希罗底**（Herodias）
[再嫁给叔父安提帕]
[先嫁给叔父希律腓力]

希律亚基帕二世（Agrippa Ⅱ）
[审问保罗（徒25：23-27）]
[娶了其妹百尼基（徒25：13）]
[嫁与其兄并会审保罗（徒25：23-27）]

（大女儿）**百尼基**（Berenice）

（小女儿）**土西拉**（Drusilla）
[改嫁给巡抚腓力斯，同听保罗讲道。（徒24：24）]

4. **希律亚基帕一世（Agrippa Ⅰ）**

1）希律亚基帕在位时，"下手苦害教会中几个人，用刀杀了约翰的哥哥雅各"。又把彼得囚在监里，想要杀害彼得。彼得被天使救出之后，希律却把看守的人杀了。（徒 12：1—6；12：19）

2）希律自高自大，夺取神的荣耀，被虫咬死。（徒 12：20—23）

3）希律亚基帕一世的大女儿百尼基兄妹通婚（详见"百尼基"条），希律的小女儿土西拉离婚再嫁腓力斯，也背逆了以色列人的律法。（参看"土西拉"条。）希律亚基帕一世的儿子即是亚基帕二世，也无品德。（参看"亚基帕"条）

希西家（Hezekiah）

同名叫希西家的有四个人。

1. 尼利雅的儿子希西家。（代上 3：23）

2. 先知西番雅的高祖希西家。（番 1：1）

3. 亚特又名叫希西家。（拉 2：16 新译）

4. **犹大国的第十三代国王希西家。**

1）希西家是亚哈斯的儿子，登基的时候年 25 岁，在耶路撒冷作王 29 年。（王下 18：1—2）

2）希西家行耶和华眼中看为正的事，效法他的先祖大卫一切所行的。他废去邱坛，毁坏假神柱像，砍下木偶，打碎摩西所造的铜蛇，因为那时以色列人仍向铜蛇烧香。（王下 18：3—4）

3）希西家依靠耶和华，谨守诫命。耶和华与他同在，他无论往何处去尽都亨通。（王下 18：5—7）

4）希西家重新修理圣殿，召集祭司和利未人，让他们洁净自己，也要洁净圣殿。（代下 29：1—5）希西家与城里的首领一起献祭（代下 29：20），并且差人召聚以色列和犹大众人，叫他们到耶路撒冷谨守逾越节。（代下 30：1）

5）他战胜了非利士人。（王下 18：5—8）

6）亚述王西拿基立派了重兵来攻击犹大的城邑，（王下 18：13）希西家恳切向耶和华神祷告。（王下 19：15—19）耶和华大显神迹，杀死亚述军兵 185000 人，拯救了耶路撒冷。（王下 19：35）

7）希西家病危，痛哭求告耶和华，耶和华赐恩给他增加了 15 年的寿数。（王下 20：1—7）

8）希西家作了一件不讨耶和华神喜悦的事。当巴比伦王听见希西家病已痊愈，就差使者送书信和礼物给他。（王下 20：12）但希西家却没有照他所蒙的恩报答耶和华，因为他心里骄傲。（代下 32：25）巴比伦王差使者来见希西家，访问犹大国中显出的神迹奇事，这件事神离开希西家，要试验他。（代下 32：31）可惜希西家十分骄傲，愚昧地把王宫和圣殿中的一切宝物都给巴比伦的使者观看，以致遭到日后巴比伦的侵略，以及希西家的后代被掳的祸患。（王下 20：12—18）

西庇太（Zebedee）

是使徒雅各和约翰的父亲。西庇太的妻子也是个热诚的基督徒。西庇太在加利利海边，以打鱼为业，家中雇有工人。耶稣呼召他的两个儿子跟随耶稣去传道，西庇太同意他们立即离家而去，这也是对耶稣基督的一种奉献。（可 1：16—20）

西布伦（**Zebulun**）

西布伦是雅各的妻子利亚所生的第六个儿子，（创30：19—20）也是雅各的第十个儿子。（参看创29：31—30：20）他和雅各全家同去埃及。（出1：3）西布伦的后裔即是以色列人的西布伦支派。（申27：13）

西底家（**Zedekiah**）

同名叫西底家的有六个人。

1. 基拿拿的儿子西底家，他是向亚哈只说吉言的所谓耶和华的先知之一。（王上22：11—13）亚哈因为听了西底家等这些人的话，出战而死。（王上22：34—35）

2. 玛西雅的儿子西底家，是假托耶和华神的名义说谎话的人。耶利米预言他将被尼布甲尼撒烧死。（耶29：21—23）

3. 哈拿尼雅的儿子西底家。（耶36：12）

4. 约雅敬的儿子西底家。（代上3：16）

5. 和尼希米等人共同立约签名的西底家。（尼9：38—10：1）

6. **犹大国末代的国王西底家**。

   1）西底家原名叫玛探雅，乃是犹大国王约雅斤的叔叔。当年尼布甲尼撒把约雅斤掳到巴比伦后，便立玛探雅为犹大王，并给他改名叫西底家。（王下24：13—17）

   2）西底家登基时年21岁，在耶路撒冷作王共11年。在位时，行耶和华眼中看为恶的事。（王下24：18—20）

   3）西底家在位的第九年，背叛了巴比伦王。尼布甲尼撒率军围困耶路撒冷约一年半，耶路撒冷城内缺粮，城被攻破。尼布甲尼撒捉住了西底家，在西底家面前杀戮了他的儿子们，剜

了西底家的眼睛，把他掳到巴比伦去。犹大国从此灭亡。（王
下 25：1—7）

西番雅（Zephaniah）

同名叫西番雅的有四个人。

1. 他哈的儿子西番雅。（代上 6：37）

2. 贤的父亲西番雅。（亚 6：14）

3. 玛西雅的儿子西番雅。（耶 21：1）

4. **西番雅书的作者、先知西番雅**。西番雅是犹大王希西家的元孙，
   是当约西亚在位的时候作先知的。（番 1：1）那时在以赛亚、弥
   迦等先知之后，约有 60 多年的时间没有著名的先知。犹大的两
   代国王玛拿西和亚们，他们制木偶，敬万象，拜假神，立偶像，
   行邪术，作恶事，国内也很混乱。（王下 21：2—7；代下 33：6—
   9）玛拿西晚年虽一度悔悟（代下 33：14—17），但是亚们即位后
   仍是敬奉偶像，离弃耶和华。（王下 21：20—22）亚们被他的臣
   仆杀死后，国民又杀了背叛亚们的臣仆，拥立约西亚作王。约西
   亚在位期间，除掉假神，事奉耶和华。（代下 34：3—35：19）这
   时西番雅作先知，差不多和他同期的先知还有哈巴谷、那鸿、耶
   利米等人。西番雅向百姓宣讲神的信息时，犹大仍有拜偶像的邪
   风（番 1：4），耶路撒冷仍有许多罪行。（番 3：1）所以西番雅
   向犹大人说，耶和华必施行审判，（番 1：2—18）他告诫百姓必
   须悔改寻求耶和华神。（番 2：1—3：7）

西拉（Silas）

1. 简介：西拉原来是耶路撒冷的信徒，"在弟兄中是作首领的"。

（徒 15：22）也是个先知。（徒 15：32）后来和保罗一起到各地去布道。

2. 圣经记载：

1）耶路撒冷大会之后，西拉受耶路撒冷教会的委托，和保罗等人，带着信件到了安提阿教会，并且亲口向安提阿的信徒说明耶路撒冷大会的决定，劝勉安提阿的基督徒，坚固他们。后来西拉便留在安提阿作教会工作。（徒 15：22—34）

2）保罗第二次外出布道时，西拉和他一同出发。经过了特庇、路司得、弗吕家、加拉太、特罗亚等地，到了欧洲的腓立比。当地有一个女奴，有邪灵附体，能占卜将来的事，替她的主人赚了许多钱。后来这个女奴身上的巫鬼被保罗赶出去了，女奴的主人见得利的指望没有了，便挑动众人诬告保罗和西拉，官府人员竟打了他们两人，把他们下在监里。（徒 15：40—16：24）

3）保罗和西拉被打之后，两脚上了木狗①，坐在监牢中，本该很痛苦，但他们却在半夜祷告唱诗赞美神，引得众囚犯都侧耳而听。忽然有剧烈的地震，监门都开了。禁卒醒来，以为囚犯都逃跑了，就要拔刀自杀。保罗、西拉劝阻了他，并且向禁卒的全家传了福音。禁卒全家都认罪悔改受了洗，"因为信了神，都很喜乐"。（徒 16：25—34）

4）保罗西拉第二天被释放后，又到帖撒罗尼迦去传道。因为当地"犹太人心里嫉妒，招聚了些市井匪类"，反对保罗西拉，所以他们又到了庇哩亚。保罗离开庇哩亚去雅典时，"西拉和提摩太仍住在庇哩亚"，继续帮助当地的信徒。（徒 16：40—17：14）

---

① 木狗，是用长条木头夹住双脚使犯人不能活动的刑具。

5）不久，保罗叫西拉和提摩太到雅典去。（徒17：15）但似乎并未在雅典会晤，保罗到了哥林多之后，西拉和提摩太才赶到哥林多与他相会。（徒18：5）

6）西拉和保罗在哥林多一起工作，配合非常协调。（林后1：19）

7）保罗、西拉和提摩太曾联名两次写信给帖撒罗尼迦教会。（帖前1：1；帖后1：1）彼得也曾托西拉转交信件给亚西亚一带的信徒。彼得在那封信中，称呼西拉是"忠心的兄弟"。（彼前5：12）从西拉一生走过的路程上看来，他实在是个忠心的传道者。

西缅（Simeon，Shimeon）

在中文圣经里，名字被译作西缅的共有三个人。

1. **雅各的第二个儿子西缅**。（创29：33）当年由于西缅的妹妹被异族人玷辱，西缅和他的哥哥流便用计杀了当地示剑族中一切的男丁。（创34：1—26）西缅后来又曾伙同他的弟兄们，把自己的弟弟约瑟卖到了埃及。（创37：12—28）其后西缅等弟兄十人到埃及去买粮时，约瑟在埃及已作了宰相，但西缅等人并未认出约瑟。约瑟故意说西缅等人是奸细，便扣留了西缅，并叫其他的弟兄们回去把约瑟的兄弟便雅悯带来，以证实他们不是奸细。（创48：1—25）后来约瑟的弟兄们第二次到埃及买粮，西缅便被放了出来，（创43：23）弟兄十二人痛哭相认。（创45：1—15）最后西缅随同雅各全家迁到埃及寄居。（创46：8—10）西缅的后代即是以色列族中的西缅支派。

2. 基督的远祖西缅。（路3：23—30）

3. 哈琳的后代西缅。（拉10：31）

西面 （Simeon，Symeon）

这是两个人的名字。耶路撒冷的西面英文译作 Simeon，安提阿的西面英文译作 Symeon。

1. **耶路撒冷的西面**。西面是一个又公义又敬虔的人。住在耶路撒冷。素常盼望救世主弥赛亚早日来到世上。"他得了圣灵的启示，知道自己未死以前，必看见主所立的（救主）基督。"当约瑟和马利亚把婴孩耶稣抱进圣殿去，把耶稣作为长子献给神的时候，西面"正遇见耶稣的父母抱着孩子进来"。西面就称颂神说，他既已亲眼看到了久所盼望的救主，就可以安然去世了。西面还说耶稣是神"在万民面前所预备的，是照亮外邦人的光"。西面给约瑟他们祝福，且"对孩子的母亲马利亚说：'这孩子被立，是要叫以色列中许多人跌倒，许多人兴起。'"他预言以色列人中，将有一部分人不信耶稣而得不到永生，另一部分人则相信耶稣而得到永生。他更预言耶稣将为罪人而死在十字架上，那时马利亚的心将像被刀刺透那样痛苦。（路 2：25—35）

2. **安提阿的西面**。西面乃是安提阿教会的先知或教师。人们也称呼他尼结（Niger），尼结的意思是"黑"。有人认为西面是非洲人。（徒 13：1）

西门 （Simon）

新经圣经中同名叫西门的有九人。他们是：

1. **使徒西门彼得**。（太 10：2，见"彼得"条）

2. **奋锐党的西门**。是十二使徒之一。（路 6：15；徒 1：13）

3. **卖耶稣的加略人犹大的父亲西门**。（约 6：71）也有时称为加略人西门。（约 13：26）

4. **耶稣的弟弟西门**。(太 13：55)

5. **法利赛人西门**。曾请耶稣到他家中吃饭。当时有个女信徒站在耶稣背后哭，眼泪湿了耶稣的脚，就用自己的头发擦干。请耶稣去吃饭的西门心里想，耶稣若是个先知，一定会知道这个妇女乃是个罪人。但耶稣对西门说，虽然她的罪多，但她所有的罪都得到了赦免，因此得到的恩典也多。她所表示的深厚的敬爱，证明她许多的罪已蒙赦免，因此感恩的心也更深切。(路 7：36—50)

6. **伯大尼的西门**。本来患有大麻风，想来已被耶稣医治，所以请耶稣在他的家中宴会。当时马利亚把香膏浇在耶稣的头上。马大在旁边服事，拉撒路一同坐席。因此可知，西门和马大、马利亚、拉撒路一家，不是至亲也是好友，或者是共同深爱耶稣的信徒。(可 14：3—9)

7. **古利奈人西门**。即是耶稣背着自己的十架往各各他受难时，被兵丁抓来替耶稣背十架的人。西门的儿子是鲁孚，西门的妻子也是个虔诚的信徒。(太 27：32；罗 16：13)

8. **行邪术的西门**。撒玛利亚人受他的迷惑，认为他很有能力，后来腓利在那里传道，西门也悔改受洗。西门见使徒能按手治病，竟想花钱买这种属灵的恩赐，被彼得严厉斥责。西门马上认罪，不敢再说花钱买圣灵的恩赐了。(徒 8：9—24) 有些基督徒想用捐献的方式，到教会中换取地位名望，应引以为戒。

9. **约帕的硝皮匠西门**。彼得曾在他的家中居住。(徒 9：43；10：6)

西门彼得 (Simon Peter)

参看"彼得"条。

西拿基立（Sennacherib）

历史记述西拿基立是亚述王撒珥根的儿子。当时亚述正称霸于世。约在公元前705年，西拿基立杀死了自己的父亲而得了王位。他进攻犹大国，《亚述王西拿基立自述》中说，他攻取了犹大的46座城邑。圣经中也有记载说，犹大王"希西家14年，亚述王西拿基立来攻击犹大的一切坚固城，将城攻取"。（王下18：13）希西家一度也曾表示要对西拿基立纳贡称臣。（王下18：14—16）但亚述王差遣重臣率领大军围攻耶路撒冷，（王下18：17）亚述人并且口出狂言攻击犹大人信奉的耶和华真神。（王下18：19—35；19：8—13）希西家为此向神求告，（王下19：14—19）耶和华的使者击杀了亚述军兵185000人。亚述王西拿基立拔营返回了自己的京城尼尼微。（王下19：35—36）有一天，西拿基立这个曾杀死过自己的父亲的人，当他正在叩拜他所信奉的假神时，又被他自己的两个儿子杀害了。他的另一个儿子以撒哈顿接续了他的王位。（王下19：37）

夏甲（Hagar）

1. 简介：夏甲是埃及人，原来是亚伯拉罕之妻撒莱的使女，后来撒莱把她给了亚伯拉罕为妾而怀孕，但夏甲因此轻视主母撒莱，撒莱对夏甲又无法宽容忍耐，造成了亚伯拉罕的家庭纠纷，甚至发展而成为其后的民族矛盾。

2. 圣经记载：

   1）起初耶和华曾应许亚伯拉罕，使亚伯拉罕的后裔，像天上的星群。（创15：4—5）但是亚伯拉罕的妻子撒莱不生育。（创16：1）亚伯拉罕初离哈兰时年已75岁。（创12：4）撒莱比亚伯拉罕小十岁。（创17：17）所以亚伯拉罕在迦南住了十年的时候，（创16：3）撒莱已是约76岁的老年人了。她对亚伯拉罕说："耶和华使我不能生育，求你和我的使女（即夏甲）同房，或者我可以因她得孩子。"亚伯拉罕听从了撒莱的话，便以夏甲为妾。（创16：2—3）从这件事情当中，可以看出一些教训：

①撒莱不仅信心动摇，而且对神有些抱怨，所以她说："神使我不能生育。"

②撒莱对神信心动摇之后，便想用人的方法，自行其是，让亚伯拉罕纳妾。

③撒莱使丈夫纳妾的出发点，乃是出于自己的私心，所以她说："或者'我'可以因'她'得孩子。"她所想的并不是亚伯拉罕的后裔多如繁星，而是把夏甲当成生孩子的工具，使撒莱自己得孩子。这就难怪夏甲怀孕后轻视撒莱的时候，撒莱觉得委屈。（创16：5）

④亚伯拉罕若是信心坚定，就不该听从撒莱。后来亚伯拉罕因为家中的争执而很忧愁，（创21：11）这也是自己造成的苦果。

2）夏甲怀孕后，就小看主母撒莱。撒莱一方面向丈夫抱怨，一方面苦待夏甲，夏甲因此逃跑到旷野。（创16：4—6）夏甲的苦痛，也是由自己的骄傲忘本而来的。

3）耶和华的使者在旷野安慰夏甲，劝导她回去服在主母的手下，并且说必使她的后裔繁多。"住在众弟兄的东边"。后来夏甲回去，给亚伯拉罕生了以实玛利。（创16：7—15）其后的历史事实证明，耶和华对夏甲所说的也都应验了。

4）但是后来耶和华又向亚伯拉罕显现，勉励亚伯拉罕说："你当在我面前作完全人。"并且与他立约，使他的后裔极其繁多。于是给撒莱改名叫撒拉，使她老年生子作多国之母。（创17：1—22）这样撒拉90岁的时候生了以撒。由于夏甲的儿子以实玛利取笑以撒（创21：9新译。英译作 One day Ishmael was making fun of Isaac："有一天，以实玛利在取笑以撒"），所以撒拉定要把夏甲母子二人赶出去。亚伯拉罕在神的吩咐下送走了夏甲和以实玛利。（创21：1—14）

5）夏甲和以实玛利在别是巴走迷了路，相对而坐，放声大哭。神再一次呼叫夏甲，再一次论到以实玛利的后裔成为大国。神保佑以实玛利，渐渐成长，住在巴兰的旷野。夏甲给他娶了个埃及妻子。（创21：14—21）

6）保罗说：夏甲的儿子是使女按着血气生的。信徒们却如同以撒一样凭着应许作神的儿女。（加4：21—31）

夏娃（Eve）

1. 简介：圣经认为夏娃是世界上第一个女人。

2. 圣经记载：

1）早在亚当时代，那时世界上只有亚当一个人，耶和华神说："那人独居不好，我要为他造一个配偶帮助他。"（创2：18）"耶和华神使他沉睡，他就睡了。于是取下他的一条肋骨，又把肉合起来，耶和华神就用那人身上所取的肋骨，造成一个女人。"（创2：21—22）那时他们生活在伊甸园里。"夫妻二人赤身露体，并不羞耻。"（创2：25）后来亚当给这个女人起名叫夏娃，意思是"众生之母"。（创3：20）

2）夏娃和蛇闲谈，终于被蛇诱惑，违反神的禁令，吃了分别善恶树上的果子，并且引诱亚当也吃了禁果，成为人类犯罪的开始。（创3：1—6）于是罪就从一人入了世界，而从亚当来的世人，都带有犯罪的本性，都沦为罪人。（罗5：12）

3）亚当夏娃犯罪后，耶和华对夏娃说："我必多多加增你怀胎的苦楚，你生产儿女必多受苦楚。"（创3：16）但即使这样，也远不能抵偿她的罪，"因为罪的工价乃是死。惟有神的恩赐，在我们的主基督耶稣里，乃是永生。"（罗6：23）耶和华为亚当夏娃"用皮子作衣服，给他们穿"（创3：21），来遮蔽他们的罪体。有人认为，用皮子作衣服，必要流血，后世基督徒认为，这乃是预表耶和华将使耶稣为世人流血舍身赎罪。彼得说："因基督也曾一次为罪受死，就是义的代替不义的。"（彼前3：18）

4）夏娃犯罪后，耶和华对她虽有刑罚，但也有应许，耶和华对蛇（魔鬼）说："女人的后裔（他）要伤你的头。"（创3：15直译）原文中此处的后裔乃是单数，英文圣经译作"He shall bruise your head"。有些圣经注释认为，"女人的后裔'他'"，所指的即是"童贞女马利亚的儿子耶稣"。

5）亚当夏娃犯了罪被赶出伊甸园之后，他们先后生了该隐、亚伯和塞特等。该隐和塞特再生儿养女，这样夏娃果真成了"众生之母"。（创4：1—2；4：17—24；4：25；5：6—32）

心利（Zimri）

圣经中同名叫心利的共有五人，其中较重要的是以色列第五代国王心利。

1. 心利原来是以色列王以拉的重臣，负责管理半数军车。在以拉王二年时，心利杀死了以拉，夺取了王位。（王上16：8—10）

2. 心利作王七天，当时以色列人正在进攻非利士人。以色列人听到心利背叛的消息，便拥立元帅暗利为王。（王上16：15—16）

3. 暗利率领以色列人返回来进攻心利的王宫。心利见城被攻破，就放火烧了王宫自焚而死。（王上16：17—18）

许米乃（**Hymenaeus**）

许米乃曾在以弗所用异端的道理迷惑信徒。保罗两次提醒提摩太，要提防许米乃的邪说。保罗说，许米乃这样的人，"丢弃良心，就在真道上如同船破坏了一般"。（提前1：19—20）保罗并且说，许米乃等人"偏离了真道，说复活的事已过，就败坏了好些人的信心"。"他们的话如同毒疮，越烂越大。"（提后2：17—18）

循都基（**Syntyche**）

循都基是腓立比教会的女信徒。保罗、西拉和路加在腓立比传道时，循都基和友阿爹两个女信徒曾在福音工作上和保罗一同劳苦。后来保罗听说循都基和友阿爹不和睦，就在信中劝她们同心和好。并且也劝腓立比教会中同作圣工的人们，一起帮助她们。（腓4：2—3）

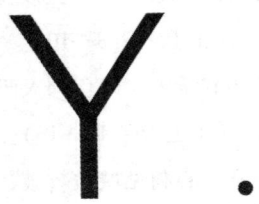

押顿 (**Abdon**)

押顿在以伦之后，作以色列人的士师共八年。家庭很富。（士 12：13—15）

押尼珥 (**Abner**)

押尼珥是尼珥的儿子，扫罗王的元帅。（撒下 2：8）扫罗设宴的时候，押尼珥常坐在扫罗的旁边。（撒上 20：24—25）当年大卫战胜歌利亚后，乃是押尼珥领他到扫罗面前的。（撒上 17：57）大卫逃亡的时期，押尼珥随着扫罗追寻大卫，有时睡在扫罗旁边，是扫罗的亲信将帅。（撒上 26：5—7）扫罗死后，押尼珥立扫罗的儿子伊施波设作以色列的王。（撒下 2：8—10）后来押尼珥和大卫作战，大败而逃，大卫的勇士亚撒黑追赶押尼珥，反而被押尼珥刺死。（撒下 2：17—23）大卫的军队和拥护扫罗家族的人不断地争战，在扫罗的部属中，押尼珥的势力越来越大，有一天伊施波设问押尼珥说："你为什么与我父的妃嫔同房呢？"押尼珥十分恼怒说："我岂是犹大的狗头呢？我恩待你父扫罗的家，和他的弟兄、朋友，不将你交在大卫手里，今日你竟为这妇人责备我么？"（撒下 3：6—8）于是押尼珥投降了大卫。但是大卫的外甥约押本是亚撒黑的哥哥（代上 2：15—16），约押疑忌押尼珥，便用诡计刺杀了押尼珥，为他的兄弟亚撒黑报了仇。（撒下 3：12—27）大卫在押尼珥的墓旁放声而哭（撒下 3：32），那时以色列众人才知道，杀死押尼珥并不是大卫的心意。（撒下 3：37）大卫死时曾遗命他的儿子所罗门，叫他惩治约押杀死押尼珥的罪。（王上 2：5—6）

押沙龙 （Absalom）

押沙龙是大卫的第三个儿子，他的母亲是基述王的女儿玛迦。（撒下 3：3）押沙龙的容貌俊美，得人的称赞，从脚底到头顶，毫无缺点。他的头发很重，每年剪发一次，剪下来的头发约重 200 舍客勒①。（撒下 14：25—26）押沙龙的同父异母的哥哥暗嫩玷辱了押沙龙的妹妹，押沙龙设计杀死了暗嫩，逃到了他的外祖父基述王那里。（撒下 13：1—37）押沙龙在基述住了三年，（撒下 13：38）又回到耶路撒冷住了两年（撒下 14：28），才得以见到他的父亲大卫。（撒下 14：33）押沙龙暗中笼络人心，后来便

---

① 一舍客勒约重 10 克。

背叛他的父亲图谋篡位。（撒下 15：1—12）大卫仓促逃避押沙
龙，一度非常危险。但是耶和华定意要降祸与押沙龙。以后双方
交战，押沙龙战败后，他骑着骡子从大橡树的密枝底下经过时，
头发被树枝绕住不能脱身。大卫的战将约押手拿短枪把押沙龙刺
死。（撒下15：13—18：15）

睚珥 （Jair）

睚珥在陀拉之后，作以色列的士师22年。（士10：3—5）

睚鲁 （Jairus）

睚鲁是迦百农城管理犹太会堂的人。他有一个 12 岁的女儿，快
要死了。睚鲁便来到耶稣那里，俯伏在耶稣的脚前，求耶稣去医
治。耶稣在去他家的路上，有人从睚鲁的家里来说，这女孩子已
经死了，不必再劳动耶稣了。但是耶稣仍然到了睚鲁家里，除了
彼得、雅各、约翰这三个门徒和睚鲁夫妇之外，不许别人同他进
去。大家都为睚鲁的女儿痛哭。耶稣说："她不是死了，是睡着
了。"那些痛哭的人正嗤笑耶稣的时候，耶稣拉着她的手，呼叫
那个女孩子起来。她的灵魂又回来，就立刻站起来了。（路 8：
41—42；8：49—55）

亚比米勒 （Abimelech）

圣经中同名叫亚比米勒的共五个人，其中较主要的有两三个人。

1. **亚伯拉罕时的非利士王亚比米勒**。亚伯拉罕因逃荒而寄居非利士

的基拉耳城时，恐怕因为他妻子的缘故被杀，而称呼他的妻子撒拉①是他的妹妹。亚比米勒差人把撒拉叫了去。但夜间神在梦中警告他说，撒拉是先知亚伯拉罕的妻子，而拦阻了亚比米勒亲近撒拉。亚比米勒因此免于陷在罪里，并遵照神的话把撒拉归还给亚伯拉罕。（创20：1—7；14—16）从前亚比米勒的仆人曾霸占了亚伯拉罕的一口井，当时亚伯拉罕并没有和他争论。后来亚伯拉罕为这件事责问亚比米勒，于是二人彼此立约，以后不再有类似的事情发生，并且给那个地方起名叫别是巴，因为他们二人在那里起了誓。别是巴的意思就是"盟誓的井"。（创21：25—32）

2. **以撒时的非利士王亚比米勒②**。亚伯拉罕寄居基拉耳城之后，他的儿子以撒也因为逃荒而到了基拉耳。以撒同样因为他的妻子利百加容貌甚美，恐怕自己会因为妻子的缘故被杀，而伪称利百加是他的妹妹，以至于非利士人当中，险些有人因为利百加而陷在罪里。后来当亚比米勒王得知利百加乃是以撒的妻子时，便责问以撒。但是亚比米勒王厚待了以撒，并且晓谕众民，不要因为利百加的缘故犯罪。（创26：1；6—11）后来亚比米勒王又与以撒在别是巴彼此立约。（创26：28）

3. **士师基甸的儿子亚比米勒**。亚比米勒是基甸的妾所生的。（士8：30—31）后来他自立为示剑王，杀了他的70个弟兄。（士9：1—6）以别的儿子迦勒来到示剑，鼓动居民服事示剑人祖先的后代，而不要服事亚比米勒。但因为该城的长官告诉了亚比米勒，迦勒乃被亚比米勒击败。（士9：26—45）以后亚比米勒进攻提备

① 撒拉原是亚伯拉罕同父异母的妹妹，后来作了他的妻子。
② 这两处的亚比米勒可能是一个人，也可能是父子二人，也可能是基拉耳或非利士人对君王的尊称。

斯城，城里的居民躲进一座楼中。亚比米勒准备用火烧楼时，被一个妇女用磨石击中头部。他怕人议论他是被妇女所杀死的，就要求给他拿兵器的少年用刀把他杀死。这是耶和华神公义的报应，责罚他杀了 70 个弟兄的重罪。（士 9：50—57）亚比米勒管理以色列人共三年。（士 9：22）

亚比筛 （**Abishai**）

1. 简介：亚比筛是大卫的姐姐的儿子（代上 2：14—16）。他一生忠于大卫，（撒上 26：6—12；撒下 16：9—14）又是个大能的勇士，（撒下 21：15—17）是大卫的三十勇士之一。（撒下 23：13—19）

2. 圣经记载：

1）亚比筛随从大卫逃避扫罗的追杀，到了西弗旷野。有一天晚上，亚比筛随着大卫到了扫罗的营里，他见扫罗正在熟睡，就想刺杀扫罗。他对大卫说："现在神将你的仇敌交在你的手里，求你容我拿枪，将他刺透在地。"大卫对亚比筛说："不可害死他。有谁伸手害耶和华的受膏者而无罪呢？"大卫从扫罗的头旁，拿了枪和水瓶。二人就走了。（撒上 26：6—12）

2）扫罗的儿子伊施波设作以色列王时，出兵与大卫交战于基遍。亚比筛的弟弟亚撒黑被扫罗的元帅押尼珥杀害。（撒下 2：8，12—23）亚比筛和他的哥哥约押后来合谋杀死了押尼珥，为他们的兄弟亚撒黑报了仇。（撒下 3：27—30）

3）亚扪人和亚兰人联军进攻大卫时，亚比筛被分派率兵与亚扪人争战。在亚兰人被其兄约押打败后，亚扪人见亚兰人逃跑，他们也从亚比筛面前逃遁。（撒下 10：9—14）

4）大卫逃避他的儿子押沙龙的追逼时，曾遭到扫罗族便雅悯人

示每的辱骂。亚比筛两次要杀示每，都被大卫拦住了。（撒下
16：5—13；19：21—22）

5）大卫和非利士人争战，处于危难时，亚比筛救他脱险。（撒下
21：15—17）

6）一次，大卫与非利士人争战时，大卫在山寨，非利士人的防
营在伯利恒。大卫渴想故乡伯利恒的井水，亚比筛等三人冒
死闯过非利士人的营地，为大卫取水。（撒下23：14—17）

7）大卫与以东争战的时候，亚比筛在盐谷击杀了18000个以东人。
大卫在以东设立防营，以东人都归服了他。（代上18：12—13）

亚比亚他 （**Abiathar**）

1. 简介：亚比亚他是挪伯城祭司亚希米勒的儿子。是大祭司亚伦及以
利的后代。（撒上23：6）大卫作王时亚比亚他作祭司。（撒上30：7）

2. 圣经记载：

1）大卫逃避扫罗王的追杀时，逃到了挪伯祭司亚希米勒那里，
并得到他的帮助。扫罗得知此事，乃将挪伯城的祭司85人全
部杀死。又将挪伯城的男女孩童和牲畜也都杀灭。但亚希米
勒的儿子亚比亚他幸免于难，他逃到大卫那里，将扫罗杀挪
伯众祭司的事告诉了大卫。大卫说：你父的全家丧命都是因
我的缘故，你可以住在我这里。亚比亚他即归从了大卫。（撒
上21：9；22：9—22）

2）大卫作王后，任命亚比亚他与撒督二人同任大祭司。（撒下
15：35）亚比亚他虽忠于大卫，但当亚多尼雅图谋篡夺所罗门将
继承的王位时，亚比亚他却帮助并归顺了亚多尼雅。（王上1：7）

3）大卫死后，所罗门继位为王，亚多尼雅再次企图叛逆时，亚

比亚他又帮助了他。为此亚多尼雅被所罗门所杀。但所罗门
王念及亚比亚他曾与王的父亲大卫同受过苦难，遂免他一死，
只革除了他的祭司职位。以利家的祭司职位至此断绝，应验
了耶和华早先所说的话。（王上 2：10—27）

亚比央 （Abijam）

1. 亚比央又名亚比雅，是犹大王罗波安的儿子，其父死后继承王
   位。（王上 14：31）"亚比央行他父亲在他以前所行的一切恶。"
   然而耶和华神，因为他祖大卫的缘故，仍叫他的儿子接续他作
   王。（王上 15：3—4）

2. 亚比央作犹大王时，常与耶罗波安争战。有一次亚比央率领精兵
   40 万与耶罗波安的精兵 80 万争战，犹大人在前后都有以色列伏
   兵的情况下，呼求耶和华，祭司也吹号，于是"神就使耶罗波安
   和以色列众人败在亚比雅与犹大人面前。"以色列人死亡的精兵
   有 50 万人。"那时，以色列人被制服了，犹大人得胜，是因依靠
   耶和华他们列祖的神。"（代下 13：1—18）

3. 亚比央在耶路撒冷作王三年，（代下 13：1—2）死后他的儿子亚
   撒接续他作王。（代下 14：1）

亚波罗 （Apollos）

1. 简介：亚波罗是个犹太人，生长在埃及的亚力山大。是个有学问能
   讲解圣经的传道人。（徒 18：24）

2. 圣经记载：

   1）保罗第二次外出布道时，在哥林多传道后，又到以弗所的犹太
      会堂内传讲过福音。他离开以弗所的时候，便把百基拉和亚居

拉夫妇留在以弗所，以便继续在当地帮助信徒。（徒18：18—21）这时亚波罗来到了以弗所。他"已经在主的道上受了教训，心里火热，将耶稣的事，详细讲论教训人。只是他单晓得约翰的洗礼"。百基拉和亚居拉听见之后，就把亚波罗接到他们家中，把神的道给他讲解得更加详细。这样，对亚波罗以后的传道工作，给予了很大的帮助。（徒18：24—26）

2）不久，亚波罗想要往亚该亚省的哥林多等地去。以弗所的信徒便写信向哥林多教会介绍亚波罗，请当地的信徒接待他。亚波罗到了哥林多，就"帮助那蒙恩信主的人。在众人面前极有能力，驳倒犹太人，引圣经证明耶稣是基督"。（徒18：27—19：1）

3）可惜哥林多教会的信徒中间有了纷争，有人说："我是属保罗的。"又有人说："我是属亚波罗的。"（林前1：11—12）为此保罗劝导哥林多的信徒说："亚波罗算什么？保罗算什么？……我栽种了，亚波罗浇灌了。惟有神叫它生长。"（林前3：5—6）保罗和亚波罗两位传道者的友谊，并没有受到这些信徒纷争的影响。

4）保罗在给提多的信中，极其关心亚波罗。他嘱咐提多要赶紧给亚波罗送行，叫他不要有什么缺乏。（多3：13）

亚伯（Abel）

亚伯是亚当和夏娃的第二个儿子。他的哥哥该隐以耕种为生。亚伯以牧羊为业。（创4：1—2）亚伯是个义人。（太23：35）他知道，"若不流血，罪就不得赦免"。（来9：22）所以便杀了羊羔，把羊和脂油一起献给神。（创4：4）但是该隐非常粗鲁残暴，随便拿些土产来献祭。（创4：3）所以说，"亚伯因着信献祭与神，比该隐所献的更美。"（来11：4）神是先看中了亚伯，而后又看中了他的供物。（创4：4）该隐本人未被神看中，其次他的供物也未被看中。（创4：5）该隐竟因妒恨亚伯而杀了自己的同胞兄弟。（创4：8）但耶稣和使徒都曾记念义人亚伯，以及他向神献上的祭物。（太23：35；来11：4）

亚伯拉罕 （Abraham）

1. 简介：亚伯拉罕原名亚伯兰（Abram）。意思是"高大的宗祖"。后来耶和华和他立约说："我必使你的后裔极其繁多，国度从你而立，君王从你而出。……我要将你现在寄居的地，就是迦南全地，赐给你和你的后裔，永远为业。我也必作他们的神。"耶和华并且给亚伯兰改名叫亚伯拉罕。意思是"多国的宗祖"。（创17：1—8）迦南即是现今的耶路撒冷一带。亚伯拉罕老年的时候生了以撒，以撒生了雅各。（太1：2）雅各被神改名叫以色列。（创32：27—28）即是以色列人的始祖。

2. 圣经记载：

1) 离家背井，随神引领

①亚伯拉罕是挪亚的儿子闪的后代。（路3：34—36）大约生在耶稣降生前2000年，原来居住在迦勒底的吾珥。（创11：31）吾珥在现今的美索不达米亚平原的南部。

②亚伯拉罕在吾珥的时候，娶了撒莱作妻子。（创11：29）撒莱本是亚伯拉罕同父异母的妹妹。（创20：12）比亚伯拉罕小十岁。（创17：17）撒莱不生育，没有孩子。亚伯拉罕常带着他的侄子罗得一起生活。（创11：27—31）

③亚伯拉罕第一次迁移是由迦勒底的吾珥迁到了哈兰。哈兰在现今的美索不达米亚的北方。（创11：31）亚伯拉罕75岁的时候，按照耶和华的呼召，带着妻子撒莱和侄子罗得，离开了本地本族，再次迁徙到迦南去。（创12：1—5）

④亚伯拉罕到了迦南以后，又多次迁居。先到了示剑，又迁到伯特利，后来又渐渐到了南地。亚伯拉罕十分敬虔，每到一个地方，就筑坛献祭，求告耶和华。（创12：6—9）

⑤由于迦南遭遇饥荒，亚伯拉罕又暂时迁到埃及去寄居，那时撒莱已经65岁，仍然容貌俊美。亚伯拉罕怕因此被埃及人谋害，就说撒莱是自己的妹妹。因此撒莱被埃及王带进王宫，几乎被埃及王法老娶为妻子。幸而耶和华降灾提示法老，法老才送回撒莱，他们又共同出离埃及。　（创12：10—13：1）

2）宽厚慈爱，坚定虔诚

①亚伯拉罕重返伯特利，在以前筑坛献祭的地方居住。由于罗得的牛羊众多，以致他的牧人和亚伯拉罕的牧人争夺牧场。亚伯拉罕认为自己和罗得乃是骨肉之亲，不能相争，他宽厚地让罗得任意选择他满意的牧场，两个人从此便分开了。罗得离开亚伯拉罕之后，竟走向了罪恶的城市所多玛。（创13：2—13）

②亚伯拉罕又一次迁居到希伯仑，住在亚摩利人幔利的橡树那里。（创13：18）幔利曾经和亚伯拉罕结为联盟。（创14：13）后来亚伯拉罕听说，他的侄子罗得在所多玛的战乱中被掠，他就带着家里的壮丁318人，奋不顾身地把罗得一家救回到所多玛。在他凯旋归来的时候，受到了撒冷

王麦基洗德的祝福。亚伯拉罕把所得的十分之一献给了麦
基洗德。(创14：13—20）麦基洗德既是仁义王，又是平安
王。乃是与神的儿子耶稣相似的。(来7：1—3)

3) 夏甲生子，家中不宁

①耶和华在异象中对亚伯拉罕说，亚伯拉罕的后代要像天上
的星星那样众多。并且把迦南地赐给亚伯拉罕的后裔，但
是耶和华又预示以色列人将在埃及作奴隶，他说："你的后
裔必寄居别人的地，又服事那地的人。那地的人要苦待他
们400年。……后来他们必带着许多财物从那里出来。"
(创15：1—14）这些话以后都一一应验了。

②亚伯拉罕的妻子撒莱一直不生育，她就把自己的使女、埃
及人夏甲给亚伯拉罕作妾。夏甲怀孕之后，她竟小看主母
撒莱，撒莱苦待夏甲，夏甲便逃到旷野去了。耶和华的使
者劝夏甲回到撒莱那里去，服在撒莱的手下。神将使夏甲
的后裔极其众多，不可胜数，住在众弟兄的东边。以后夏
甲生了一个儿子。亚伯拉罕给他起名叫以实玛利（Ishma-
el），那时亚伯拉罕已经86岁了。(创16：1—16）后来以
实玛利的后代果然住在以色列人的东方一带。

4) 蒙神应许，遵行割礼

①亚伯拉罕年99岁的时候，耶和华再次向亚伯拉罕显现与他
立约。这时，他才由亚伯兰改名叫亚伯拉罕。(创17：1—
8）在撒莱90岁的时候，神也给她改名叫撒拉，并且说要
使撒拉生一个儿子，必有君王从她的后代出来。(创17：
15—17）耶和华神也应允亚伯拉罕，要赐福给以实玛利。
使他的后裔昌盛众多，成为大国。(创17：18—20)

②耶和华为亚伯拉罕以及其后代制定了割礼。（割礼即是要亚
伯拉罕及其后代或家中的奴仆，凡是男子都要割去一块阳
皮，所以叫割礼。行割礼乃是表明此人与圣约有分，是个
分别为圣的人。）（创 17：9—14）那时，"亚伯拉罕遵着神
的命令，给他的儿子以实玛利，和家里的一切男子，……
都行了割礼。亚伯拉罕受割礼的时候，年 99 岁。他儿子以
实玛利受割礼的时候，年 13 岁。"（创 17：22—25）

5）怜悯世人，求神宽恩

由于所多玛罪大恶极，耶和华意欲毁灭所多玛的时候，亚伯
拉罕的侄子罗得仍在该城居住。亚伯拉罕曾六次求告耶和华，
惟愿耶和华若因所多玛尚有十个义人，仍可先不毁灭那个地
方。（创 18：20—33）但是那里连十个义人也没有。所多玛终
于被毁灭了。只是罗得一家数人被天使救了出来，免于硫磺
的火灾。（创 19：1—28）

6）靠神赐福，以撒出生

①亚伯拉罕再次迁到迦南的南部，寄居在基拉耳。他又一次
和他的妻子兄妹相称。基拉耳王要娶撒拉为妻，再次被神
拦阻解脱。（创 20：1—15）

②亚伯拉罕年 100 岁的时候，撒拉生了个儿子，取名叫以撒。
以撒生下来第八天，亚伯拉罕给他行了割礼。（创 21：1—
5）以后以色列人的男孩，都是沿着这一先例，在第八天行
割礼。耶稣降生后，也是遵循这一律例行了割礼的。（路
2：21）

③以撒断奶的时候，撒拉要求亚伯拉罕把夏甲和以实玛利赶
出去。亚伯拉罕因此很忧愁。耶和华安慰亚伯拉罕说，因

为以实玛利也是亚伯拉罕所生的，所以耶和华也必使以实玛利的后裔成为大国。亚伯拉罕打发夏甲和以实玛利走后，神保佑以实玛利渐渐长大，住在巴兰的旷野。（创21：8—21）巴兰旷野在现今的西奈半岛北部。

7）献上爱子，蒙神称许

"这些事以后，神要试验亚伯拉罕"。"神说：'你带着你的儿子，就是你独生的儿子，你所爱的以撒，往摩利亚地去，在我所要指示你的山上，把他献为燔祭。'"古时献燔祭，乃是用石头或土块先筑成祭坛，再把牛羊当作祭物杀在坛上，然后用火焚烧。亚伯拉罕老年间听从神的话已经让以实玛利离去，现在神又让他献上神应许的儿子以撒作祭物，实在难于理解，也难于做到。然而亚伯拉罕并未迟疑，也未和撒拉商议。他"清早起来，备上驴"，带着儿子和劈好了的木柴，起身献祭去了。到了摩利亚山下，把驴留在那里，便由以撒背着燔祭的柴，亚伯拉罕拿着火和刀，父子二人一起走到了神所指示的地方。"亚伯拉罕在那里筑坛，把柴摆好"，捆绑以撒把他放在坛的柴上。亚伯拉罕伸手拿刀，正要杀他的儿子，耶和华的使者叫住亚伯拉罕，阻止他不可杀死以撒，天使说："现在我知道你是敬畏神的了。因为你没有将你的儿子，就是你独生的儿子，留下不给我。"亚伯拉罕抬头看到一只公羊，两角扣在小树上，他便用那只羊代替以撒，献为燔祭。亚伯拉罕给那个地方起名叫"耶和华以勒"，意思是"耶和华必有预备"，或"耶和华必会看顾"。（创22：1—14）这件事既说明了亚伯拉罕对神的虔诚奉献，也说明了以撒的舍身顺服。若不是以撒存心顺服，他既能背柴上山，就必然会急速逃跑，恐怕年迈的亚伯拉罕是很难捆住奔跑自如的以撒的。以撒的顺服，也预表了耶稣作为神独生儿子的顺服。据考证，两千年后耶稣被钉十字架的各各他山，就在古时以撒被献的摩利亚山旁。

8）一生事迹，直传后世

①撒拉享寿 127 岁，死在希伯仑。亚伯拉罕为她哀哭之后，把她葬在幔利前面的麦比拉洞里。（创 23：1—9；23：19）

②撒拉死后，亚伯拉罕差遣他的老仆人回到他的故乡（即美索不达米亚）去，为以撒聘娶了本族女子利百加为妻。（创 24：1—67，详见本书"利百加"条）

③亚伯拉罕又娶了一个妻子，名叫基土拉。基土拉又给他生了几个孩子。（创 25：1—6）亚伯拉罕活到 175 岁，寿高年迈，气绝而死。他的两个儿子以撒和以实玛利，也把他葬在麦比拉洞里。（创 25：7—9）

④新约圣经提到亚伯拉罕共有 70 余次。旧约圣经提到亚伯拉罕共有 100 余次。亚伯拉罕的事迹，一直传颂到后世。使人至今仍能从其中受到教益。

亚伯尼歌 （Abednego）

1. 原名亚撒利雅，巴比伦王尼布甲尼撒攻克耶路撒冷后，从以色列王室及贵族中挑选出来带回王宫为尼布甲尼撒王服务的四青年中的一位。（但 1：3—7）

2. 亚伯尼歌到巴比伦后仍坚持信奉耶和华，因违命不向王所立的金像俯伏敬拜而被告发。当亚伯尼歌与同伴沙得拉及米煞等三人一同在国王前受审时，曾给予减罪机会，但他们表示无论如何也

"决不事奉你的神，也不敬拜你所立的金像"。于是依所宣布的命令将亚伯尼歌等三人捆起来抛入火窑中，但因神子与他们同在，不但身体未被烧伤，而且脱开绳索在火中行走。国王见到这种情况就走近窑门口，叫亚伯尼歌等三人从火中上来，官员们也看到了这件事。因此国王说：亚伯尼歌三人的神是应当称颂的，因为没有别神能这样施行拯救。事后亚伯尼歌等三人还提升了职务。（但 3：1—30）

亚达薛西 (Artaxerxes)

亚达薛西是几位波斯国王的名字。

1. 阻止犹大人建造圣殿的亚达薛西①。犹大人亡国被掳后约 70 年时，到了波斯王古列元年，古列王曾下令允许犹大人回耶路撒冷去重建圣殿。（拉 1：1—3）但到了波斯王亚达薛西年间，有些波斯大臣反对犹大人重建圣城圣殿，他们上本奏告亚达薛西说：自古以来，耶路撒冷城的居民（犹大人）常有反叛悖逆的事，与列王和各省有害，因此这座城市乃被拆毁。而如今犹大人正在重建耶路撒冷，若建造完毕，将对波斯王不利。那时亚达薛西下令，强迫犹大人停工。于是在耶路撒冷神殿的工程就停止了，直停到波斯王大利乌第二年。（拉 4：7—24）

---

① 海莱博士（Dr. Henry Halley）在他所著的《圣经手册》（*Bible Handbook*）中认为，有资料说明此处的亚达薛西即是继古列王之后的波斯王客比色斯（Cambyses）的另一个名字。

2. 准许祭司以斯拉回国向耶和华神献祭的亚达薛西①。在这位亚达薛西王年间（拉7：1），他下谕旨准允以斯拉和犹大人回国去向神献祭，并且许可以斯拉，若有需用的经费，可以从国王的府库里支取。（拉7：11—20）

3. 准许尼希米回国重修耶路撒冷城的亚达薛西②。在这位亚达薛西王第二十年，尼希米作为在波斯王面前进酒的亲信官员，他请求亚达薛西准许他回耶路撒冷重建圣城。亚达薛西王应允了尼希米，并且下诏管理园林的人供给木材。（尼2：1—8）

亚当（Adam）

1. 简介：亚当的希伯来文是 Adham。希腊文是 Αδαμ。意思是"被造"或"从土而出"。他是圣经中的第一个人，是人类的始祖。

2. 圣经记载：

1）"耶和华神用地上的尘土造人，将生气吹在他的鼻孔里。他就成了有灵的活人，名叫亚当。"（创2：7）从此看来，人有两种成分：

①由"尘土"而来的成分。人体中的各种元素无一不存在于"尘土"之中。所以人类犯罪后，耶和华神说："你本是尘

---

① 得维逊教授（Professor Davidson）在他所著的《圣经新释》（*The New Bible Commentary*）中认为，以上两位亚达薛西乃是一人。他确曾下令停工，但却留下了一个收回命令的可能。（参看拉4：21中"等我降旨"一语。）得维逊认为，尼希米第二章即是亚达薛西重新降旨收回命令的表现。

② 《简明不列颠百科全书》、《新牛津注释圣经》等书则有其他的解释，请参看本书"尼希米"条后的附录、"圣经以斯拉记、尼希米记中有关犹大人自巴比伦回归的经过"一文。许多圣经学者对以上三处提到的亚达薛西王见解不一。

土，仍要归于尘土。"（创3：19）

②由神来的成分，即是"灵"。除人之外，任何其他的动物都没有"灵"，都没有信仰神的本能意识。所以圣经上说它们是没有灵性的。（犹10）由于"灵"是由神来的，所以在"尘土"中，不可能找出灵来。但人如果没有"灵"，就不是"有灵的活人"。所以圣经认为"灵"是人的重要组成部分。圣经中有许多经卷章节，都是论述有关"灵"的一些问题的。

2）"耶和华神在东方的伊甸立了一个园子。把所造的人（即亚当）安置在那里。耶和华神使各样的树从地里长出来，可以悦人的眼目。其上的果子，好作食物。园子当中又有生命树，和分别善恶的树。"（创2：8—9）神使亚当修理看守伊甸园。并且吩咐他说："园中各样树上的果子，你可以随意吃。只是分别善恶树上的果子，你不可吃，因为你吃的日子必定死。"（创2：15—17）而后，神为他造出夏娃作为他的妻子，使他们共同生活在伊甸乐园中。（创2：18—25）

3）但是由于古蛇魔鬼的迷惑，亚当和夏娃违背了神的命令，吃了禁果。他们犯罪之后，"听见神的声音，就藏在园里的树木中，躲避耶和华神的面"。（创3：1—8）预示世人犯了罪，就必会远离神。

4）但耶和华神呼唤他们说："你在哪里？"（创3：9）预示耶稣到世上来，"要寻找拯救失丧的人"。（路19：10）

5）但神是公义的，他"万不以有罪的为无罪"。（鸿1：3）所以神对亚当说："你既听从妻子的话，吃了我所吩咐你不可吃的那树上的果子，地必为你的缘故受咒诅。你必终身劳苦，才能从地里

得吃的。……你必汗流满面才得糊口，直到你归了土。因为你是从土而出的。"（创 3：17—19）

6）神既有公义，又有慈爱，"耶和华神为亚当和他妻子，用皮子作衣服，给他们穿"，以遮蔽他们的罪体。（创 3：21）用皮子作衣服必须杀生流血，这就预示后来耶稣流血，洗净人们的罪恶。（约—1：7）

7）最后，神打发亚当夏娃出了伊甸园，"耕种他所自出之土"。（也就是耕种他原来被造成人时所用的土地。）（创 3：23）亚当夏娃被赶出伊甸乐园后，起初生了该隐和亚伯，（创 4：1—2）后来亚当 130 岁时，又生了塞特。"亚当生塞特之后，又在世 800 年，并且生儿养女。"（创 5：3—5）从此开始有了人类的历史。

亚多尼雅（Adonijah）

圣经中同名者有二人。

1. **大卫王第四子亚多尼雅**。（撒下 3：4）因他的行为从未受到其父的干涉，又因相貌英俊，所以自称必将作王。在大卫年老时亚多尼雅尽力抬高自己，还准备了车、马和卫队，并得到祭司亚比亚他和元帅约押的支持。某日亚多尼雅在耶路撒冷城外琐希列宴请他的支持者并所有的大臣和除所罗门以外的王子，准备称王。所罗门之母拔示巴得知此事，就要求大卫按早已许下的誓言立所罗门为王。大卫履行誓言，即刻请祭司和先知来立所罗门即位作王。所罗门即位后宽恕了亚多尼雅，但他不思改过，竟要求将服伺其父大卫王的童女亚比煞给他为妻，此举实际上仍含有图谋国位之心，为此被杀。（王上 1：5—53；2：13—26）

2. 犹大王约沙法三年，随同国王所派官员到全国各地教导民众学习

耶和华的律法书的一位利未人，名叫亚多尼雅。（代下 17：7—8）

亚多尼洗德（Adonizedek）

约书亚率以色列人进入迦南时，亚多尼洗德为耶路撒冷王，他得知以色列人的消息后联合亚摩利民族另四位国王进行抵抗，失败后藏于山洞，被抓获处死。（书 10：1—27）

亚干（Achan）

以色列人出埃及后，在约书亚率领下进占迦南地耶利哥城时，曾严格规定须将城中所有的都要毁灭，不可拿取当灭之物，否则会累及全以色列受咒诅。但犹大支派迦米的儿子亚干不遵守禁令，私藏了一件衣服和金银，致使以色列人在下一次攻艾城时惨败。为此约书亚在以色列中清查违反神命的人，结果亚干被查出处死，再攻艾城时则取胜。（书6—8：29）〔汉译同名尚有西珥之后代 Akan，无特殊记载。（创36：27）〕

亚古士督（Augustus）

亚古士督（又译奥古斯都）是罗马皇帝，生于基督耶稣降生前63年。耶稣降生前31年时亚古士督即位。他是耶稣降生后14年时去世的。耶稣降生时，乃是亚古士督下令，叫天下人民，各归各城报名上册，因此耶稣降生在伯利恒。（路2：1—7）

亚哈（Ahab）

圣经中同此名者有二人。

1. 以色列第七位国王。

1) 亚哈之妻耶洗别是西顿国王之女，她信奉巴力等假神。受耶洗别影响，亚哈在都城撒玛利亚为巴力修建庙宇，建立亚舍拉柱像使民众敬拜。被认为从来没有像亚哈那样出卖自己，行耶和华眼中看为最可憎的事，耶和华神对他的怒气也比以往更甚。（王上16：29—33；21：25—26）

2) 对亚哈的恶行，先知以利亚曾当面警告他说：若以利亚不祷告必不下雨，致使干旱达三年之久。这时以利亚照耶和华神的指示又去见亚哈，并提出在迦密山与巴力的先知同时分别筑坛献祭求告，以证明神的真伪。然而巴力的先知从早到晚祈求一天，甚至自残身体亦毫无效果。到了傍晚以利亚才筑坛献祭祈求耶和华，使民众知道耶和华是独一真神。当他祈求后立即有火降下将祭物焚烧，随即降了大雨。虽经此事亚哈仍不悔改。（王上18：16—46；19：1—2）

3) 为图谋王宫附近一个葡萄园，亚哈听从耶洗别的计谋，指使地方权贵，用匪徒作伪证，诬陷园主拿伯曾诬蔑神和国王，而将其处死，侵占了拿伯的葡萄园。（王上21：5—16）

4) 亚哈曾两次受到亚兰王便哈达的进攻。第一次便哈达率领全军和另32位君王的兵马围攻撒玛利亚城，并派人提出要允许他们任意掠夺财物等无理要求。亚哈王与长老们讨论后予以拒绝。又有先知来告诉亚哈，耶和华必将敌军交在他的手里。亚哈按先知的话亲自出战，仅率领232名属于省长的青年军官和7000名以色列士兵，就打退了便哈达的进攻。（王上20：1—21）以后那位先知又告诉亚哈王当有防备，明年亚兰王必再来进攻。（王上20：22）

5) 第二年，亚兰王便哈达因听信他臣仆所说：以色列的神仅在山地而不是平原的神。所以便哈达又率兵到亚弗城（位于加利利沿地中海的平原）与以色列人打仗，且相信自己必胜。为使亚哈和以色列人认识耶和华，耶和华又使以色列军以少胜多，交战那一日以色列人杀了亚兰人步兵 10 万，便哈达败走。此时亚哈本应顺应耶和华神意将便哈达杀死，他却将便哈达放回，立约和好。因此耶和华借先知对亚哈说："因你将我定要灭绝的人放去，你的命就必代替他的命，你的民也必代替他的民。"（王上 20：23—43）

6）三年后，亚哈联合犹大王约沙法一同去和亚兰人作战，亚哈虽脱去王服化了装，但仍被流箭射中，当日傍晚死在战车中。他死后有人清洗战车时，有狗来舔他的血。这些都正如神借先知对他所说的话。（王上21：19；22：1—4；29—38）亚哈在位共 22 年。

2. 哥赖雅之子亚哈，他曾和西底家一起托耶和华神的名说假预言。（耶 29：21—23）

亚哈斯 （Ahaz）

1. 亚哈斯是犹大国第十二位国王，在位共 16 年，其父为约坦王。亚哈斯在设立巴力神像等事上行耶和华眼中看为恶的事，并效法耶和华神从以色列人面前驱逐出去的异族，将自己的儿女用火焚烧献给假神摩洛。（王下 16：1—4；代下 28：1—4）

2. 亚兰王利汛和以色列王比加曾联合围攻耶路撒冷，虽未能攻下，而亚哈斯却因该二王结盟感到恐惧动摇。此时先知以赛亚告知亚哈斯要谨慎安静，不要胆怯，利汛和比加的计谋不会得逞，并说亚哈斯若不坚定信心，必定不得立稳。但亚哈斯不接受耶和华借先知所说的话，却求助于亚述王提革拉毗列色，竟自己称儿称臣，甚至将圣殿和王宫中所有金银赠送给亚述王。因此提革拉毗列色进攻亚兰首都大马色将利汛杀死。（王下16：5—9；赛7：1—9）

3. 亚哈斯前去大马色会见亚述王提革拉毗列色时，在那里见到一座祭坛，立即差人仿照图样在他回国前，在耶路撒冷修建一座，待回京时使用。不仅如此，亚哈斯同时还更改了原圣殿中祭坛的位置和礼仪。（王下16：10—16）

4. 当亚兰（以东）人再次来攻击犹大国并掳走战俘的同时，非利士人也来侵占犹大的山丘地区和南方的城镇。亚哈斯虽又派人去求亚述诸王，但提革拉毗列色来到后，并没有帮助他，反而掠夺了圣殿和王宫。这一切都是因亚哈斯使犹大人更为败坏的结果。然而亚哈斯却越发得罪耶和华，要献祭给大马色之神，以为帮助亚兰王的神也会帮助他。但那些假神却使以色列人败了又败。（代下28：16—23）

亚哈谢（Ahaziah）

圣经中同名者有二人。

1. **以色列第八位国王亚哈谢**。为亚哈王之子，仍照其父所行事奉巴力。某日他从楼上掉下来受了伤，便派人去求问以革伦的神巴力西卜能否康复。对此先知以利亚告诉亚哈谢说：你去求问巴力西卜，岂是因为以色列没有神可以求问吗？所以你必定要死。亚哈谢果然死了，在位仅二年。（王上22：51；王下1：1—4；17—18）

2. **犹大第六位国王亚哈谢**。当政时受其母亚他利雅的主使继续在国内拜巴力，并听从外祖父亚哈家的计谋联合以色列王约兰和亚兰王哈薛作战，在此期间，先知以利沙奉耶和华神命立耶户为以色列王，耶户将约兰和亚哈谢在同日先后杀死。亚哈谢在位一年。（王下 8：25—26；9：11—16；27—28；代下 22：1—9）

亚哈随鲁 （**Ahasuerus or Xerxes**）

圣经中译成亚哈随鲁的有两个人。

1. 以斯帖记中的亚哈随鲁，是波斯国王。（斯 1：1—2；拉 4：6）曾选立犹太女子以斯帖为王后。（斯 2：16—17）历史记述此人骄奢淫侈，残忍专制。在位 20 年，被人杀害。

2. 但以理书中的亚哈随鲁，是玛代族大利乌王的父亲。（但 9：1）

亚迦布 （**Agabus**）

亚迦布是耶路撒冷的一位先知，大约在耶稣降生后 33—34 年间，亚迦布到了安提阿，他预言天下将有大的饥荒。这件事到了罗马皇帝革老丢年间，果然应验了。因此安提阿的信徒们自愿捐献馈赠给耶路撒冷的圣徒们。（徒 11：27—29）保罗最后一次上耶路撒冷，经过该撒利亚时，亚迦布从犹太到了该撒利亚。他预言说保罗到了耶路撒冷要被捆绑拘押，这件事不久也果然应验了。（徒 21：10—11；21：31—33）

亚基布 （**Archippus**）

亚基布乃是歌罗西教会的基督徒。（西 4：17）在保罗写给腓利门的信中，说亚基布是和保罗等人同为基督服役的人。（门 2）

亚基老 （Archelaus）

参看"希律"条中，"希律亚基老"一项。

亚基帕 （Agrippa）

亚基帕全名是希律亚基帕二世，是大希律的曾孙。此人品德很差，娶了亲妹妹百尼基为妻，巡抚非斯都审问保罗时，亚基帕作为分封的王，带着妻子百尼基去向非斯都问安。同时大张威势，共同会审保罗。（徒25：13—26）

亚吉 （Achish）

1. 亚吉是迦特国王，该国位于非利士地方，大卫在逃避扫罗追杀时，曾两次流亡到迦特。第一次因亚吉王的臣仆认出逃亡者是大卫，大卫因怕遭杀害就故意装疯，亚吉因见他是一个疯子便没有接待大卫。（撒上21：10—15）
2. 第二次大卫和家属以及追随者600人，投奔亚吉王，他按大卫的请求将洗革拉地方给与大卫。大卫在那里居住一年又四个月，这期间大卫深得亚吉王的信任。扫罗死后大卫由这里返回犹大的希伯仑，并在那里受膏作王。（撒上27：1—7；29：6—9；撒下1：11，2：1—4）

亚居拉 （Aquila）

参看"百基拉"条。

亚里达古 （Aristarchus）

1. 简介：亚里达古是居住在帖撒罗尼迦的马其顿人（徒19：29；20：4），是保罗在患难中的同工。

2. 圣经记载：

1）保罗第三次外出布道，在他来到以弗所时，亚里达古便常和他在一起，所以当以弗所的银匠挑动信假神的人们闹事的时候，那些盲从哄闹的人群竟拿住了亚里达古。（徒 19：24—29）后来以弗所城的自治行政官吏安抚众人，大家才散去，使亚里达古脱离险境。（徒19：35—41）

2）其后，亚里达古跟从保罗到了希腊。当保罗想经过马其顿去耶路撒冷时，亚里达古等人便先到特罗亚去等他，以后同去耶路撒冷。（徒 20：1—6；21：17）保罗被押解到罗马去的时候，亚里达古也是同船而去的。（徒 27：1—2）

3）保罗在罗马监狱所写的信件中，有两封信里提到过亚里达古。保罗给歌罗西教会的信中说："与我一同坐监的亚里达古问你们安。"（西 4：10）在给腓利门的信中说，"与我同工的亚里达古问你安。"（门 24）亚里达古为教会的工作，竟与即将殉道的保罗同被囚禁。如果没有敬虔的心志，这是很难作到的。

亚力山大（**Alexander**）

新约圣经中同名叫亚力山大的有五个人。但其中有些人，圣经中只提到一次名字，没有记载什么事迹。

1. 古利奈人西门的儿子亚力山大。（可 15：21）亚力山大后来可能随同全家也成了基督徒。

2. 犹太公会的会员亚力山大。（徒 4：6）

3. 以弗所的犹太人亚力山大。当年以弗所的银匠挑动众人反对保罗。那时满城哄动，纷纷乱乱，有人叫亚力山大出来向百姓分诉什么，但以弗所人一看亚力山大是犹太人，就大声呼喊，根本不

容亚力山大讲话。(徒 19：24—34)

4. 在以弗所传讲异端的亚力山大。保罗因为亚力山大讲的异端为害太大，就把他交给撒但，使他受责罚。(提前 1：20)

5. 以弗所的铜匠亚力山大。保罗说亚力山大极力地害保罗，因此保罗叫提摩太防备他。(提后 4：14—15)（有些圣经注释，认为第三、四、五这三项中所讲的亚力山大乃是一个人。但详情无法查考确定。）

亚伦 (**Aaron**)

1. 简介：亚伦是摩西的哥哥。他协助摩西率领以色列人出埃及。在旷野建立会幕后，亚伦被立为祭司。亚伦一生的事迹多与摩西有关，可参考"摩西"条。

2. 圣经记载：

   1) 亚伦的父亲叫暗兰，母亲叫约基别，姐姐米利暗。妻子以利沙巴（出 6：20—23）和他的四个儿子后来也都成了祭司。（民 3：2）

   2) 耶和华最初呼召摩西，叫他去领导以色列人出埃及时，摩西说他不善于讲话，恐怕不能胜任，耶和华说亚伦是个善于讲话的人，叫亚伦来帮助摩西。(出 4：10—16)

   3) 摩西、亚伦去见法老的时候，亚伦已经 83 岁。(出 7：7) 他们要求法老同意这些以色列奴隶离开埃及，法老不准，摩西、亚伦就用神杖行了许多神迹。起初这些神迹，是由亚伦用杖施行的。(出 7：10—12；7：19—20；8：6；8：16—17)

   4) 以色列人和亚玛力人争战的时候，亚伦和户珥扶住摩西的手，使他高举神的杖，因此以色列人大获全胜。(出 17：8—13)

5）亚伦与以色列的 70 个长老，在西乃山得见耶和华的荣光。（出 24：9—17）

6）摩西上西乃山 40 天，以色列人见摩西迟延不下来，就要求亚伦制造了一个金牛犊当作神像，这件事使耶和华十分震怒，要把以色列人灭绝。由于摩西向耶和华恳求，耶和华才未降祸给以色列人。（出 32：1—35）

7）以色列人立起会幕的时候，耶和华晓谕摩西，使亚伦和他的儿子们用水洗身子，给他们穿上圣衣，用膏油膏他们为祭司。并使"他们世世代代，凡受膏的，就永远当祭司的职任"。（出 40：1—15）

8）他们离开西乃山后，亚伦和米利暗诽谤摩西，耶和华向他们发怒，亚伦认罪后，得免耶和华的惩罚。（民 12：1—12）

9）当可拉党作乱反对摩西亚伦的时候，耶和华使地裂开，吞了可拉一家。（民 16：1—33）以色列人继续向摩西亚伦发怨言。（民 16：41）耶和华便晓谕摩西，叫以色列 12 个支派的首领，各自把自己的名字写在各人的杖上。要亚伦把名字写在利未支派的杖上。把这 12 根杖存在会幕的法柜前。耶和华说："我所拣选的那人，他的杖必发芽。"这样好使以色列人的怨言平息。"第二天，摩西进法柜的帐幕去。谁知，利未族亚伦的杖已经发了芽，生了花苞，开了花。"这样以色列人才认罪悔改。（民 17：1—13）

10）亚伦年 123 岁时，死在何珥山。以色列全族人为亚伦举哀 30 天。（民 20：23—29，民 33：39）

11）新约圣经共提到亚伦五次，这些经节是：①路 1：5；②徒 7：40；③来 5：4；④来 7：11；⑤来 9：4。

亚玛力人（**Amalekites**）

1. 简介：亚玛力人为以扫的后裔。（创36：12）原住在犹大南境，当以色列民出埃及时，已居于其地。（民13：29；14：25）亚玛力人是以色列后期历史中一个常侵袭以色列人的游牧民族。（参出17：8—16）

2. 圣经记载：

   1）以色列民初出埃及于旷野飘流期间，时常遭到亚玛力人的攻击。亚玛力人与以色列人初次于西乃旷野争战，亚玛力人战败，亚玛力王及其百姓被杀。（出17：8—13）

   2）不久，以色列人因为不信和悖逆，屡发怨言，所以耶和华神吩咐他们转回，从红海的路往旷野去。（民14：25）但以色列人却违反耶和华的命令，擅自上迦南，因为失去耶和华神的同在，结果被亚玛力人及住在那里的迦南人打败。（民14：39—45）

   3）亚玛力人以后又协助摩押王攻打以色列民。（士3：13）

   4）数代以后，亚玛力人又与米甸人同盟攻打以色列民。（士6：3）

   5）到了扫罗王时，攻打亚玛力人直到埃及的书珥旷野，（撒上15：7）此后，亚玛力人逐渐衰微。

   6）到犹大第十三代王希西家时，逃脱剩下的少数亚玛力人也被以色列民的后裔西缅人除灭。（代上4：43）

亚玛撒（**Amasa**）

圣经中同名叫亚玛撒的共有三人。

1. 大卫的外甥亚玛撒。

   1）亚玛撒是大卫的姐姐亚比该的儿子。（撒下17：25）当押沙龙

叛逆他的父亲大卫王时，押沙龙立亚玛撒为元帅。（撒下17：24—25）

2）大卫王在押沙龙的大军追迫下奋起应战，将三军分配在三个勇将的率领之下与押沙龙作战。约押为三位勇将之一。战前大卫曾嘱咐他们不要杀害押沙龙。但约押却不顾大卫的嘱咐，将押沙龙杀死。（撒下18：11—15）因此，乱平以后，大卫立亚玛撒为元帅，代替约押。（撒下19：13）

3）以后匪徒示巴叛变时，约押用诡计杀了亚玛撒。（撒下20：1—13）

2. 哈得莱的儿子亚玛撒。当亚哈斯作犹大王时，"不像他祖大卫行耶和华眼中看为正的事，却行以色列诸王的道"。又拜假神，且用火焚烧他的儿女。神将他交在以色列王手里，以色列王向他大行杀戮，以色列王比加一日即杀了犹大人12万，因为他们离弃了他们列祖的神。以色列人并将20万犹大人及许多财物掠去，带到撒玛利亚。但那里有耶和华的一个先知，名叫俄德，他出来劝阻以色列的军兵，要把掳来的犹大人放回去。于是哈得莱的儿子亚玛撒及其他几位族长，听了先知俄德的话，起来拦挡那些回来的以色列军兵。不要将被掳的犹大人带进来，并且厚待了被掠的那些人，把他们释放回去。（代下28：1—15）

3. 归顺大卫的30个勇士的首领亚玛撒。（代上12：18）

亚玛谢 （Amaziah）

圣经中叫亚玛谢的共四人。

1. 犹大的第九世王亚玛谢。

1）亚玛谢是约阿施的儿子，登基作犹大王时，年25岁，在耶路

撒冷作王 29 年。亚玛谢行耶和华眼中看为正的事，但不如他
祖大卫，仍照例按他父亲约阿施一切所行的去作。邱坛也没
有拆除，百姓仍在那里献祭烧香。（王下 14：1—4）

2）约阿施被背叛他的臣仆所杀。亚玛谢作王以后，把杀父亲的
那些臣仆杀了。但是按照律法书上耶和华神所吩咐的，亚玛
谢并没有治死那些臣仆们的儿子。（王下 14：5—6）

3）亚玛谢为了恢复他父亲所丧失的武力，便在国内征兵。他又
用大量银子，招募了十万以色列士兵，想要攻打以东。但因
一位先知的劝阻，亚玛谢未用这些以色列兵作战，并且把他
们遣回家去。这件事使那些以色列兵非常恼怒。后来那些以
色列军兵攻打犹大各城，并且杀了许多犹大人，抢了他们许
多财物。（代下 25：5—13）

4）亚玛谢率兵战胜以东，并且把以东的假神像带回，立为自己
的神来敬拜，因此引起耶和华的忿怒。耶和华差遣一个先知
去见亚玛谢，并且警告他，但是亚玛谢却拒绝先知的劝戒。
因此这位先知对他说："你行这事不听从我的劝戒，我知道神
定意要灭你。"（代下 25：14—16）

5）以后，亚玛谢与以色列王约阿施争战，被以色列王打败。耶
路撒冷部分被毁。约阿施掳走了圣殿和王宫里所有的财物，
并且带走了一些人质。（王下 14：11—14）

6）最后，耶路撒冷有人背叛亚玛谢，亚玛谢逃到拉吉，他在那
里被叛党所杀，把他的尸体用马驮到耶路撒冷埋葬。亚玛谢
死后，他的儿子乌西雅继位。（王下 14：19—21）

2. 西缅支派中的亚玛谢。（代上 4：34）

3. 伯特利的假祭司亚玛谢（摩 7：10），乃是个不属于利未人的凡

民，竟被耶罗波安立为祭司。（王上 12：31）

4．希勒家的儿子亚玛谢。（代上 6：45）

亚们（Amon）

亚们是犹大国第十五代的王。他登基的时候年 22 岁，在耶路撒冷作王两年。亚们行耶和华眼中看为恶的事，和他父亲玛拿西一样敬奉假神偶像，离弃耶和华他列祖的神，不遵行神的道。亚们的臣仆背叛他，在王宫里杀了他，但国民杀了那些背叛亚们的人，立他的儿子约西亚接续他作王。（王下 21：19—25）

亚拿（Anna）

亚拿是一位女先知，是亚设支派法内力的女儿。出嫁后七载，因丈夫去世又守寡数十年。这位年事已高的老人，"不离开圣殿，禁食祈求，昼夜事奉神"。当约瑟和马利亚把幼婴耶稣作为长子献给神的时候，亚拿在圣殿中见了耶稣，便向众人说耶稣就是大家盼望的救主，并且预言耶稣将要成就救恩。（路 2：36—38）

亚拿尼亚（Ananias）

圣经中同名叫亚拿尼亚的有三个人，即耶路撒冷的亚拿尼亚，大马色的亚拿尼亚和大祭司亚拿尼亚。

1．**耶路撒冷的亚拿尼亚**。在使徒时代，信徒们出于爱心，极力互相帮助。有田产房屋的人，常常自愿把房屋田地卖掉，而把卖得的钱交给信徒们，分给穷苦的信徒。亚拿尼亚和他的妻子撒非喇卖了一些田产，他们留下了一部分钱，由亚拿尼亚把剩下的钱去交给使徒。彼得责备亚拿尼亚欺骗圣灵，"彼得说：'田地还没有卖，不是你自己的吗？既卖了，价银不是你作主吗？你怎么心里起这意念呢？你不是欺哄人，是欺哄神了。'亚拿尼亚听见这话，就仆倒断了气。听见的人都甚惧怕。"（徒4：32—5：5）

2. **大马色的亚拿尼亚**。大马色的信徒亚拿尼亚是个虔诚人，为一切住在大马色的犹太人所称赞。（徒22：12）当年保罗原曾想去大马色拘捕当地的基督徒。因为耶稣向他显现，保罗双目失明，被人领进大马色，三天之久不吃不喝，眼也看不见什么。那时神便在异象中差派亚拿尼亚去看望保罗。保罗来大马色本是要捉拿信徒的。亚拿尼亚又很有名望，肯定是保罗所要拘捕的人物。但是亚拿尼亚却顺从神的指引，冒着危险去看望了保罗。这个被拘捕的对象亚拿尼亚，却为拘捕信徒的保罗讲道施洗，使保罗眼睛明亮，得到了救恩。后来保罗成了很有能力的传道人，而起初带领保罗的人，却竟是少为人知的亚拿尼亚。 （徒9：8—19；22：11—16）

3. **大祭司亚拿尼亚**。大祭司亚拿尼亚在职时间，约在耶稣降生后47—59年。那时保罗在耶路撒冷被人诬告，曾被带到犹太公会去受审。早先保罗本是在公会中审问别人，甚至是刑讯基督徒的人。如今却甘心为基督的缘故成为被审问的人。在审问过程中，大祭司亚拿尼亚吩咐人打保罗的嘴。因为保罗不知道他是大祭司，而且他做的又不合律法，故此保罗曾指责过他。当时因为会众意见不一，审问没有结果。后来亚拿尼亚又带着人到该撒利亚，在巡抚腓力斯那里诬告保罗。由于腓力斯本来晓得，保罗与亚拿尼亚之间只不过是宗教看法上的分歧，也并未按亚拿尼亚的控告定案。（徒23：1—5；24：1—23）

亚那 （Annas）

亚那是犹太人的大祭司。在耶稣降生后 15 年时解职，由他的儿子相继为大祭司。他的女婿该亚法也是大祭司，所以亚那退职后，仍然握有大权。施洗约翰初出传道的时候，便是亚那和该亚法作大祭司的。（路 3：2）耶稣被捕之后，乃是先由亚那审问。（约 18：12—13）亚那审过之后，才把耶稣押到该亚法处受审。（约 18：24）五旬节后，彼得约翰被拘送到犹太公会审问。亚那仍在公会中名列首位。（徒 4：5—7）看来耶稣降生前后，耶路撒冷一带犹太人的本族政治领袖是希律家族，而宗教领袖则是亚那家族。

亚撒 （Asa）

1. 亚撒是犹大国第四位国王。他反对异教诸神，除掉国中异教神像和祭坛，对其祖母所立亚舍拉柱像亦不例外，并因此贬了她的太后之位。亚撒还吩咐百姓寻求耶和华，遵守诫命。当时国内和平没有战争，于是兴建城镇，诸事亨通。（王上 15：8—15；代下 14：1—7）

2. 约在亚撒十年，古实王谢拉率兵百万，战车 300 辆攻打亚撒，其实力远超犹大国，战场摆在玛利沙附近的洗法河谷。亚撒仰赖耶和华神出去迎敌，大获全胜。（代下 14：9—15）

3. 胜利后，有先知亚撒利雅迎接亚撒王并向他说："你们若顺从耶和华，耶和华必与你们同在……若离弃他，他必离弃你们"。亚撒听后勇气大增，又在全国和所占领的各地清除异教之物，并整修圣殿耶和华的坛。此外，在 15 年 3 月亚撒召集犹大人及国内寄居的以色列人在耶路撒冷集会献祭，这次祭典取自掳物的牛有

700 只，羊 7000 只，他们还立誓在各事上全心全意追求耶和华。犹大人也为此欢快，因他们寻见了耶和华神，并在各方面赐他们平安。（代下 15：1—15）

4. 亚撒王 36 年以色列王巴沙起来反对亚撒，以色列人修筑拉玛，不许亚撒从那里出入，亚撒却为此求助于亚兰王便哈达，将圣殿和王宫中的金银送上以求得支援，以色列人虽因此停止了拉玛工程，但这种忘记上主大能的作法被先知哈拿尼斥为愚昧，并预言以后必有战争。亚撒因此恨先知哈拿尼，将他监禁起来，这个时期也虐待了一些人民。（代下 16：1—10；王上 15：16—20）

5. 亚撒死于脚病，在位共 41 年。（代下 16：11—13）

亚撒利雅（Azariah）

同名叫亚撒利雅的共有 23 人，只有两人事迹较多。其他 21 人事迹很少，从略不作介绍。而事迹较多的两个人也另有其他的名字。例如：

1. 犹大国王亚撒利雅，又名乌西雅。（代下 26：1，参看本书"乌西雅"条）

2. 但以理的少年朋友亚撒利雅，后来改名叫亚伯尼歌。（但 1：7，参看本书"亚伯尼歌"条）

亚萨（Asaph）

圣经中叫亚萨的共三人。

1. 大卫时管理歌唱事工的亚萨。（代上 25：1—2）

亚萨共作诗篇 12 篇，即诗篇 50，及 73 至 83 篇。（诗 50 及 73—83；代下 29：30）当年约柜迁入耶路撒冷时，亚萨和他的乐师们

前行奏乐，敲钹吹号，鼓瑟弹琴，用诗歌颂扬赞美耶和华。（代
上 16：4—7）以色列民从巴比伦回国时，其中有歌唱的亚萨的后
裔 128 人。（拉 2：41）所罗巴伯率领犹大人回国建殿立基时，亚
萨的子孙都敲钹，彼此唱和赞美耶和华。（拉 3：10—11）

2. 希西家王史官约亚的父亲亚萨。（王下 18：18）

3. 波斯王亚达薛西任命管理田园的官亚萨。（尼 2：8）

亚设 （Asher）

亚设是雅各的第八个儿子。（创 30：13）"亚设"的意思是"有
福"。雅各给他祝福说："亚设之地必出肥美的粮食，且出君王的
美味。"（创 49：20）摩西为以色列人祝福时说："愿亚设享受多
子的福乐，得他弟兄的喜悦。"（申 33：24）亚设的后裔即是亚
设支派，他们在迦南分得海滨肥美之地。到了列王时代，仍有人
自卑而归主。（代下 30：11）

亚他利雅 （Athaliah）

圣经中同此名者共有三人。

1. **犹大王约兰（Jehoram）的妻子亚他利雅。**

   1）亚他利雅是以色列王亚哈与耶洗别的女儿。亚他利雅受她母
   亲耶洗别的影响，事奉异教假神巴力。约兰也因为亚他利雅
   而作耶和华眼中看为恶的事，并且诱使民众也随从他们不信
   耶和华真神，社会道德十分败坏。（王下 8：16—18；代下
   21：5—6，11）

   2）约兰死后，他的儿子亚哈谢继位。亚他利雅仍旧继续主使新
   王亚哈谢作恶，败坏更甚，以致无力保守国权。（代下 22：

1—4，9）

3）亚哈谢在位仅一年，他被耶和华神弃绝死于战场。亚他利雅就趁此时机杀灭了犹大王室，篡夺了国位。只有王的小儿子约阿斯被他的姑母救出，藏在圣殿达六年之久。这期间亚他利雅执掌国权。（代下 22：7；10—12）

4）到了第七年，隐藏王子的祭司耶何耶大召集犹大各地以色列人的族长在耶路撒冷集会，在圣殿中立约，拥立先王的儿子约阿施为国王，民众一起欢呼。亚他利雅听到民众集会的欢呼声，就走出王宫前去查看。当她见到幼年国王（时年 7 岁）站在圣殿门前的柱旁，左右有官员侍立，还有拥护王的群众，亚他利雅就叫喊说："反了，反了。"于是耶何耶大出来吩咐人在殿外把亚他利雅和她的追随者杀死。她对犹大王室的影响就此结束。（代下 23：1—15；24：1—2；15—16）

2. 耶路撒冷的一位族长亚他利雅。（代上 8：26—28）

3. 以拦的子孙亚他利雅。（拉 8：7）

亚希多弗（Ahithophel）

亚希多弗本是大卫的谋士。当年大卫的儿子押沙龙背叛大卫时，押沙龙请了亚希多弗来，于是叛逆的势派甚大。（撒下 15：12）有人告诉大卫说，亚希多弗也在叛党之中，随从押沙龙。大卫就祷告神说："耶和华啊，求你使亚希多弗的计谋变为愚拙。"（撒下 15：31）亚希多弗向押沙龙献计，挑选 12000 精兵，趁大卫仓惶出逃、势单力孤、疲乏无力的时候，追赶大卫把他杀死。（撒下 17：1—4）但是忠于大卫的户筛却对押沙龙说，亚希多弗的计策不好，因为大卫和跟随他的人都是勇士，不宜轻举妄动去追

赶，免得首战失利，影响人心的归向。户筛劝押沙龙到各地去召
集以色列人，等人多势众的时候再去包围大卫。（撒下 17：5—
13）实际上户筛的计谋，是故意使大卫得以有备战的时机，但押
沙龙却认为"户筛的计谋比亚希多弗的计谋更好。这是因耶和华
定意破坏亚希多弗的良谋，为要降祸与押沙龙"。（撒下 17：14）
"亚希多弗见不依从他的计谋，就备上驴，归回本城，到了家，留
下遗言，便吊死了。"（撒下 17：23）以后押沙龙果然战败而死。

亚希米勒（Ahimelech）

同名叫亚希米勒的有三个人。

1. **亚比亚他的父亲亚希米勒**。（撒上 22：20）

    1）当年扫罗要杀害大卫，大卫逃到了挪伯祭司亚希米勒那里。
    大卫请亚希米勒给他一些食物，亚希米勒便把撒下来的陈设
    饼给了大卫。（撒上 21：1—6）

    2）大卫又向亚希米勒要武器，亚希米勒便把大卫先前杀死巨人
    歌利亚的战刀给了大卫。（撒上 21：8—9）

    3）扫罗听说亚希米勒曾把食物和战刀供给过大卫，便差人去到
    挪伯，把城中的祭司、男女、孩童尽都杀死。亚希米勒全家
    遇难。（撒上 22：9—19）

    4）亚希米勒有一个儿子，名叫亚比亚他。亚比亚他逃到大卫那
    里，把扫罗杀害祭司及其全家的事告诉了大卫。大卫对亚比
    亚他说："你父的全家丧命，都是因我的缘故。你可以住在我
    这里，不要惧怕。因为寻索你命的，就是寻索我的命。"（撒
    上 22：20—23）亚希米勒的儿子亚比亚他在大卫那里担任了
    祭司职务。（撒上 23：6，9）

2. 亚比亚他的儿子亚希米勒，即上述被杀的亚希米勒的孙子。大卫
作王以后，他和撒督一起作祭司长。（撒下 8：15—17）

3. 侍从大卫避难的赫人亚希米勒。（撒上 26：6）

亚希亚 （Ahijah）

参见下一条目"亚希雅"。

亚希雅 （Ahijah）

以上两个人名，原文相同，只是在中文圣经里分别被译为亚希亚
或亚希雅，共有九人，重要的一位是居住在示罗的**先知亚希雅**。

1. **先知亚希雅**。他曾两次向耶罗波安说预言。

1）因所罗门王随从妃嫔敬拜外族的假神，为此耶和华要将国从
他手中夺回。那里，有一天耶罗波安在耶路撒冷城外与亚希
雅相遇，亚希雅把身上穿的一件新外衣撕成十二片，并对耶
罗波安说："你可以拿十片，耶和华以色列的神如此说：'我
必将国从所罗门手里夺回，将十个支派赐给你。'"所罗门死
后，民众反抗他的儿子罗波安，有十个支派立耶罗波安为王。
（王上 11：1—11，29—31，王上 12：20）

2）耶罗波安作王以后，竟铸金牛犊，并且把金牛犊称为领以色
列人出埃及的"神"，使民众敬拜。他所作的恶事，比以往所
有的人更甚。（王上 12：25—33）耶罗波安的罪行使耶和华发
怒，亚希雅预言说，耶罗波安的全家将从以色列中剪除，如
同人除尽粪土一般。（王上 14：1—10）

2. 其他名叫亚希雅或亚希亚的人，不再作介绍，从略。他们的名字
出现在下列圣经章节：

1）代上 2：25   2）代上 8：7   3）撒上 14：3—18

4）代上 11：36   5）代上 26：20   6）王上 4：3

7）王下 9：9   8）尼 10：26

雅各（Jacob，James）

中文圣经把 Jacob 和 James 都译为"雅各"，常使人混淆误解。同名为 Jacob 的有两个雅各，他们是：

①以色列人的始祖雅各；

②耶稣的养父约瑟的父亲雅各。

同名为 James 的有三个雅各，他们是：

①西庇太的儿子雅各；

②亚勒非的儿子雅各；

③耶稣的兄弟雅各。

1. 以色列人的始祖雅各。

1）在父家的雅各

①雅各是亚伯拉罕的孙子，以撒的儿子。雅各后来改名叫以色列，他的后裔便是以色列族。（太 1：2；创 32：28）

②雅各的母亲利百加，婚后 20 年不生育。以撒祈求神，利百加就怀了孕，而且是双胞胎。孩子们在利百加的肚子里相争，她就说："若是这样，我为什么活着呢？"耶和华对她说："两国在你腹内，两族要从你身上出来。"后来临产时，先生了以扫，雅各是抓住以扫的脚跟生下来的。给他起名叫雅各的原因，就是因为雅各的意思乃是"抓住"。（创 25：21—26）后世人说，雅各的一生表明，他实在是个会"抓"的人。

③以扫和雅各渐渐长大了。以扫善于打猎。雅各为人安静。以撒爱以扫，因为常吃他的野味。利百加却爱雅各。有一天雅各正熬红豆汤，以扫从田野回来累昏了，要喝雅各的红豆汤。雅各要求以扫，以红豆汤为代价，把长子的名分卖给他。以扫轻视长子的名分，竟把这个位分卖给了雅各。（创25：27—34）

④以撒年纪老迈，眼睛昏花，想吃以扫打猎的美味，再为以扫祝福。利百加听见了以撒的话，就趁以扫去打猎的时机，叫雅各装作以扫，取得了对长子的祝福。以扫打猎回来以后，发现雅各已抢先骗取了长子的福分，就想要杀死雅各。（创27：1—41）

2）在旅途中的雅各

①利百加怕雅各遭害，就和以撒商议，打发雅各到两千里外的故乡，去找雅各的母舅拉班，以便在本族人中娶个妻子，保持亚伯拉罕的纯真血统。（创27：42—28：5）

②雅各离开父母，孤身一人，在野地里步行，极其艰苦。到了一个地方，因为太阳落了，就在那里用一块石头当作枕头，躺下来过夜，他梦见一个梯子，立在地上，顶在天上。有神的天使在梯子上，上去下来。耶和华在梯子以上向雅各显现，应许把雅各所躺的地方赐给雅各和他的后裔。雅各醒来以后，就把所枕的石头立作柱子，浇上油。他给那地方取名叫伯特利。伯特利的意思乃是"神的殿"。（创28：10—22）

3）在母舅家的雅各

①雅各到了他的母舅拉班家里，把自己家中的情况告诉了拉

班。"拉班有两个女儿,大的名叫利亚,小的名叫拉结。利亚的眼睛没有神气,拉结却生得美貌俊秀。雅各爱拉结",就和拉班议定,由雅各为拉班作工七年以聘娶拉结。七年期满后,拉班为雅各设宴完婚。但是到了晚上,却把大女儿利亚代替拉结送入洞房。第二天早晨雅各发现新娘竟是利亚,就去质问拉班。拉班说,大女儿还没出嫁,先嫁出小女儿,在当地没有这种规矩。拉班说利亚的婚期满了七天之后,他把拉结也嫁给雅各。但要求雅各再为拉班工作七年。雅各答应了,便娶了拉结,而且爱拉结胜过利亚。于是又服侍了拉班七年。利亚的使女悉帕、拉结的使女辟拉,也都随嫁到雅各这边来了。(创29:1—30)

②利亚虽然失宠,但是却连续给雅各生了四个儿子:A. 流便,B. 西缅,C. 利未,D. 犹大。(创29:31—35)

③拉结见自己不生育,就嫉妒姐姐利亚。于是把自己的使女辟拉给雅各作妾。辟拉也生了两个儿子,拉结给他们起名叫 E. 但,F. 拿弗他利。(创30:1—8)

④利亚也把自己的使女悉帕给了雅各为妾。悉帕生了两个儿子,他们是:G. 迦得,H. 亚设。(创30:9—13)

⑤以后利亚又给雅各生了两个儿子:I. 以萨迦,J. 西布仑。(创30:17—20)

⑥后来神顾念拉结,使拉结也生了一个儿子,按顺序是:K. 约瑟。(创30:22—24)当雅各返回到伯特利筑坛之后,拉结临死之前,又生了一个最小的儿子,即是:L. 便雅悯。(创35:17—18)除了这些儿子之外,利亚还生了一个女儿,名叫底拿。(创30:21)

⑦拉结生了约瑟之后，雅各请求拉班允许他回到父亲以撒那里去。拉班挽留雅各继续给他作工。雅各说他未给拉班作工之前，拉班的牲畜很少，现在拉班牲畜众多，已经成了大户。雅各说他自己也要兴家立业，若是拉班仍要雇用他，将来羊群中黑色的或有斑点的，都归雅各，算作雅各的工价。而没有斑点或不是黑色的都归拉班。拉班同意了雅各的条件，雅各便继续为拉班工作。只是雅各的羊群特别肥壮，并且也有了许多仆婢、骆驼和驴，家业也很兴旺了。（创30：25—43）

4) 返家回乡的雅各

①后来雅各听见拉班的儿子们说，雅各夺了拉班的产业。又见拉班的脸色也不如以前。这时耶和华叫雅各回到他祖父亚伯拉罕的地方迦南去。（创31：1—3）雅各便使他的妻子儿子都骑上骆驼，带着他应得的牲畜财物，往迦南他父亲以撒那里去了。（创31：17—18）雅各空身一人出来，在外作雇工20年（创31：41），如今成群结队满载而归，实在是耶和华的赐福和恩典。但是一夫一妻乃是神造亚当夏娃时树立的家庭典范。亚伯拉罕纳妾后，造成了家庭纷争，发展成为民族矛盾。如今雅各一夫多妻，就造成了儿子流便和妾室乱伦的后果。（创35：22）后来雅各的儿子们嫉妒约瑟，竟把他卖到埃及，使雅各极其悲痛。（创37：28—35）这些事教训人们，夫妻间必须专一相爱，不然后患无穷。

②拉班听说雅各不辞而别，便来追赶雅各。追上之后，两个人经过一番口角，最后便立约而分开了。（创31：22—55）

③雅各到了玛哈念，已经距离他的哥哥以扫很近了。当他听

到以扫带着400人，正迎着他而来，雅各非常害怕他的哥哥追究往事。于是雅各便叫他的一些仆人们带着许多牛羊骆驼，分成几队，拉开距离，在他前面陆续出发去迎见以扫。雅各叫他的仆人们谦辞卑躬地先向以扫送上礼物，以便缓和以扫的仇恨。(创32：1—21)

④雅各在夜间起来，让妻妾儿子们和所有的仆人牛羊都过了雅博渡口。只有他自己留在后面，有一位天使来和雅各摔跤，雅各胜了天使。神给雅各改名叫以色列，并给他祝福。雅各便给那个地方起名叫毗努伊勒。(创32：22—30)

⑤天亮之后，雅各看见以扫来了。以扫后面跟着有400人。雅各就叫妻子和儿子们走在后面，雅各自己在前头走过去，一连七次俯伏在地向哥哥下拜，才走近以扫面前。以扫跑过来迎接他，将他抱住，两个人分手20年才得相聚，弟兄二人都哭了。雅各又叫妻子和儿子们拜见了以扫。(创33：1—7)

⑥后来以扫回到了自己居住的西珥，而雅各平平安安地到了迦南地的示剑城居住，还在那里为神筑了一座祭坛。(创33：16—20)

5) 住在迦南的雅各

①雅各早在拉班家作工的时候，他的妻子利亚曾生过一个女儿，名叫底拿。雅各住到迦南地的示剑城以后，当地酋长的儿子奸污了底拿，因此雅各的儿子们，便用计杀死了当地人的一切男丁。(创34：1—31)

②雅各又到伯特利，在那里为耶和华筑了一座祭坛，并且要求全家以及所有和他在一起的人，都要除掉外邦人的假神

偶像，要专心敬奉独一无二的真神耶和华。(创35：1—15)

③雅各的妻子拉结又一次怀孕，但是临产时很困难，最后生了一个儿子，起名叫便雅悯，拉结就死去了。雅各把她安葬在以法他。以法他就是伯利恒。(创35：16—19)后来大卫生在伯利恒。(撒上17：12)耶稣也降生在伯利恒。(路2：4—7)

④雅各又来到幔利他父亲以撒那里，也就是先前亚伯拉罕和以撒住过的地方。以撒共活了180岁而去世。以扫和雅各就把以撒埋葬在幔利前面的麦比拉洞里。这个洞是亚伯拉罕所买的。亚伯拉罕、撒拉、利百加早已都安葬在这个地方了。(创35：27—29；25：8—10；49：31)

6) 老年期间的雅各

①雅各喜爱约瑟，胜过喜爱其他的儿子。因此其他的儿子们嫉恨约瑟，竟把他卖到了埃及去，还欺骗雅各说约瑟被恶兽吃掉了。(创37：3—33)后来约瑟在埃及作了宰相。(创41：39—44)那时天下饥荒很大，惟独埃及有粮食。雅各就叫他的儿子们到埃及去买粮。(创41：57—42：3)约瑟在埃及和他的哥哥们相认之后(创45：1—7)，把雅各全家都接到了埃及来居住。(创46：26—27)约瑟领着雅各去见法老。法老问到雅各的年岁时，雅各说他那时已是130岁了。他自叹自己一生抓取世上的财物，到了老年却须到异乡埃及来度荒寄居，他说他平生的年日又少又苦，远不及他的列祖在世的生活。(创47：7—9)

②雅各在埃及住了17年。到了147岁时，他知道自己的死期近了，就嘱咐约瑟不要把他葬在埃及，而要安葬在幔利的

麦比拉洞，也就是亚伯拉罕和以撒所葬的地方。（创47：28—30）

③雅各并且把约瑟的两个儿子以法莲和玛拿西归为己有，如同雅各的其他儿子们一样。雅各的用意，乃是使约瑟的儿子以法莲和玛拿西两个人的后代，成为两个支派。和其他11 个支派，有同等的地位。（创48：1—5）

④雅各去世前，给约瑟和他的儿子们祝福。（创48：8—20）并且作了诗歌，分别预言他的每一个儿子的未来情况。（创49：1—27）

⑤雅各死后，约瑟吩咐医生，用香料给雅各熏尸40 天。40 天之后，埃及人为雅各哀哭了 70 天。（创49：33—50：3）以后雅各的儿子们，把雅各的尸体运回迦南，葬在幔利前面麦比拉的洞里。（创50：12—13）

⑥雅各的子孙们在埃及又住了 430 年。（出12：40）雅各初到埃及的时候全家共有 70 人。（创46：8—27）400 年后，雅各（即以色列）的后代，已成了拥有 60 万男丁的以色列族，（出12：37）那时由于耶和华的指示引领，以色列族又离开埃及，返回到迦南，即现今的耶路撒冷一带。

2. **耶稣的养父约瑟的父亲雅各**。圣经中只有一次提到他的名字，另外毫无事迹记载。（太1：16）

3. **西庇太的儿子雅各**。

1）西庇太的儿子雅各是耶稣的使徒之一。是约翰的哥哥。（太4：21）他们的母亲与耶稣的母亲马利亚可能是姐妹（约19：25；参看可15：40），若这样，雅各和约翰即是耶稣的表兄弟了。

2）雅各、约翰的家在加利利海边。他们跟着父亲以捕鱼为业。家中虽然有雇工，但是雅各约翰兄弟二人也亲手补网打鱼。（可1：19—20）他们和彼得都是常在一起打鱼的伙伴。（路5：8—10）雅各和约翰一听到耶稣的呼召，都是立即撇下所有的，跟从了耶稣。（太4：21—22；路5：11）

3）雅各和彼得、约翰是耶稣很器重的三个门徒。有三件事，其他的门徒都未曾亲临其境，而是耶稣特意带着他们三人，使他们亲身经历的。

①耶稣使睚鲁的女儿复活。（可5：37）

②耶稣在高山上改变了形象，并且与摩西和以利亚谈论耶稣在耶路撒冷受难的事。（太17：1—8；路9：28—36）

③耶稣受难前，在客西马尼园里伤痛地祷告。（太26：36—46）

4）雅各和约翰性情急燥，因此耶稣称呼他们是"半尼其"。"半尼其"的意思是"性如暴雷的人"。（可3：17）他们曾因为撒玛利亚人不接待耶稣，竟想求耶稣降火烧灭他们。为此受到了耶稣的责备。（路9：51—56）

5）雅各和约翰的母亲，曾要求耶稣，让雅各、约翰坐在耶稣的两边，受到了耶稣的指责，也遭到其他使徒的反对。（太20：20—24）

6）耶稣复活后，在加利利海边向门徒们显现的时候，雅各和约翰都在其间。（约21：2—14）耶稣升天后，雅各、约翰也参加了五旬节前的祷告会。（徒1：13）

7）雅各在耶稣受难之前，有一些缺点。但是耶稣复活之后，雅各极其虔诚坚贞，在耶稣拣选的使徒当中，雅各是第一个殉道的。（徒 12：1—2）当时大约在耶稣降生后 44 年。

4. **亚勒腓的儿子雅各**。亚勒腓的儿子雅各也是耶稣的十二使徒之一。（太 10：3）圣经中未见单独记载他个人事迹的经文，但是他和其他使徒一起，同被耶稣差遣出去传道，同进晚餐，一同祷告，一同传讲福音，在各项事工上，也是一同有份的。

5. **耶稣的兄弟雅各**。

1）耶稣的兄弟雅各，当耶稣在世的时候，不但不信耶稣，（约 7：5）甚至当耶稣顾不得吃饭仍然传道时，很可能雅各也和亲属们一起说耶稣是癫狂了。（可 3：20—21）

2）然而耶稣复活后，雅各是亲眼目睹耶稣复活的见证人，（林前 15：7）雅各便和使徒们一起聚集在耶路撒冷祷告。（徒 1：14）

3）保罗悔改三年之后，他到耶路撒冷去的时候，特别提到见过雅各，保罗说和彼得同住了 15 天，"至于别的使徒，除了主的兄弟雅各，我都没有看见"。（加 1：18—19）可见那时雅各已是使徒之一了。

4）希律杀了约翰的哥哥雅各，又要囚杀彼得。（徒 12：1—4）彼得被天使救出后，他特意指出，让信徒们把他已经出监这件事去告诉雅各（徒 12：17），从此可知，那时雅各已是教会中的一位主要负责人员。

5）在耶路撒冷大会上，雅各是最后的总结发言人。（徒 15：13—21）那次大会的决议，便是按照雅各的发言而写的。（徒 15：22—29）

6）保罗还说，耶稣的兄弟雅各，和彼得、约翰，都是教会的柱石。（加 2：9）

7）保罗最后一次去到耶路撒冷时，第二天便去见雅各和众长老。

（徒 21：17—18）路加书写使徒行传，在这里除了雅各之外，未提任何使徒或长老的名字，显然雅各的工作更加重要了。

8）雅各写雅各书时，自称是耶稣基督的仆人，足证他已清楚认识到耶稣是神的儿子，他不宜自称为耶稣的弟弟。这样的谦卑，也是雅各很好的见证。（雅 1：1）

9）犹太历史学家约西弗（Flavius Josephus）的著作中，曾记述雅各约于公元 61 年时殉道。

雅尼（**Jannes**）

参看"佯庇"条。

佯庇（**Jambres**）

保罗说从前雅尼和佯庇曾反对过摩西。（提后 3：8）雅尼和佯庇乃是两个埃及术士的名字。他们曾在法老面前行邪术，反对摩西、亚伦（出 7：11），但旧约中并没有写出他们的姓名。

耶弗他（**Jephthah**）

1. 简介：耶弗他是以色列人的士师。撒母耳说耶弗他等人曾救了以色列人脱离仇敌的手。（撒上 12：11）新约希伯来书的作者列举有信心的古人时，也曾提到过耶弗他的名字。（来 11：32）

2. 圣经记载：

1）基列的儿子耶弗他是个大能的勇士，是妓女所生的。基列的妻子所生的儿子们长大之后，把耶弗他赶逐出去，不许他在父亲家里承受产业。耶弗他就住在陀伯，有些匪徒便到他那里聚集。（士 11：1—3）

2）过了些日子，亚扪人攻打以色列人的时候，基列的长老们到了陀伯，请耶弗他回去作以色列人的元帅，与亚扪人争战。耶弗他回去后，百姓便拥立他作为以色列人的领袖。（士 11：4—11）

3）耶弗他和亚扪人讲明道理，想争取和平解决，他派人去劝亚扪人不要攻打以色利人（士 11：12），但是亚扪人的王不肯听耶弗他派去的人所说的话。（士 11：28）

4）耶弗他把自己的一切话，陈明在耶和华面前（士 11：11），耶和华的灵降在耶弗他身上，他向耶和华许愿说："你若将亚扪人交在我手中，我从亚扪人那里平平安安回来的时候，无论什么人，先从我家门出来迎接我，就必归你，我也必将他献上为燔祭。"（士 11：29—31）

5）耶弗他依靠耶和华战胜了亚扪人，攻取了亚扪的 20 座城。耶弗他回到自己家中的时候，他独生的女儿拿着手铃鼓跳着舞出来迎接他。耶弗他看见她，就心中作难，非常悲痛。当他的女儿清楚地得知耶弗他向耶和华所许的愿以后。就甘心愿意按耶弗他所许的愿去作。只是她求父亲容许她离家两个月，她要和同伴们到山上去，为她没有出嫁就死去而哀伤。耶弗他容她去了两个月。两个月以后，耶弗他就照自己所许的还了愿。（士 11：32—40）

6）以色列族的以法莲支派人要和耶弗他争战，他们找到耶弗他说："你去与亚扪人争战，为什么没有招我们同去呢？"耶弗他对他们说，他和亚扪人争战以前，曾经去找过以法莲人，但以法莲人那时并没有来帮助耶弗他这些人。最后耶弗他只得和以法莲争战，并且打败了他们。（士 12：1—6）

7）耶弗他作以色列的士师共六年。（士 12：7）

耶户（**Jehu**）

同名叫耶户的有五个人。

1. 居住在亚拿突的便雅悯人耶户。（代上 12：3）

2. 犹大支派中俄备得的儿子耶户。（代上 2：38）

3. 西缅支派中的族长耶户。（代上 4：35）

4. **先知耶户。**

   1）当年以色列王巴沙作耶和华眼中看为恶的事，哈拿尼的儿子耶户曾当面责备巴沙说，耶和华神从尘埃中提拔了巴沙，而巴沙却使以色列人陷在罪恶里，所以耶和华神发怒必除尽巴沙家的人。（王上 16：1—4）巴沙死后，巴沙的儿子以拉登基作王仅两年，便被他的大臣篡位，巴沙的全家尽都被杀，应验了先知耶户的话。（王上 16：8—12）

   2）犹大王约沙法曾帮助过以色列的恶王亚哈，先知耶户又去责备约沙法说："你岂当帮助恶人，爱那恨恶耶和华的人呢？因此耶和华的忿怒临到你。"（代下 18：28—19：2）此后有外族人来攻击约沙法，约沙法定意寻求耶和华，在犹大全地宣告禁食，求耶和华帮助。（代下 20：1—5）终于胜过了外族人。（代下 20：20—26）

   3）耶户还曾写过书卷，记载约沙法王的事迹。（代下 20：34）

5. **以色列国第十代的国王耶户。**

   1）起先耶户是亚哈王的亲信官员，根据他的自述推论，很可能当初亚哈使人杀害拿伯和他的儿子们时，耶户也是在场的。（王下 9：26）并且当亚哈杀害拿伯之后，在以利亚斥责亚哈作恶，而且预言亚哈全家必被除尽的时候，耶户也听到了以利亚的预言。（王下 9：25；参见王上 21：17—21）

2）耶户既是亚哈的近臣，甚至当亚哈去强占拿伯的葡萄园时，耶户也坐车跟随着亚哈（王下9：25；参见王上21：18）；那么，后来亚哈在作战时，他的血流在战车上而死，竟有狗来舔亚哈的血，应验了以利亚的预言，这件事耶户也很可能亲眼目睹过。（王上22：34—38）

3）亚哈死后，他的儿子亚哈谢作王两年，跌伤而死。亚哈谢死后，亚哈的另一个儿子约兰继承了王位。（王上22：51；王下1：2；1：17）约兰仍然作耶和华眼中看为恶的事。（王下3：3）从前先知以利亚早就受耶和华之命要膏立耶户作王。（王上19：15—16）在约兰作王12年时（王下8：25），以利亚带领的先知以利沙，派了一个青年先知去膏立耶户，耶户便作了以色列王。（王下9：1—13）

4）耶户作王后射死了约兰，把约兰的尸体扔在亚哈杀害的拿伯的田地里。（王下9：21—26）

5）那时犹大王和亚哈的亲属结亲，受亚哈和他妻子耶洗别的影响，犹大连续几个国王都作耶和华眼中看为恶的事。（王下8：17—18；8：25—27）当耶户射杀以色列王约兰时，犹大王也正和约兰同在一起，耶户也击伤了犹大王，不久他也死去。（王下9：21—27）

6）约兰虽然死了，但那时他的母亲耶洗别还活在世上。耶洗别曾经供养了400个假神的先知（王上18：19），却杀害了耶和华的许多先知（王上18：4），并且还曾想杀害耶和华神重用的先知以利亚。（王上19：2）耶户领兵逼近耶洗别的宫室，耶洗别擦粉梳头想体面地死去。但有两三个宦官，依从耶户的命令，将耶洗别扔下楼去。耶洗别的身体被战车的军马践

踏。其后要埋葬她时，只找到了她的头骨、手和脚掌，其余的都被狗吃掉。完全应验了以利亚的预言。（王下 9：30—37）

7）亚哈有 70 个儿子在撒玛利亚。耶户写信送到该地，通知城里的首领们，叫他们从他们的旧王亚哈的儿子们当中选立一人为王，并且希望他们为他们的主人来作战。但是那些首领们都很惧怕，他们自知是不能与耶户对抗的，就投降了耶户。耶户又给他们写信，要求他们把亚哈的 70 个王子杀死，把这些王子们的首级带给耶户，以表诚意。这封信一到，当地的首领们就杀了这些王子，用筐装了他们的首级，献给耶户。凡亚哈家剩下的人，和他的大臣、密友、祭司，耶户尽都杀了，没有留下一个。（王下 10：1—11）

8）耶户招聚众民，他说要给假神巴力献大祭。应当叫巴力的众先知和一切拜巴力的人，并巴力的众祭司都聚集起来，不可缺少一人。凡不来的必不得活。当拜巴力的人都来齐了之后，他们进了巴力庙，耶户叫掌管礼服的人来，给一切拜巴力的人都穿上礼服以辨真伪。耶户进了巴力庙说，你们察看察看，这里不可有耶和华的仆人，只可容留拜巴力的人。当下他出来，就命令护卫和众军长进去杀死所有的拜巴力的人，并且烧毁了巴力庙。（王下 10：18—28）

9）虽然耶户在以色列中灭了巴力，但是耶户仍然使以色列人拜金牛犊。（王下 10：28—30）

10）耶户在撒玛利亚作以色列王 28 年，耶户死后，他的儿子约哈斯接续他作王。（王下 10：35—36）耶户按耶和华神的心意除掉了亚哈家族拜假神的罪恶风习，耶和华神应许他的子孙接续坐以色列的国位，直到四代。（王下 10：30）后来这

话也果然应验了。（王下 15：12）

耶利米 （**Jeremiah**）

同名叫耶利米的有八个人。

1. **先知耶利米**。

1) 耶利米是在犹大国第十六代国王约西亚年间开始作先知的，历经五代国王。直到犹大人亡国被掳时，耶和华的话常临到耶利米。（耶 1：1—3）耶利米共作先知 40 余年。

2) 耶利米初蒙召的时候还很年幼。但耶和华对耶利米说："你不要说：'我是年幼的。'因为我差遣你到谁那里去，你都要去。我吩咐你说什么话，你都要说。"（耶 1：4—10）神并且慰勉耶利米，要成为"坚城，铁柱，铜墙"。（耶 1：18）

3) 耶利米列举以色列人及犹大人的罪恶，劝勉他们悔改，预言他们将受耶和华神的刑罚。（耶 2—11 章）但是他本乡的亚实突人首先反对耶利米，不让耶利米再说预言，并且用死来威吓他。（耶 11：21）然而耶利米继续警戒以色列人和犹大人。（耶 12—18 章）甚至激怒了某些人要设计谋害耶利米。（耶 18：18）

4) 耶利米指责以色列和犹大的首领们说："他们从最小的到至大的都一味地贪婪，从先知到祭司都行事虚谎。他们轻轻忽忽地医治我百姓的损伤，说：'平安了，平安了。'其实没有平安。"（耶 8：10—11）

5) 论到以色列及犹大人被异族人杀戮时，耶利米说："但愿我的头为水，我的眼为泪的泉源，我好为我百姓中被杀的人，昼夜哭泣。"（耶 9：1）

6）他预言犹大人被掳后将像两筐无花果。好的一筐无花果将要归回耶路撒冷，作神的子民；坏的一筐无花果将在天下万国中被抛来抛去，被人凌辱、讥笑、咒诅。（耶 24：1—9）

7）耶利米预言犹大人被巴比伦人掳去 70 年后，巴比伦王将遭受刑罚。（耶 25：11—12）这一预言以后果然应验了。历史记述，巴比伦灭了犹大国以后 70 年，巴比伦却被波斯王古列所灭。当年古列王即下令允许犹大人回国。（拉 1：1—3）

8）由于耶利米直言指责犹大的先知和祭司，曾多次被打被囚，只是第一次被囚仅一天，第二天便获释了。（耶 20：1—3）

9）犹大王约雅敬第四年，耶利米遵照耶和华的托付，召了巴录来，把耶和华对耶利米所说的话，让巴录都写在书卷上，并且叫巴录在圣殿中，把书卷上的话宣读给百姓们听，希望犹大人回头离开恶道。（耶 36：1—8）

10）巴录所念的书卷，使一些首领们听了十分害怕。后来这一书卷被辗转送到了犹大王约雅敬面前。犹大王听人读了很少一部分，就割破书卷，把它烧毁，并且下令捉拿文士巴录和先知耶利米。但耶和华却把他们隐藏起来了。（耶 36：20—26）

11）以后耶利米按耶和华的吩咐，把约雅敬所烧的书卷上的话，叫巴录重新又写了一部书卷；并且另外又添了许多相仿的话。（耶 36：20—32）

12）到西底家作犹大王时，西底家和他的臣仆也都不听耶利米的话。（耶 37：1—2）

13）后来，迦勒底人（即巴比伦人）围困了耶路撒冷。但迦勒底人听到埃及王的军队出来帮助西底家，迦勒底的军队就拔营离开了耶路撒冷。（耶 37：5；参看耶 37：7）这时耶利米要往便雅悯地去得自己的地业。就杂在民中出离耶路撒冷。但守门官却拿住耶利米,说他是去投降迦勒底人。当地的首领们恼怒耶利米,就打了他,把他下在监里。(耶37:12—15)

14)耶利米被囚多日,西底家下令把他改禁在护卫兵的院子里。但不久,又被西底家的大臣下在枯井里,陷在淤泥中,等他死在里面。幸而有一个太监请求西底家,西底家又下令把耶利米从井中系上来,仍然囚在护卫兵的院子里。(耶37:16—38:13)

15)耶利米被囚期间,曾直言不讳地向西底家讲明,西底家应该听从耶和华神的引领。但是西底家并未听从耶利米的忠言。最后巴比伦人(即迦勒底人)攻陷了耶路撒冷,犹大国从此灭亡。那时耶利米仍在囚禁中,巴比伦王把耶利米放了出来。于是耶利米住在居民之中。(耶38:14—39:14)

16)有些人不听耶和华的话,要到埃及去,耶利米警戒他们不要去埃及。(耶42:13—17)但这些人不肯听从耶和华的话,却把耶利米和巴录带着都一同去了埃及。(耶43:4—7)然而,耶利米在埃及仍旧继续传讲耶和华神的预言和真道。(耶43:8—44:30)

17)耶利米除了写有耶利米书和耶利米哀歌之外,有些诗篇也可能出自耶利米之手。因为从文笔看来,有几篇诗篇和耶利米的写作非常近似。

2. 其他几个叫耶利米的人,圣经未记他有多少事迹。

他们的名字见于下列经文:

1)代上12:4　　2)代上12:10　　3)代上12:13

4)代上5:24　　5)王下23:31　　6)尼12:1

7）尼 10：2

耶罗波安（Jeroboam）

在以色列王国中，有两个国王都名叫耶罗波安。

1. **耶罗波安一世。**

1）耶罗波安是以色列与犹大分裂后的第一位以色列国王，是以
法莲人，他的母亲是寡妇，名叫洗鲁阿。（王上 11：26）

2）耶罗波安在青年时就很有才能，所罗门见他很殷勤，就派他
监管约瑟家的一切工程。（王上 11：28）而当时，"约瑟家"
常意指以色列的十个支派。（摩 5：6）

3）那时所罗门曾大兴土木，除了修建圣殿、王宫之外，还在多
处修筑城墙、建造城邑。（王上 9：15—21）多年来劳民伤财，
百姓已经感到负担甚重。（王上 12：4）有一天，耶罗波安出
了耶路撒冷，在田野间，先知亚希雅把自己穿的新衣服撕成
十二片，让耶罗波安拿取十片，并对他说："耶和华以色列的
神如此说：'我必将国从所罗门手里夺回，将十个支派赐给
你。'"。（王上 11：29—31）耶罗波安当时已有背叛所罗门的
可能，"所罗门因此想要杀耶罗波安，耶罗波安却起身逃往埃
及。"直到所罗门死后，他才从埃及回来。（王上 11：40；
12：20）

4）所罗门死后，北部诸族聚议于示剑，还是想推崇所罗门的儿
子罗波安为王。当时罗波安已经在耶路撒冷即位，民众要求
罗波安能以减轻赋税和劳役为拥戴罗波安的条件，但罗波安
没有允许民众的申请，并用严词斥责民众，以致失去民心，
以色列民众对罗波安王说："我们与大卫有什么分儿呢？与耶

西的儿子并没有关涉，以色列人哪，各回各家去吧"。于是以
色列人都回自己家去，惟独住犹大城邑的以色列人，罗波安
仍作他们的王，罗波安差遣掌管服苦役人的亚多兰往以色列
那里去，众民就用石头打死他。罗波安惧怕了，便乘车逃回
耶路撒冷。以色列众人听说见耶罗波安回来了，就打发人请
耶罗波安到会众面前，立他做以色列众人的王。（王上12：
1—20）

5）耶罗波安即位后，建筑示剑，并住在示剑作为都城。又建筑
约但河东毗努伊勒，和其他几个城邑。得撒是最后建立的都
城。他常与罗波安争战。（王上12：25；14：17，30）

6）耶罗波安铸造了两个金牛犊，一只安在伯特利，一只安在但，
让以色列人敬拜金牛犊，这事叫百姓陷在罪中。并在丘坛那
里建殿，将不属利未人的凡民立为祭司。耶罗波安凭借王权，
逼迫以色列人背弃耶和华神，以致耶和华神借着先知向以色
列人宣告，耶罗波安的家将连根拔除，凡顺从耶罗波安去拜
偶像的人也将驱出故乡飘流异地，至于耶罗波安的儿子也必
夭折。耶罗波安在位22年而死。（王上12：26—14：20）

2. **耶罗波安二世。**

1）耶罗波安二世是约阿施的儿子，是以色列国第十三个国王，
也是耶户王朝的第四个王，耶罗波安二世在位41年。（王下
14：23—29）

2）耶罗波安在位时开拓国土规模颇大，所征集纳贡的东西都贮
藏在撒玛利亚府库中。由于聚敛资财太丰富，也骄奢极欲，
大兴土木之工，有过于亚哈的象牙室，还有许多崇楼峻宇，
但是国境内民情困苦已达极点，拜偶像的风气非常普遍。因

此先知阿摩司到伯特利向众人宣告耶和华神的晓谕，邱坛必将倾倒，耶和华将要用刀剑击杀耶罗波安家。（摩1：1；3：14—15；7：9；摩其他章节）

3）耶罗波安死后由他的儿子撒迦利雅继位。（王下14：28—29）

耶孙（Jason）

保罗和西拉在帖撒罗尼迦传道时，耶孙曾接待他们到自己的家中。当时有些虔诚的希腊人和一些尊贵的妇女信奉了耶稣。佢有些犹太人心里嫉妒，就聚集市井匪类，闯进耶孙的家，要寻索保罗、西拉。他们没有找到保罗、西拉，就把耶孙和几个信徒拉到地方官那里，控告说，保罗和西拉是扰乱天下的，而耶孙却接待了保罗和西拉。并说这些人都违背了该撒的命令，因为保罗等人传道说耶稣是王。地方官取了耶孙等人的保状，释放了他们。保罗和西拉便离开了帖撒罗尼迦，到庇哩亚去传道。（徒17：1—10）后来耶孙也时而伴随保罗。保罗给罗马的信徒写信时，曾说耶孙是和他一同作教会工作的"同工"，并代耶孙问候罗马的信徒们。（罗16：21）

耶西（Jesse）

1. 耶西是法勒斯族俄备得的儿子，是摩西时犹大族长拿顺的后裔，也是摩押妇女路得的后裔。（得4：18—22）

2. 耶西有八个儿子，最小的儿子就是大卫。（撒上17：12—14）耶西还有两个女儿，但是耶西的两个女儿不是与大卫同一母亲所生的。（代上2：16；撒下17：25）

3. 耶西居住在伯利恒，撒母耳奉耶和华神的命令到伯利恒用油膏耶西的儿子为以色列王，耶西的七个儿子按长幼次序来到撒母耳面前，都没有受膏。但当撒母耳见到大卫时，便立即用油膏他。（撒上 16：1—13）

4. 扫罗嫉妒大卫，常叫大卫为耶西之子以讥笑大卫出身卑微，其实扫罗却忘了他的父亲也像大卫的父亲一样，并不是出于王侯之家。（撒上 20：31；22：7；25：10）

5. 大卫受扫罗追逼，到处逃亡，逃到亚杜兰洞，他的弟兄和他父母全家听见后就下到他那里。大卫觉得，他的父母会由于扫罗的追逼而同受逃亡的苦楚，便将他的父母送到摩押去。摩押乃是耶西的祖母路得的故乡。耶西等人受摩押王的保护，直到大卫确知耶和华神使他立业时，才把父母从摩押迎接回来。（撒下 22：1—4）

6. 先知以赛亚曾预言："从耶西的残干上要生出嫩芽，有一位新王要从他的后代兴起。"（赛 11：1 新译）以赛亚并且说："到那日，耶西的根立作万民的大旗。外邦人必寻求他。他安息之所大有荣耀。"（赛 11：10）以赛亚所处的年代，正当大卫去世 200 余年之后，是以色列人正在水深火热患难重重的时期。那时以赛亚便预言，耶西的后裔中将有弥赛亚（即耶稣基督）降生，而且以色列族以外的列邦万民都要寻求他，这对以色列人乃是极大的福音。因此以赛亚说："所以你们必从救恩的泉源欢然取水。"（赛 12：3）

耶洗别 （**Jezebel**）

同名叫耶洗别的有两个女人。一个在旧约，一个在新约。

1. **旧约里的耶洗别**。

   1）耶洗别是西顿王谒巴力的女儿，也是以色列分裂之后，第七代国王亚哈的王后。她引诱亚哈，竟在耶和华选民以色列的都城建造假神巴力庙（巴力即所谓的太阳神），同时又竖起一根假神亚舍拉（亚舍拉即是所谓管生育的女神）因此使独一的真神耶和华极为震怒。（王上 16：31—33）

2）耶洗别阴险毒辣，把持朝政，竟在敬奉耶和华的国度里，杀害了许多耶和华的先知。（王上 18：4）同时却供养了事奉亚舍拉的先知 400 人，另外还有事奉巴力的先知 450 人。（王上 18：19）

3）耶和华的著名先知以利亚，设法聚集以色列人到迦密山顶，靠着耶和华的权能，证实了耶洗别所供奉的巴力是假神，激动以色列人，杀了那些假神的先知，因此耶洗别十分恼怒，起誓要杀死以利亚，但以利亚却逃脱了她的毒手。（王上 18：19—19：3）

4）耶洗别另有一件罪行，她为了帮助她的丈夫亚哈夺取拿伯的葡萄园，竟恶毒地派人诬告拿伯，用石头把拿伯活活地打死。（王上 21：1—16）

5）由于耶洗别罪大恶极，先知以利亚预言说，将来狗要吃耶洗别的肉。（王上 21：23）

6）亚哈死后 11 年，耶和华膏立耶户作以色列的王，并且指示耶户击杀亚哈的全家，惩罚耶洗别杀害众先知的罪。（王下 9：6—7）耶户带着兵丁，先杀了耶洗别的儿子，遵照耶和华的预言，把他的尸体抛在拿伯的田间，又围住了耶洗别的住所。耶洗别擦粉梳头，准备体面地死去。她从窗户里往外观看的时候，耶户抬头对着窗户说，上面的人谁顺从我，把她扔下来，立时有两三个太监，把耶洗别从上面扔了出来，摔死在窗下，她的血溅在了墙上和马上。耶户赶着马踏过了她的身体，进到王宫。耶户吃过饭后，心想耶洗别总是个王室人员，就叫人去安葬她，但田间的狗，已经吃了她的肉，只剩下头骨和脚与手掌了。耶洗别往日的威风完全扫地。尽管梳妆打扮，也免不了可耻的结局，完全应验了先知以利亚的预言。（王下9：22—37）

2. **新约里的耶洗别**。这个耶洗别是推雅推喇城一个自称为先知的女人。她引诱圣徒犯奸淫罪，并且叫圣徒去吃祭祀假神的食物。神说，曾给过她悔改的机会，她却不肯悔改。故此神要叫她病卧在床；与她一同作恶的，若不悔改，要同受患难，被神击杀。这样好叫众教会知道，神是察看人肺腑心肠的，并要照各人的行为报应各人。（启2：20—23）

叶忒罗 （Jethro）

1. 叶忒罗是米甸的祭司，是摩西的岳父，叶忒罗又名流珥，流珥译出来是"上主之友"。（出3：1；2：18）

2. 叶忒罗生有七个女儿，都在家帮助父亲牧羊，摩西从埃及逃跑来到米甸，遇见叶忒罗的女儿们，摩西帮助她们汲水饮羊，才得来到叶忒罗家中，并且娶叶忒罗女儿西坡拉为妻，于是摩西为叶忒罗牧羊约40年之久。（出3：1—2；徒7：30）

3. 摩西在米甸牧养他岳父的羊群，一日摩西领羊群往野外去，到了神的山就是何烈山，耶和华的使者从荆棘里火焰中向摩西显现，耶和华神说："我是你父亲的神，是亚伯拉罕的神，以撒的神，雅各的神。"并说："我的百姓在埃及所受的困苦，我实在看见了。……我下来是要救他们。……我要打发你去见法老，使你可以将我的百姓以色列人从埃及领出来。"摩西又得到了叶忒罗的赞同，便携带妻子和两个儿子上埃及去。（出3：1—出4：20）

以后摩西又打发他的妻子和儿子回到他的岳父叶忒罗家里去。（出18：2）直到以色列人过红海入米甸境后，叶忒罗才将摩西的妻子和儿子送归摩西。（出18：1—7）

4. 叶忒罗当时见以色列人得救，心中愉快而献祭给耶和华。（出18：12）又见摩西治理希伯来人，无论事情大小都亲自裁决，太劳累了，于是为摩西献计，派人专司其职，分理民事。摩西依从岳父叶忒罗所劝，立千夫长，百夫长，五十夫长以助理摩西办事，不久叶忒罗就归回米甸去了。（出18：13—27）

伊施波设（**Ishbosheth**）

伊施波设是扫罗王的儿子（撒下2：8），他的原名叫伊施巴力。（代上9：39）伊施波设的意思是是"受羞辱的人"。当年扫罗厌弃耶和华的命令，耶和华即厌弃他作王。（撒上15：23）后来非利士人与扫罗及以色列人在基利波作战，扫罗和伊施波设三个哥哥都战败而死。（撒上31：1—4）扫罗的元帅押尼珥拥立伊施波设作以色列的王，伊施波设登基的时候年40岁，在位两年。这时犹大支派的人都归从大卫，大卫便作犹大的王。（撒下2：8—11）双方时常争战，大卫日见强盛，而扫罗家族伊施波设的国势日见衰弱。（撒下3：1）伊施波设的元帅押尼珥归顺了大卫（撒下3：12），但大卫的元帅约押却杀死了押尼珥。（撒下3：27）伊施波设听说押尼珥死了，手就发软。（撒下4：1）后来伊施波设被他的两个军长杀死，来向大卫请功。（撒下4：2；撒下4：5—8）大卫埋葬了伊施波设。（撒下4：9—12）大卫便成以色列和犹大联合王国的国王。（撒下5：1—5）

以巴弗 (Epaphras)

1. 简介：以巴弗是歌罗西教会的圣徒，也是常和保罗一同工作的传道者。（西4：12）

2. 圣经记载：

    1) 保罗第一次被囚在罗马时，以巴弗曾和保罗一同坐监。（门23）

    2) 保罗在写给歌罗西圣徒的信中说，以巴弗是大家所敬爱的，也是一同传道的。（西1：7）有人认为歌罗西的信徒，可能最初是以巴弗传道而悔改信道的。保罗并且说，以巴弗常为歌罗西教会祷告；以巴弗曾为歌罗西、老底嘉等处信徒多多地劳苦过。（西4：12—13）

以巴弗提 (Epaphtoditus)

1. 简介：以巴弗提是腓立比教会的信徒。曾带着腓立比的馈赠，到罗马来看望保罗。（腓4：18）当时保罗第一次被囚在罗马。他给腓立比教会写了信，并且叫以巴弗提带着信又回到腓立比去。（腓2：25）

2. 圣经记载：

    1) 保罗说以巴弗提是"我的兄弟，与我一同作工"，一同服事神的。（腓2：25）

    2) 以巴弗提为了基督的工作，甚至不顾性命。他在照料保罗的时候，自己却病了。保罗说信徒们应当尊重这样的人。（腓2：26—30）

以拜尼土 (Epenetus)

以拜尼土是在亚细亚省首先信奉耶稣为救主的基督徒，后来居住

在罗马。保罗给罗马的信徒写信时，曾在信中问候他。（罗16：5）

以比赞 （Ibzan）

以比赞在耶弗他之后作以色列的士师七年。居住在伯利恒，死后也埋葬于伯利恒。（士12：8—10）

以东 （以东人） Edom （Edomites）

以东是红的意思。当年以扫出生后身体肤色发红。（创25：25）后来他要喝他兄弟雅各的红汤，又把长子的名分卖给了雅各，因此以扫又叫以东。（创25：30，参看经文中的小字）关于以扫的经历事迹，请参看本书"以扫"条。以扫的后裔便称为以东人。（创36：9）

以法莲 （Ephraim）

以法莲是约瑟的第二个儿子。以法莲的意思是"使之昌盛"。他出生在埃及，是玛拿西的兄弟（创41：51—52），但雅各临终前把以法莲和玛拿西立为后嗣（创48：5），所以他们二人的后裔，分别被称为以法莲支派和玛拿西支派。而且雅各为他们祝福时，又立以法莲在玛拿西之上，并说以法莲的后裔要成为多族。（创48：17—20）

以笏 （Ehud）

在以色列人的士师时代，以色列人曾被摩押人的王伊矶伦挟制了18年。以色列人呼求耶和华的时候，神就为他们兴起一位拯救者名，叫以笏。以笏打了一把两刃的剑，带在右腿上衣服里面。以笏叫人抬礼物一起去献给伊矶伦。献完礼物，把抬礼物的人打发走了，自己却回来对伊矶伦说有机密事要奏告。伊矶伦叫侍立的人都退去后，以笏便拔出剑来刺入伊矶伦的肚腹，直穿通了后身。以笏出到游廊，把楼门尽都关锁起来，便出来走了。伊矶伦的仆人们看见楼门关锁，以为伊矶伦是在解大便。他们等了很久，等烦了，就拿钥匙开了门，他们不料，伊矶伦已经死了。以笏回到以色列人中，带着以色列人击杀了一万摩押人，这样摩押人便被以色列人制服了。以色列人太平了 80 年。（士 3：14—30）

以拉（**Elah，lra**）

中文圣经中名字译作以拉的共有八人。

1. **以色列国第四代国王以拉**。以拉的父亲巴沙是杀害了上一代的国王而篡位的。巴沙死后以拉作王才两年，便在喝醉的时候又被他的大臣杀死，被别人篡夺了王位。以拉在位时仍是拜假神，和他父亲一样使以色列人陷入罪中。（王上 16：8—14）

2. 大卫的宰相以拉。（撒下 20：26）

3. 大卫的勇士以拉。（撒下 23：38）

4. 大卫的另一勇士以拉。（撒下 23：26）

5. 便雅悯地的以拉。（王上 4：18）

6. 迦勒的儿子以拉。（代上 4：15）

7. 何细亚的父亲以拉。（王下 15：30）

8. 便雅悯的族长以拉。（代上 9：8）

以拉都（**Erastus**）

1. 简介：新约圣经里三次提到以拉都，可能是同一个人。

2. 圣经记载：

  1）以拉都是帮助保罗传道的人员之一。当年保罗在以弗所传道时，曾差派以拉都和提摩太往马其顿去。（徒 19：22）

  2）以拉都是在哥林多管银库的。（罗 16：23）

  3）保罗殉道前向提摩太说，以拉都在哥林多住下了。（提后 4：20）

以利（Eli）

1. 简介：以利是祭司亚伦的后代。当先知撒母耳年幼时，以利在示罗城作祭司，并兼作士师 40 年，治理以色列民。

2. 圣经记载：

1）先知撒母耳幼年时，在祭司以利面前事奉耶和华。（撒上 2：11）

2）以利的两个儿子是恶人，他们二人虽然都做祭司，但是他们并不认识耶和华，也不按律法的规定献祭，并且还和那些在会幕门前工作的妇人苟合。（撒上 2：12—17，22）当以利得知他两个儿子的罪行后，只是以善言相劝，并不加以严责，而是听之任之。（撒上 2：22—25）曾经有位神人来见以利，并且预言耶和华神必降灾给以利和他的全家。这位神人还说，由于以利尊重他的儿子过于尊重耶和华，他的两个儿子必将同日而死。（撒上 2：27—36）关于耶和华神将惩罚以利一家的事，撒母耳也曾得到耶和华的启示。（撒上 3：1—4）

3）后来，以色列人和非利士人争战，以色列人战败，以利的两个儿子同日阵亡，应验了神人的预言。耶和华神的约柜也被掳去。（撒上 4：1—11）当日，以利正在道旁坐在自己的座位上观望，为耶和华神的约柜心里担忧。当以利听到报信的人说以色列人战败、他的两个儿子阵亡、约柜被掳的时候，以利当即跌倒在门

旁，折断颈项而死，时年 98 岁。(撒上 4：12—8)

4) 到了所罗门王的时候，所罗门革除了以利的后代亚比亚他的祭司职务。"这样，便应验耶和华在示罗论以利家所说的话。"(王上 2：27)

以利法 （Eliphaz）

圣经中同名叫以利法的共有二人。

1. **约伯的三个朋友之一以利法。**

    1) 当约伯遭受撒但的试探击打落入患难的时候，以利法等约伯的三个朋友各从本地来安慰约伯。(伯 2：11)

    2) 以利法责备约伯，说约伯受苦乃是因为他有罪。(伯 15：4—35) 他认为约伯遭遇苦难的原因只有一个，就是自己的罪。当约伯极度痛苦的时候，以利法与约伯争论，甚至以极严厉的话责备他，因而反叫约伯愁烦。(伯 16：1) 当约伯自卑自责之后，耶和华直接同约伯说话。耶和华没有定约伯为有罪，耶和华指明，人不可与神争论。(伯 40：2) 耶和华要约伯相信他的大能与智慧。(伯 38：1—41)

    3) 以利法等三人对约伯不信任的指责，使耶和华向他们三人发怒。约伯为他的朋友们祈祷，耶和华就使约伯从苦境中转回，神赐给约伯的福分，比先前更多。(伯 42：7—12)

2. 以扫的儿子以利法。(创 36：4；代上 1：35)

以利户 （Elihu）

圣经中同名叫以利户的共有五人。

1. **约伯的年轻友人以利户。**(伯 32：6) 约伯因为受试炼，在痛苦中曾说："我是公义，神夺去我的理。我虽有理，还算为说谎言的。

我虽无过，受的伤还不能医治。"（伯 34：5—6）又说："人以神为乐，总是无益。"（伯 34：9）对于约伯这些自以为义的话，以利户在圣灵的感动下向约伯说："神必不作恶，全能者也不偏离公平。"（伯 34：12）耶和华神"用难测之法，打破有能力的人"。（伯 34：24）"神借着困苦，救拔困苦人。"（伯 36：15）"神为大，我们不能全知。"（伯 36：26）以利户并且说："约伯啊，你要留心听，要站立思想神奇妙的作为。"（伯 37：14）以利户向约伯讲了以上的教训后，神亲自教导约伯，（伯 38：1）约伯终于认罪自责。（伯 42：1—6）后来耶和华责备以利法等三人，却并未责备以利户。（伯 42：7）

2. 先知撒母耳的曾祖以利户。（撒上 1：1）

3. 大卫的长兄以利户。（代上 27：18）

4. 投奔大卫的千夫长以利户。（代上 12：20）

5. 可拉族的一个守殿门的人以利户。（代上 26：1，7）

以利沙（Elisha）

1. 简介：以利沙是先知以利亚的门徒，继以利亚为众先知的领袖。

2. 圣经记载：

1）以利沙原从事农业，以利亚照耶和华的话膏以利沙接任他为先知。以利亚前去召他时，以利沙正在耕田，以利亚将自己的外衣搭在他身上，以利沙立即放下了工作，辞别父母，就起身跟随以利亚并服事他。（王上 19：19—21）

2）当以利亚被接升天之前，曾三次要以利沙留下等候，但他仍坚持与以利亚同行，最后以利亚问他有何所求？以利沙说："愿感动你的灵加倍地感动我。"（王下 2：1—10）以利亚被接上升后，以利沙返回时用以利亚的外衣击打约旦河水，水就分开了，所作的神迹与以利亚过河时相同。其他先知门徒见到这事就说："感动以利亚的灵感动了以利沙"，他们就迎接他，在他面前俯伏于地。（王下2：11—15）

3）以利沙继承以利亚的工作，派一位门徒去膏耶户为以色列王，并对耶户说，耶和华要耶户击杀亚哈全家，在耶洗别身上伸众先知和耶和华一切仆人流血的冤。（王下9：1—7）

4）以利沙病危，以色列国王约阿施亲临看望，伏在他脸上哭泣，称以利沙为父，是以色列的战车马兵。于是以利沙要王取弓箭，按手在国王拿弓的手上叫王发射。以利沙说："这是耶和华的得胜箭，就是战胜亚兰人的箭，因为你必在亚弗攻打亚兰人，直到灭尽他们。"但王仅射了三次便止住了。以利沙向他发怒说："现在只能打败亚兰人三次。"（王下13：14—19）

5）以利沙一生行了许多神迹，重要的有：

①亚兰王的元帅乃缦患了麻风，一位被掳来作婢女的以色列女子向乃缦的妻子建议说：乃缦去撒玛利亚见先知必得医治。乃缦向国王报告了这个建议，亚兰王同意他去，并带了大量贵重礼物和给以色列王的信。信中要求以色列王治好乃缦的病。以色列王见信后就撕裂衣服并说："我岂是神，能使人死使人活呢？……这人何以寻隙攻击我呢？"以利沙得知此事，便派人去见国王，让乃缦来到他的家。乃缦来后以利沙只派一个信使通知他去约旦河沐浴七回，就必复原，得到洁净。乃缦认为以利沙没有亲自为他祈祷医治，便要转身而去。后经其仆人的劝说才照以利沙的话去做，沐浴七回后果然得治。乃缦回到以利沙处献上厚礼，以利沙不受，乃缦

认了拜假神的罪，并表示今后只献祭给耶和华。以后，以利沙告诉他可以平平安安地回去。（王下 5：1—19）

②亚兰王在与以色列争战时，他与臣仆所定的计划多次被以利沙派人告知以色列王，因而亚兰王未能取胜。亚兰王因此惊疑，以为内部有人帮助以色列王。于是有人指出并无人帮助以色列人，这乃是以利沙所为。亚兰王探知先知以利沙住在多坍，就派大军去围攻那城。敌人下到以利沙那里。以利沙祷告耶和华使他们的眼目昏迷，并将他们领到了撒玛利亚，又求耶和华神开敌人的眼目。他们发现自己在撒玛利亚城中。以色列王见到这些敌人，就问以利沙可否击杀他们。以利沙说："不可击杀他们。……当在他们面前设摆饮食，使他们吃喝，回到他们的主人那里"，以色列王照办后这批亚兰军停止了对以色列领土的进犯。（王下 6：8—23）

③此后，亚兰王便哈达聚集他的全军，上来围困撒玛利亚，因而城内饥荒甚至易子而食。以色列王听到此事竟归罪于以利沙，要将他杀死。以色列王来到以利沙处说："这灾祸是从耶和华那里来的，我何必再仰望耶和华呢？"然而以利沙却向王预言说："明日约到这时候，在撒玛利亚城门口一细亚①细面要卖银一舍客勒。"② 在旁的一位军长不信这事，以利沙说："你必亲眼看见，却不得吃。"当日神"使亚兰人的军队听见车马的声音，是大军的声音"，他们认为是有诸王联合来进攻，便在黄昏弃营而逃。于是众人出城，携

---

① 一细亚约合 7.3 公升。

② 一舍客勒约合 10 克。

掠亚兰人的营地，结果一细亚细面卖一舍客勒。那位军长在城门口弹压群众，却被众人践踏而死，一切都应验了以利沙的预言。（王下6：24—7：20）

④以利沙的一个门徒死后，有债主来要他的两个儿子去作奴仆。这位门徒的遗孀来求以利沙，以利沙问她家里有什么？她回答说："除了一瓶油之外，没有什么。"以利沙告诉她回去要向邻舍借空的容器，不要少借。然后关上门在家里向所有容器里倒油，直到再没有容器了，油就止住了。以后以利沙要她卖油还债，余下的靠着度日。（王下4：1—7）

⑤以利沙还行了使书念的一位妇人的儿子复活、用20个大麦饼使百人吃饱等多项神迹。（王下4：8—44）

以利沙伯（Elizabeth）

以利沙伯是亚伦的后人，是祭司撒迦利亚的妻子。她老年怀孕，生了施洗的约翰。她的事迹详见"撒迦利亚"条中"施洗约翰的父亲"一项。

以利亚（Elijah）

以利亚的意思是"耶和华是神"，同名叫以利亚的有两个人。

1. 便雅悯支派的一个族长以利亚。圣经上只提到他住在耶路撒冷，别无记载。（代上8：27—28）

2. **以色列的伟大先知以利亚。**

1）以利亚所处的时代

所罗门死后，以色列国分裂为北方的以色列国和南方的犹大国。几十年之后，亚哈作以色列的国王，他娶了耶洗别为妻。

耶洗别唆使亚哈供奉巴力（Baal，即所谓的太阳神）。甚至在都城撒玛利亚建立了巴力庙，在庙内修筑了向巴力献祭的祭坛。（王上16：29—32）那时巴力教的先知们提倡杀死男婴作为献祭的祭物。耶洗别在以色列全国供养了450个巴力的先知。（王上18：19）可以想见，这些巴力的先知，不仅会诋毁真神耶和华，也将给以色列人带来极大的祸害。按当时的习惯，以巴力为太阳神的，常常并立亚斯他禄（Ashtaroth，即月亮神）为巴力的妻子。而祭祀亚斯他禄的仪式又很淫秽下流。除此之外，亚哈和耶洗别还立了木偶柱像供奉亚舍拉（Asherah，即所谓管理生育的女神）。（王上16：33）耶洗别供养了400个亚舍拉的先知（王上18：19），虽然亚哈保留有只说言言的耶和华的先知。（王上22：5—13）但是显然这些所谓的耶和华先知，大多附和亚哈和耶洗别，容许那些假神混杂在神的选民以色列人中间。而那些坚决信奉独一真神耶和华的众先知，却遭到了耶洗别的杀害。（王上18：4）甚至以利亚曾认为，耶和华的真先知只剩下了他一个人，而耶洗别还要追索他的性命。（王上19：14）以利亚就是在这样一种处境中，抵制耶洗别以及巴力的先知们，依靠耶和华而宣讲神的真道的。

2）以利亚预言的旱荒

①以利亚生在拿弗他利的提斯比，后来寄居在基列。由于亚哈敬拜巴力，混乱耶和华的真道，以利亚便对亚哈说，如今既是在信仰上真假混杂，所以我以利亚若不祷告耶和华，这几年就必不降露，必不下雨。（王上17：1）

②此后，以利亚遵照神的指示，隐居在约但河东边的基利溪

旁，耶和华命令乌鸦给他叼饼和肉来供养他，同时饮用溪水度日。以利亚就是这样凭着信心在那里等候。过了些日子，因为总不下雨，溪水终于干了。（王上17：2—7）

③耶和华又吩咐以利亚，到西顿的撒勒法去，住在一个寡妇家里。寡妇家中只剩下一把面一点油了，而且还有一个孩子。但是她凭着信心接待以利亚。他们三个人一起吃用多日，直到降雨的时日，坛里的面不见减少，瓶里的油也不见短缺。这个寡妇不仅供给了神的仆人，也使自己福杯满溢，毫无缺乏。（王上17：8—16）

④这期间，寡妇的儿子病了，后来竟病重而死，以利亚为孩子祷告，三次伏在孩子身上求告耶和华，神又使孩子复活了。（17：17—24）这样，便使那个寡妇看到了神的能力，进而也会使一些以色列人认识神的能力。

3）以利亚在迦密山顶的得胜

①到了第三年，耶和华指示以利亚去见亚哈。那时耶和华要降雨在地上，显明他的权能。（王上18：1）

②亚哈有一个主管王官事务的官员俄巴底。俄巴底十分敬畏耶和华。耶洗别杀害耶和华的众先知的时候，俄巴底藏起了100个先知，并且供养他们的生活需要。（王上18：3—4）那时候由于遍地荒旱。亚哈便与俄巴底分头去找水边的青草，以免牲畜灭绝。（王上18：5—6）以利亚在路上遇见了俄巴底，他叫俄巴底告诉亚哈，就说以利亚要见亚哈。那时亚哈到处搜索以利亚。俄巴底起初是不敢去禀报亚哈的，但在以利亚的敦促下，俄巴底便把以利亚的消息告诉了亚哈。（王上18：7—15）

③"亚哈见了以利亚便说：'使以色列遭灾的就是你么？'以利亚说：'使以色列遭灾的不是我，乃是你！'"以利亚一方面指出亚哈离弃耶和华拜巴力的罪行，一方面提出，把以色列百姓和事奉巴力与亚舍拉的850个先知，都聚集在迦密山顶，验证一下，到底谁是真正的神。亚哈同意了以利亚的要求。（王上18：16—20）

④当以利亚与亚哈，以及以色列的百姓，巴力与亚舍拉的先知们，都到了迦密山的时候，以利亚对百姓们说："你们心持两意要到几时呢？若耶和华是神，就当顺从耶和华；若巴力是神，就应当顺从巴力。"以利亚又对大家说："作耶和华先知的，只剩下我一个人。巴力的先知却有450个人。当给我们两只牛犊。巴力的先知可以挑选一只，切成块子，放在柴上，不要点火。我也预备一只牛犊，放在柴上，也不点火。你们求告你们神的名，我也求告耶和华的名。那降火显应的神，就是神。"大家回答说："这话甚好！"（王上18：20—24）

⑤于是以利亚对巴力的先知们说："你们既是人多，当先挑选一只牛犊，就求告你们神的名。"巴力的先知们，从早晨到午间求告巴力，他们在巴力的祭坛四周踊跳呼求巴力，但却没有效果。以利亚讥笑他们说："大声求告吧！因为他是'神'，他或默想，或睡觉，你们当叫醒他！"按照巴力教门的规矩，这些巴力的先知们，用刀枪自割自刺，遍体流血，狂呼乱叫，但是到了献晚祭的时候，却毫无动静。（王上18：25—29）

⑥以利亚把以色列人叫到近前，他先修好了已经毁坏的耶和

华的祭坛，又取了 12 块石头，每块石头代表以色列的一个支派，用这些石头筑了一座坛。他在坛的四周挖沟，沟里可以容下 14 公升的水，又在坛上摆好柴，把牛犊切成块子，放在柴上。然后以利亚叫以色列人用四个桶打水，把水浇在祭物和木柴上。这样倒水三次，直到坛四周的沟里也满了水。（王上 18：30—35）到了献晚祭的时候，先知以利亚近前来说："亚伯拉罕、以撒、以色列的神耶和华啊！求你今日使人知道你是以色列的神。……叫他们回心转意。"（王上 18：36—37 新译）"于是耶和华降下火来，烧尽燔祭、木柴、石头、尘土，又烧干沟里的水。众民看见了就俯伏在地说：'耶和华是神！耶和华是神！'以利亚对他们说：'拿住巴力的先知，不容一人逃脱！'众人就拿住他们"，杀了那些假神的先知。（王上 18：39—40）

⑦以利亚对亚哈说，你现在可以吃些东西，因为已经有大雨的响声了。以利亚上到迦密山顶，俯伏祷告求神降雨。祷告之后，叫仆人去向海那边观看。仆人回来说没有看见什么。以利亚祷告了七次，叫仆人也去观察了七次。第七次仆人回来说："我看见有一小片云，从海里上来，不过如人手那样大。"以利亚就叫仆人通知亚哈，让亚哈赶快回去，免得被大雨阻挡在山地里。顷刻之间，三年多未见雨水的土地上，竟普降甘霖。（王上 18：41—45）人们可以想见，由于神的权能，以色列人一日之间，他们的信仰和生活会受到何等大的影响。

4）以利亚在何烈山洞领受的使命

①以色列国久旱无雨已经饥荒遍地。现在耶和华施恩降雨，

亚哈本应回心转意。但是亚哈的妻子耶洗别听到巴力的众先知被杀之后，发誓要杀以利亚。以利亚竟逃跑到一棵罗腾树下，坐在那里求死。（王上 19：1—4）一个刚刚在迦密山上大大得胜的先知，转眼之间却又变得这么软弱无力。这就说明，无论任何人，若不是让神的灵住在他的心内，都会随时失败而倒下来的。（林后 1：8—9）

②耶和华把以利亚从罗腾树下引领到何烈山。（王上 19：5—8）何烈山便是神的山，乃是当初耶和华呼召摩西，去解救以色列人的地方。（出 3：1—2）何烈山也就是西乃山。（出 24：13；参看出 24：16）摩西曾在这座山上 40 昼夜，（出24：18）现在以利亚也是用 40 昼夜来到这座山上的。（王上 19：8）伟大的先知以利亚此时此地，很可能会回想摩西当年受命的情景。就是在这同一个地方，耶和华用微小的声音，指示以利亚要完成三项使命（王上 19：12—16）：

  A. 膏哈薛作亚兰王；

  B. 膏耶户作以色列王；

  C. 膏以利沙接续以利亚作先知。

③以利亚曾经再三地说，耶和华的先知只剩下他一个人了。（王上18：22；19：10；19：14）但是耶和华在何烈山上对以利亚说，神为自己留下 7000 人是未曾向巴力屈膝的。（王上 19：18）

④圣经中没有关于以利亚亲自膏立哈薛和耶户的记载。但哈薛后来作了亚兰王。耶户也作了以色列王。这两件事都是由以利亚带领的先知以利沙完成的。（王下 8：13—15；

9：1—6）足证以利亚已经完成了耶和华托付给他的工作。
至于以利亚带领以利沙作先知的工作。则有详细的记载。
（王上 19：19—21）

5）以利亚后来的工作与经历

①亚哈和耶洗别为了夺取拿伯的葡萄园，曾用阴险狠毒的方
法杀害了拿伯。（王上 21：1—16）当亚哈正要霸占拿伯的
葡萄园的时候，以利亚来到那个园子里指责亚哈，并且预
言亚哈家族中所有的男子，都将被杀尽，而田间的狗要吃
耶洗别的尸体。（王上 21：17—23）后来耶洗别的尸体被狗
吃得残缺不全。（王下 9：34—37）亚哈的家族、大臣、密
友、祭司等人也都被耶户杀掉。完全应验了以利亚的话。
（王下 10：1—11）

②亚哈死后，他的儿子亚哈谢接续他作王。（王上 22：40）有
一天亚哈谢从楼上掉下来受了重伤。（王下 1：2 经文原意）
亚哈谢差遣使者去求假神，但半路上以利亚对这个使者说，
亚哈谢竟去求问假神，难道以色列人就没有神吗？以利亚
说，亚哈谢既去求问假神，他必不能痊愈，一定要死去！
亚哈谢果然不治而死。（王下 1：2—17）

③耶和华要接以利亚升天的时候，有许多先知事先已经知道
了这件事，但是只有以利沙紧紧跟随着以利亚，不肯离开。
最后以利亚问以利沙要求什么，以利沙说："愿感动你的灵
加倍地感动我。"以后以利亚便被接升天去了。（王下
2：1—12）以利亚和以诺没经过死亡，是直接被提升天的。
（创 5：24）圣经上说，将来，"有神的号吹响，那在基督里
死了的人必先复活。以后我们这活着还存留的人，必和他们

一同被提到云里。在空中与主相遇。这样，我们就要和主永远同在。所以你们当用这些话彼此劝慰"。（帖前5：16—18）

6）关于以利亚的其他记载论述

①旧约圣经最后的几句经文，记有耶和华的话说："耶和华大而可畏之日未到以前，我必差遣先知以利亚到你们那里去。"（玛4：5）

②因此从那时之后，以色列人总盼望以利亚再次临世。施洗约翰未出生前，天使说约翰将来"必有以利亚的心志能力"。（路1：17）而耶稣也说过约翰"就是那应当来的以利亚"。（太11：12—14）

③耶稣在世的时候，曾有人说耶稣就是以利亚，但彼得却深知耶稣是神的儿子。（太16：13—16）

④以利亚与摩西曾向彼得、雅各、约翰显现。以利亚与摩西并且和耶稣谈论耶稣将要成就的救恩。（路9：28—33）

⑤新约中曾有多处提到了以利亚。（罗11：2—4；雅5：17—18）

⑥有资料说，有些犹太人至今仍盼望以利亚在救世主之前来到世界。笃信犹太教的人，每逢守逾越节的时候，各家常常特设虚位，仍在等待以利亚的到来。却不知救世主早已降临人间了。（路2：11）

以吕马（Elymas）

参看"巴耶稣"条。

以伦（Elon）

圣经中同名叫以伦的有三个人。

1. 西布伦人以伦作以色列的士师十年。（士 12：11—12）

2. 西布伦的儿子以伦。（创 46：14）

3. 以扫的岳父以伦。（创 26：34）

以诺 （Enoch）

圣经中同名叫以诺的有两个人。

1. **该隐的长子以诺。**（创 4：17—18）圣经未记他的其他事迹。

2. **与神同行的以诺。**

   1）以诺是亚当的第七代孙子。（创 5：3—18）"以诺活到 65 岁，生了玛土撒拉。以诺生玛土撒拉之后，与神同行 300 年。并且生儿养女。"（创 5：21—22）以诺是一位圣经里的名人，但他的主要事迹仅有这一段经文，耐人深思。

   2）"以诺共活了 365 岁"，"神就将他取去，他就不在世上了"。（创 5：23—24）"以诺因着信被接去，不至于见死。"（来 11：5）以诺是一个未尝过死的滋味，活着被提升天的人。

   3）耶稣的兄弟犹大说，有些人，"他们作牧人，只知喂养自己，无所惧怕，是没有雨的云彩，被风飘荡；是秋天没有果子的树，死而又死，连根被拔出来；是海里的狂浪，涌出自己可耻的沫子来；是流荡的星，有墨黑的幽暗为他们永远存留。"跟着又说："亚当的七世孙以诺曾预言这些人说：'看哪，主带着他的千万圣者降临，要在众人身上行审判，证实那一切不敬虔的人所妄行一切不敬虔的事'"。（犹 12—15）

以尼雅 （Aeneas）

以尼雅是吕大地方的一个瘫子。卧床八年，被彼得医治后，得以

痊愈，因此使许多人归服基督。（徒9：32—35）

以撒（Isaac）

1. 简介：以撒是亚伯拉罕老年间蒙神特恩所生的儿子。以撒的儿子雅各又名以色列，乃是以色列族的始祖。

2. 圣经记载：

   1）亚伯拉罕的妻子撒拉直到90岁时，一直没有生育，但神应许撒拉要生一个儿子。（创17：17—19）后来她果然生了以撒。以撒生下来第八天行了割礼。（创21：2—4）

   2）以撒长大之后，神要试验亚伯拉罕，亚伯拉罕就遵照神的指示，把以撒带到摩利亚山地去。亚伯拉罕在那里筑了祭坛，把木柴摆到祭坛上，然后就捆绑以撒，把他放到木头上，准备杀了以撒献祭。以撒那时已能背柴上山，完全可以躲开以免受死。但是他却顺服地接受了他父亲的一切安排，甘心当作祭物。（创22：1—9）以撒预表了耶稣对神"存心顺服，以至于死"——死在木头的十架上。（腓2：8）

   3）天使拦阻了亚伯拉罕下手杀以撒，却预备了一只代替以撒的羔羊献祭。所以后人说"在耶和华的山上必有预备"。（创22：11—14）

   4）以撒的母亲死了以后，亚伯拉罕托他的老仆人在本土本族中为以撒聘娶妻室。某日当以撒在田间默想神的时候，老仆人带回了神为他预备的美丽可爱的妻子利百加。以撒结婚的时候已经40岁了。（创24：1—4；24：63—67；25：20）婚后20年，利百加不生育。以撒祈求神，神使她怀了孕，一胎生下来两个儿子，取名叫以扫和雅各。（创25：21—26）

5) 以撒遇到了荒年，便带着利百加往基拉耳去居住。因为利百加容貌俊美，以撒怕当地人为了想占有利百加而杀害他，所以不敢说他们是夫妇，竟谎说利百加是他的妹妹。但当地的非利士领袖发现了他们是夫妻关系，就责备以撒不应撒谎，并且下令保护以撒一家。以撒在那里耕地，收成很好，成了富户。因为非利士人嫉妒他，他们便迁到了基拉耳谷居住。（创 26：1—17）

6) 以撒爱以扫，利百加却爱雅各。以扫由于轻视长子的名分，竟把长子的名分卖给了雅各。（创 25：28—34）以撒老年的时候，眼睛昏花，想要给以扫祝福。但雅各却装作以扫，骗得了以撒上好的祝福。（创 27：1—29）

7) 以撒为雅各祝福之后，以扫来见父亲以撒，请以撒给他祝福，以撒这才发现雅各已用诡计夺去了以扫的长子福分。从此以扫要杀雅各，雅各便逃到他的母舅拉班那里。（创 27：30—28：5）以扫也离开了以撒，投奔亚伯拉罕的另一个儿子以实玛利去了。（创 28：8—9）在以撒和利百加老年的时候，两个儿子竟都离开了他们，这也是夫妻二人各自偏爱一个孩子的结果。

8) 幸而以撒老年间，以扫和雅各又重新和好，来到以撒的面前。以撒在活到 180 岁时去世，以扫和雅各把他安葬在麦比拉洞里。（创 35：28—29）

以撒哈顿 （Esarhaddon）

1. 简介：以撒哈顿是亚述王的名字。约在耶稣降生前 680—668 年作亚述的王。

2. 圣经记载：

希西家作犹大王时，行耶和华眼中看为正的事，不肯事奉亚述王。（王下 18：3—7）因此希西家王 14 年，亚述王西拿基立来攻击犹大国的城邑。（王下 18：13）并派部下向犹大人狂语骂阵。（赛 36：2—7）希西家向耶和华神祷告。（王下 19：15—19；赛 37：14—20）耶和华神便派使者在亚述营中击杀了 185000 人，亚述王西拿基立逃回本国后，被他的两个儿子杀死。西拿基立的另一个儿子以撒哈顿继续作了亚述王。（王下 19：35—37；赛 37：36—38）历史资料记述，西拿基立两个子弑父之乱，乃是以撒哈顿戡定的。以撒哈顿在位时，兵力强盛，征服邻国。犹大王玛拿西曾一度被亚述王掳去（代下 33：11），有资料说当时的亚述王即是以撒哈顿。

以萨迦（Issachar）

同名叫以萨迦的有两个人。

1. **雅各第九个儿子以萨迦**。（创 29：31—30：18）当初雅各全家下埃及时，以萨迦是带着他的儿子们一起去的。（创 46：8—13）以萨迦的后裔即是以色列人中的以萨迦支派。以色列人出埃及过约但河后，以萨迦等六个支派的人遵照摩西先前的嘱咐为百姓祝福。（申 27：11—12；书 8：33）

2. 俄别以东的儿子以萨迦。（代上 26：4—5）

以赛亚（Isaiah）

1. 以赛亚所处的时代：

所罗门死后，以色列分裂为以色列和犹大国。根据历史记述，以赛亚生前的 100 多年间,亚述帝国便不断地扩张势力,侵犯邻国。那时的以色列王已向亚述进贡。(王下 15:19)以赛亚出生不久,亚述掳走了以色列北部的居民。(王下 15:29)十几年后,亚述攻占了以色列的都城撒玛利亚,掳走了所有的以色列人。(王下 17:5—6)又过了几年,亚述攻入犹大。(王下 18:13)《亚述王自述》中说他掳走了 20 万犹太人;毁灭了 46 座城市。只有耶路撒冷得免于难。(王下 19:29—36)以赛亚在一生中,亲眼看到了以色列人的罪恶,因此整个国家遭受侵略,经历了许多的苦难。

2. 以赛亚生平的经历:

以赛亚是亚摩斯的儿子,历经四代王朝(赛 1:1),在乌西雅王死去的那一年(赛 6:1),以赛亚"听见主的声音,说:'我可以差遣谁呢?谁肯为我们去呢?'"以赛亚说:"我在这里,请差遣我。"(赛 6:8)从此以赛亚蒙召作了先知。以赛亚的父亲亚摩斯可能是皇族人员,因为以赛亚能迎接国王(赛 7:3),又能接近祭司。(赛 8:2)至少以赛亚在当时是个有名望地位的人。从他经历的四代君王计算,他一生中作先知的时间约有四五十年。他指责以色列人的罪恶,预言基督的降生,记述历史事件,指出以色列人的希望。(参看以赛亚书全卷)当亚述王进攻耶路撒冷,情况十分危急时,以赛亚为此迫切地祷告,劝慰希西家王坚信耶和华的权能。最后耶和华击杀亚述人,使耶路撒冷转危为安。(赛37:5—7;37:36—37)根据《犹太法典》(The Talmud)的记述,老年的以赛亚,不肯遵行玛拿西王的命令,不肯向偶像下拜,因而被捕,被锯死。教会初期的传道人认为这一记述是可靠的,并且指出新约希伯来书中所提到的"被锯锯死"的

人，即是以赛亚。(来 11：37)

3. 以赛亚的学识与著作：

以赛亚不仅是敬虔忠心的先知，而且也是一位历史学者、文学家和诗人。

1) 他写的以赛亚书，新约各卷的作者曾多次引用。其他先知的写作，都没有像以赛亚书这样广泛地被引证使用过。

2) 除了以赛亚书之外，他还写了《乌西雅传略》(代下26：22)《犹大与以色列王记》(代下 32：32)，只是这些著作都已失落了。

3) 以赛亚的文笔流畅，修辞典雅，诗韵感人，含义深远。以赛亚书中或用问答，或用比喻，既有寓言，又有诗歌，在严肃的训词之中，偶尔带些讽刺的诗句。以色列的学者们认为，以赛亚书是希伯来文学的高峰。以赛亚写的史诗，被人称誉为文学巨著。实际上，他对历代基督徒信仰方面的影响，远远超过了他的文学成就。

以扫 (Esau)

1. 简介：以扫是以撒的儿子，他和雅各是双生的弟兄，因为他浑身有毛而被起名以扫，以扫就是"有毛"的意思。(创 25：25) 以扫生下来身体发红，又因他喝了他兄弟雅各所作的红豆汤，因此以扫又叫以东，以东就是"红"的意思。(创 25：30) 他是以东人的始祖。(创 36：9)

2. 圣经记载：

1) 以扫和他的孪生兄弟雅各未出生以前，在母腹内时，耶和华神就预示将来以扫要服事雅各。(创 25：23；罗 9：11—13)

2）以扫善于打猎，常把猎得的野味给父亲吃，深得父亲以撒的喜爱。但是以扫轻看长子的名分，有一天，他打猎回来，累昏了，宁愿把长子的名分卖给雅各而换取了雅各所作的红豆汤。（创25：27—34）

3）以扫和雅各的母亲利百加爱雅各，设计使雅各冒充以扫，骗得了父亲以撒为雅各祝福。这样雅各便用诡计夺去了以扫的长子福分。（创27：1—40）所以希伯来书的作者劝勉信徒，应当拿以扫作为警戒，恐怕"有贪恋世俗如以扫的。他因一点食物把自己长子的名分卖了。后来想要承受父所祝的福，竟被弃绝，虽然号哭切求，却得不着门路"。（来12：16—17）

4）以扫因他父亲给雅各祝福就怨恨雅各，想等父亲死后杀掉雅各。他母亲利百加得知后，便叫雅各远逃到他的母舅那里招亲寄居。（创27：41—28：4）

5）以扫40岁时曾娶了迦南当地两个异族女子为妻，常使以撒和利百加愁烦。（创26：34—35）以扫知道他父亲看不中迦南的女子，就又娶了以实玛利的女儿为妻，（创28：6—9）并且迁居西珥。（创36：6—8）

6）以后耶和华神垂听了雅各的祷告，他从母舅处又要返回迦南。雅各先以厚礼送给以扫，以便解除以扫的旧恨，（创32：9—20）雅各举目，远远看到以扫带着400人来了，雅各就一连七次俯伏在地向以扫行礼，才接近他哥哥。以扫跑来，搂着雅各的颈项，兄弟俩相见，抱头而哭。（创33：1—4）

7）但雅各始终未敢到西珥。20年后，他们的父亲去世，以扫和雅各一同将父亲葬埋在他们的祖父亚伯拉罕的墓地里。（创

35：29；46：31）

8）以扫又叫以东，因此他所居住的西珥也叫以东。圣经上有时
还用以扫这一名字来表示以扫的后裔，及其后裔居住的地方。
（申2：5；俄6，8，18，19）

以色列（人）（**Israelite，Children of Israel**）

1. 简介：英文圣经中把"（古代的）以色列族人"译为 Israelite，把
"以色列的子孙后代"译为 Children of Israel。中文圣经则把这两
者都译成了"以色列人"。实际上，上述称谓都指的是以色列
（原名雅各）的后裔。

2. "以色列人"、"犹大人"与"希伯来人"这三种称谓的含义：现
在"以色列人"和"犹大人"几乎是同一含义，已无区别。但古
时却并不相同。大约4000年前，以色列人的宗祖亚伯拉罕（原
名亚伯兰），由伯拉大河东岸（即现今的美索不达米亚）迁入迦
南（今巴勒斯坦），被称为"由对岸渡河而来"的人。"由对岸
渡河而来"用古时当地的话说便是"希伯来"。所以亚伯拉罕被
称为"希伯来人"。（创14：13）亚伯拉罕的孙子雅各一直保持
了本家族的血统，且他的后代都使用希伯来语言，因此"希伯来
人"逐渐意指雅各的后裔种族。雅各后来改名叫以色列，所以他
的后裔也叫"以色列人"。他们建国后不久，分裂成南北两国。
北国仍叫以色列国。南国由以色列族中的犹大支派为主，所以称
为犹大国。但仅有二三百年，南北两国即相继沦亡，人民也分别
被掳到亚述与巴比伦等处。他们亡国前后，曾分别被称为"以色
列人"和"犹大人"。但不久，这两种称谓的含义即有了变化。
旧约最后一部经卷玛拉基书中，还在使用"犹大人"这一称谓。

（玛2：11）而新约的第一卷马太福音便称他们为"犹太人"了。
（太2：2）犹大人本是以色列人的一个支派，他们亡国多年之后，
人们论到"以色列人"时，亦即代表了"犹太人"，而新约圣经
中所提到的"犹太人"，也都意指全体"以色列人"了。

3. 圣经记载：

圣经旧约的中文译本里，被译为"以色列人"的经句约有150
处。新约中曾有二三十处提到了"以色列人"。今仅举新约中有
关以色列人的几处记载：

1）当耶稣召腓力和拿但业为门徒时，耶稣看见拿但业就指着他
说："这是个真以色列人，他心里是没有诡诈的。"（约1：47）
说明一个真以色列人（即一个真正属乎神的人）乃是清心的
人，（诗73：1）也是神所恩待而必得见神的人。（太5：8）

2）使徒保罗因为以色列人不信耶稣而忧愁，他向神所求的是以色
列人得救。（罗10：1）他说："从以色列生的不都是以色列人，
也不因为是亚伯拉罕的后裔就都作他的儿女。……这就是说，
肉身所生的儿女，不是神的女儿。惟独那应许的儿女，才算是
后裔。"（罗9：6—8）保罗并且说，一个人"若口里认耶稣为
主，心里信神叫他从死里复活，就必得救。因为人心里相信，
就可以称义。口里承认，就可以得救。……凡求告主名的，就
必得救"。保罗认为这样的人才是真的属神的儿女，才是真正
的蒙神拣选救赎的以色列人。（罗10：9—13）

3）使徒保罗担心一些信徒受假使徒的迷惑，就提醒信徒们，并
指责那些假使徒说："他们是希伯来人么？我也是。他们是以
色列人么？我也是。"（林后11：22）但是保罗还说过："那
等人是假使徒，行事诡诈，装作基督使徒的模样。这也不足

为怪，因为连撒但也装作光明的天使。所以它的差役，若装作仁义的差役，也不算希奇。他们的结局，必然照着他们的行为。"（林后11：13—15）保罗用这些话来劝勉信徒们要向神有纯一清洁的心，防备那些自称为以色列人的假使徒，惟怕信徒们受他们的迷惑，就像当初蛇用诡诈诱惑夏娃一样。（林后11：3；参看创3：1—6）

以实玛利 （**Ishmael**）

1. 简介：以实玛利是亚伯拉罕与其妻撒莱的埃及使女夏甲所生的儿子。

2. 圣经记载：

   1）亚伯拉罕的妻子撒莱不生育，所以她便把自己的使女夏甲给亚伯拉罕为妾。夏甲怀孕后轻视自己的主母，因此撒莱苦待夏甲，使夏甲一度逃出家门，但耶和华指示夏甲仍要回到主母那里，服在主母的手下。神曾说夏甲要生一个儿子，并且后裔众多，不可胜数，住在众弟兄的东边。夏甲回到主母家中之后，生了以实玛利。（创16：1—16）

   2）以实玛利13岁时，亚伯拉罕给他行了割礼。（创17：23—25）

   3）不久，按照神的应许，撒莱改名叫撒拉，并且生了以撒。以撒断奶的时候，当时以实玛利取笑以撒，被撒拉看见了。撒拉要求亚伯拉罕把夏甲和以实玛利赶出去。亚伯拉罕为以实玛利很忧愁。这时神安慰亚伯拉罕，同样要使以实玛利的后裔成立一国。于是亚伯拉罕打发夏甲和以实玛利离家而去了。（创21：8—14）

   4）夏甲带着以实玛利在旷野中迷了路。所带的水也用尽了。好像

到了绝路。这时神又一次安慰夏甲，并且说以实玛利的后裔将

成为大国。神使夏甲看到一口水井，便用皮袋盛满了水给以实

玛利喝。神保佑以实玛利，渐渐长大，住在巴兰旷野，成了弓

箭手。夏甲给以实玛利娶了一个埃及的妻子。（创21：14—21）

5）以实玛利在他父亲亚伯拉罕死后，也去和以撒一同葬埋亚伯

拉罕。（创25：7—9）

6）以实玛利共有 12 个儿子。（创25：13—16）他的一个女儿玛

哈拉，后来嫁给了以撒的儿子以扫为妻。（创28：8—9）

7）以实玛利享寿 137 岁。（创25：17）

以斯拉 （Ezra）

圣经中名叫以斯拉的有三个人。

1. 随所罗巴伯回国的祭司以斯拉。（尼12：1）

2. 益帖等人的父亲以斯拉。（代上4：17）

3. 著名的祭司以斯拉。

1）以斯拉是大祭司亚伦的后裔，他的父亲西莱亚被巴比伦王尼

布甲尼撒杀害。（拉7：1—6；王下25：8；25：18—21）

2）以斯拉是著名的祭司，与尼希米同时共事。传统认为，圣经

旧约里的历代志上、历代志下和以斯拉记，可能都是以斯拉

在参考不同的资料后所写成的。

3）以斯拉是个文士，通达耶和华的诫命和神赐给以色列人的律

例。他立定心志考究和遵行耶和华的律法，又将律例典章教

训以色列人，因为耶和华神与他同在，神的手时时帮助他。

（拉7：6—12）

4）犹大亡国后，耶和华的圣殿被焚烧，耶路撒冷的城墙被拆毁，

犹大人被掳到了巴比伦去作奴隶。（代下 36：19—21）70 年后巴比伦为波斯王古列所灭。公元前 536 年，古列下了诏书，允许所有早先被掳的以色列人返回耶路撒冷，并重建圣殿。（拉 1：1—3）应验了先知耶利米的预言。（耶 25：11—12）起初，是由所罗巴伯等人率领约五万人回去建殿。（拉 2：1—65）以后，祭司兼文士以斯拉又带领一些以色列人回到耶路撒冷。（拉 7：11—28；8：1—36）以色列人返回耶路撒冷这段期间，前后共有波斯王数人在位。他们是：古列王，大利乌王，亚哈随鲁王，亚达薛西王。

5) 以斯拉强调耶和华神的选民以色列人必须圣洁，必须远离不洁净的事物。因为圣经认为，只有当以色列人把自己分别为圣，在灵性和血统上不受玷污时，耶和华神才能在他们身上成就他的计划。当年以斯拉归回耶路撒冷时，以色列人已开始同外族人通婚。这显然违背了以色列人应当遵守的律例。以斯拉看到了这一事态的严重性，他就向耶和华神恳切祷告，劝民认罪，按照当时的法度，与外族的妻子离异。（拉 9：1—15；10：1—15）

以斯帖（Esther）

1. 简介：以斯帖是犹大人被掳时期的一个年轻的孤女。后来被选为波斯王后，曾冒着生命危险，挽救了犹大全族的灭亡之灾。她的原名叫哈大沙，后来才叫以斯帖。"以斯帖"是"星"的意思。在圣经记载的若干以色列妇女当中，以斯帖也真像一颗明亮的星光。圣经旧约中的以斯帖记，详细记载了她的事迹。

2. 圣经记载：

1）以斯帖是书珊城一个犹大人末底改的叔叔的女儿。因为她父母双亡，末底改就收养她作为自己的女儿。以斯帖的容貌非常俊美。（斯2：5—7）

2）波斯王后瓦实提因不遵亚哈随鲁王的命令而被废黜。其后以斯帖被选入宫，并立为王后。（斯1：1—2：4；2：16—17）

3）亚哈随鲁王抬举哈曼，使他超过一切臣宰。在朝门的一切臣仆都跪拜哈曼，惟独末底改对哈曼不跪不拜。哈曼怒气填胸，欲下手害末底改和通国的犹大人。末底改叫人把这件事告诉了王后以斯帖，并且对她说："焉知你得了王后的位分，不是为现今的机会么？"（斯4：14）

4）以斯帖要全书珊城的犹大人为她禁食祷告，她便冒着未蒙王召擅入王宫内院必被治死的危险，舍己去朝见王。最终蒙王厚恩，营救了犹大全族人的性命。哈曼也被王治罪而死。（斯4：15—7：10）以斯帖的详细事迹可参看圣经以斯帖记全卷，也可参看本书"末底改"条。

以西结 （Ezekiel）

1. 简介：以西结是著名的先知，也是祭司。"以西结"的意思是"耶和华神加增力量"。在耶稣降生前597年尼布甲尼撒王入侵耶路撒冷时，以西结与约雅斤王以及其他大臣、工匠和士兵等约一万人，一起被掳到巴比伦。（王下24：10—16）以西结在约雅斤被掳后第五年开始说预言（结1：1—3），直到被掳后第二十五年仍然作先知（结40：1），前后共二十余年。当年以西结在迦勒底（即巴比伦）的迦巴鲁河边，把耶和华神的话传给被掳的犹大同胞时（结 1：3），但以理也正在巴比伦。但以理是在犹大王约雅敬在位第三年（公元 606 年）被掳到巴比伦的（但 1：1—6），所以但以理约比以西结早十年被掳。以西结是以西结书的作者。

2. 圣经记载：

1）犹大人被掳后，耶和华神呼召以西结作先知。（结 1：3）他见到了神的异象（结 1：1），并在异象中见到了耶和华神的荣光。（结 1：26—28）耶和华神立以西结作守望的人，叫他去警戒以色列的悖逆百姓（结 3：16—21），并预言耶路撒冷将因以色列人的罪孽而毁灭。（结 24：1—14）这一预言不仅说明以色列人将受审判，而且预示耶和华神将在列国中施行审判，（赛 2：4）他"要按公义审判世界，按正直判断万民"。（诗 9：8）

2）以西结吃了耶和华神赐给他的书卷，觉得其甜如蜜。（结 2：8—结 3：3）耶和华神所赐的书卷，即是他的教导，而他的训词、命令、道理、典章都比蜜甘甜。（诗 19：8—10）

3）以西结说："犯罪的，他必死亡。……义人的善果必归自己。恶人的恶报也必归自己。……主耶和华说：'恶人死亡，岂是我喜悦的的么？不是喜悦他回头离开所行的道存活么？'"（结 18：20—23）以西结又说，耶和华神"要赐给你们一个新心，将新灵放在你们里面"。（结 36：26）到了新约时代，保罗说："圣经把众人都圈在罪里，使所应许的福，因信耶稣基督归给那信的人。"（加 3：22）保罗又说："你们因信基督耶稣，都是神的儿子。"（加 3：26）"你们既然为儿子，神就差他儿子（基督）的灵进入你们的心。"（加 4：6）使信徒成为"新造的人"。（加 6：15）

4）以西结在异象中又看见有生命的河水从圣殿的门槛下流出来，越流越发宽广（结 47：1—5），并且把生命带给所到之处。（结 47：6—12）后来耶稣在世时曾说：人若喝世上的水，还要再渴。"人若喝我所赐的水就永远不渴。我所赐的水，要在他里头成为泉源，直涌到永生。"（约 4：13—14）

易多（Iddo）

易多是一位先知，他曾写过一卷《默示书》。其中记有所罗门王和他的大臣耶罗波安的生平事迹（代下 9：29），也记有所罗门的儿子罗波安和孙子亚比雅这些国王的事迹。（代下 12：15；代下 13：22）

犹大（Judah, Joda, Judas, Juda, Jude）

I. 旧约圣经中同名叫犹大的共有八个人。

1. **雅各的第四个儿子犹大**。犹大和他的弟兄们有些不同的地方。当年犹大等人的妹妹被人玷辱，犹大的两个哥哥用诡计杀戮了许多人，但犹大并未参与这一事件。（创 34：1—30）犹大的众弟兄要杀害自己的弟弟约瑟时，他曾劝他的弟兄们说，约瑟乃是骨肉兄弟，不可杀他，不如把约瑟卖掉，使约瑟免遭杀害。（创 37：26—27）犹大的两个儿子都在耶和华眼中看为恶人，也都死了。按当时的律例，犹大也亏负了儿妇他玛。他玛便用计骗犹大和她同床，因此得了一对双生。（创 38：1—30）以后约瑟在埃及作了宰相，犹大兄弟等人第二次到埃及去买粮时，约瑟故意要扣留小弟弟便雅悯。那时犹大等人还未曾认出这位埃及宰相便是他们的弟弟约瑟。犹大情词恳切地说，他们的老父亲和便雅悯是相依为命的，如果便雅悯被扣留，恐怕老父亲会白发苍苍、悲悲惨惨地死去。因此犹大自愿代替便雅悯为奴隶，以便使小兄弟便雅悯回去与父亲团聚。约瑟被犹大的纯挚语言感动，情不自禁放声而哭，于是弟兄十二人得以痛哭相认。（创44：14—45：15）由于犹大的三个哥哥都有过犯，雅各最后为儿子们祝福时，已把犹大作为长子看待。（49：8—10）犹大的后裔即是以色列人的犹大支派。统一的以色列国到了所罗门王死后分裂成两国。所罗门的大臣耶罗波安被以色列人拥立为以色列国王。（王上12：20）所罗门的儿子罗波安被犹大支派的人拥护成为犹大国王。（代下11：1—14）犹大亡国后，到了罗马帝国称霸于世的时候，犹大地区改称为犹太。犹太人虽然也有罗马皇帝分封的王（路1：5；参看路3：1），但都形同傀偶，而军政大权都在罗马巡抚的手中。（路3：1）

2. 其他几个名叫犹大的人，事迹很少。他们的名字见于下列经文章节：

1）拉3：9　　　2）拉10：23　　　3）尼12：8

4）尼12：36　　5）尼11：9　　　6）尼12：34

7）路3：26

Ⅱ. 新约圣经中叫犹大的共有六人。现分述如下：

1）**卖耶稣的犹大**。

①因为他是加略地方的人，所以被称为加略人犹大，以便区别于其他同名叫犹大的人。他的父亲名叫西门。（约6：71）

②耶稣早就知道犹大要出卖他，所以也有时称他为魔鬼。（约6：70）

③犹大受命管理钱财，但是常常窃取偷用。当年伯大尼的马利亚，曾用一斤香膏抹耶稣的脚。犹大就挑剔说："这香膏为什

么不卖30两银子周济穷人呢?"其实,他并不是挂念穷人,而是想自己有所贪图。(约12:3—6)

④这件事之后,犹大跟着便去见犹太的祭司长。(太26:14)那时祭司长等人正要捉拿耶稣杀害他,只因许多人拥护耶稣,若公然拘捕,恐怕民间生乱。(太26:3—5)现在耶稣的门徒犹大要出卖耶稣,他们喜出望外。(可14:10—11)因此议定,以30块钱为代价,由犹大找机会出卖耶稣。(太26:15—16)

⑤在最后的晚餐时,魔鬼已将卖耶稣的意念放在犹大的心里。(约13:2)耶稣也早知道犹大是个叛徒(约6:71),但是耶稣还离席依次地为门徒们洗脚,这其中也包括出卖耶稣的犹大。(约13:3—5)这件事表明耶稣对罪人的大爱,其长阔高深是过于人所能测度的。(弗3:18—19)使人深切感到耶稣绝不容忍罪恶,但却怜悯罪人——他期望犹大最后悔改的慈心,实在无以伦比。

⑥当时耶稣就明明白白地向门徒们说,和他同桌吃饭的门徒们中间,要有人出卖他。(太26:21;约13:18)门徒们人人都问耶稣说:"主,是我么?"而当犹大也这样悄悄地问到耶稣时,耶稣说:"你说的是!"(太26:25)

⑦约翰靠近耶稣的胸膛问他到底是谁要出卖耶稣。耶稣说:"我蘸一点饼给谁,就是谁。"跟着耶稣就蘸了一点饼,递给犹大。耶稣对犹大说:"你所作的快作吧。"因为犹大带着钱袋,门徒们还以为耶稣是叫他去买东西,或是去周济穷人。但犹大吃了耶稣给他的那点饼,竟去找人捉拿耶稣来了。(约13:25—30)

⑧那天夜里,耶稣照常往他平时常去的客西马尼园去祷告。犹大也知道那个地方。(约18:1—2;可14:32;路22:39)说话

之间，犹大带着许多人来了。犹大给了那些人一个暗号，他说他和谁亲嘴，谁就是耶稣。耶稣就是这样被出卖而捉去受审了。（太26：47—50）

⑨后来，犹大看见耶稣被犹太公会定了死罪，就后悔了。他把那30块钱拿回来给祭司长，说："我卖了无辜之人的血是有罪了。"但那些祭司长等人却说："那与我们有什么相干？你自己承当吧！"犹大就把那30块钱丢在殿里，出去吊死了。（太27：3—5）犹大只是后悔，却没有痛心悔改。他跑到害耶稣的人那里去表明自己有罪，却不肯到无所不在的神面前去恳切认罪，请求赦免，终于他成了"灭亡之子"。（约17：12）曾经逼迫基督、杀害信徒的扫罗，一经耶稣向他显现，他就认罪悔改成为神所悦纳的保罗。（徒26：9—18）但是，犹大不听耶稣多次的警告，最后拣选了一条永远灭亡的道路。

2）**耶稣的兄弟犹大**。在圣经里只提到他是耶稣的兄弟（可6：3），此外再没有记载他个人的事迹。耶稣在世的时候，他尚未信从耶稣。（约7：5）但在耶稣升天之后，他却参加了五旬节前的祷告会。（徒1：14）人们普遍认为，他是犹大书的作者。（犹1）

3）**雅各的儿子犹大**。雅各的儿子犹大是耶稣的十二使徒之一（徒1：13），又名达太。（参看太10：3；可3：18）犹大在使徒中也时而向耶稣提出一些问题。（约14：22）

4）**加利利的犹大**。当该撒亚古士督有旨意下来叫人报名上册时，（路2：2）犹大曾起来引诱百姓反对这件事。后来他失败了，随从他的人也都散去了。（徒5：37）犹大历史学家的著作曾谈到过这个人的生平。

5）**大马色的犹大**。他的家在大马色的直街。保罗在大马色的路上，看到天上发光，眼睛失明之后，便被人领进大马色，住在犹大家里。亚拿尼亚便是在犹大的家里，引领保罗悔改的。（徒9：10—19）

6）**被称为巴撒巴的犹大**。他本是耶路撒冷的信徒，"在弟兄中是作首领的"。（徒15：22）当年五旬节前120人的祷告会中，大家想补选一个使徒取代卖耶稣的犹大。起初选出了两个人来，其中的一个人名叫巴撒巴，（徒1：23）很可能便是这个犹大。被称为巴撒巴的犹大，曾和西拉同受耶路撒冷教会的委托，带着书信去往安提阿教会。（徒15：22—23）犹大也是先知，他用许多话劝勉安提阿的信徒后，又返回耶路撒冷。（徒15：32—33）

犹尼亚（Junias）

保罗说犹尼亚是他的亲属，在罗马时正和他一同坐监。犹尼亚比保罗更早地信奉了基督，在使徒中也是有名望的。（罗16：7）

犹士都（Justus）

新约圣经中同名叫犹士都的有三个人。

1. 名叫约瑟的犹士都。约瑟巴撒巴的罗马姓名叫犹士都。卖耶稣的犹大死后，使徒已剩十一人。使徒们请众圣徒选举一个人补上一名使徒。当时他们选出了两个人。一个是马提亚，另一个便是犹士都。其后信徒们祷告，确定了马提亚为使徒。（徒1：23—26）

2. 哥林多的信徒犹士都。他的全名是提多犹士都。他的家邻近会堂。保罗被逼离开会堂后，便被犹士都接待到家中居住，并在他的家中聚会。（徒18：7）

3. 名字也叫耶数的犹士都。他是个奉割礼的犹太人。和保罗一起作

工，也使保罗很得安慰。（西 4：11）

犹太人（Jew，Jewess）

犹太人原来叫犹大人，指的是犹大支派，或犹大国的人。（王下 16：6；王下 25：25）后来指的是他们亡国后归回耶路撒冷的希伯来人。最后即泛指散居在各地的该族人。（斯 2：5；太 2：2）耶稣降生前犹大地区改称犹太，所以新约圣经中提到的犹太人，都指的是全体以色列人。他们的历史详见本词典中附录一。关于犹太人的其他情况，请参看本词典"以色列人"及"希伯来人"条。

犹推古（Eutychus）

犹推古是特罗亚的一个少年信徒。保罗夜间在当地一座三层楼上讲道，犹推古坐在窗台上听道。保罗直讲到半夜，犹推古睡着了，竟从楼上摔了下去，当时已经死了。保罗下去伏在他身上说，他的灵魂还在身上。保罗又回到楼上和信徒们擘饼聚会，继续谈论，直到天亮才走。而犹推古又活了过来，使信徒们很得安慰。（徒 20：7—12）

友布罗（Eubulus）

参看"利奴"条。

友尼基（Eunice）

参看"罗以"条。

约阿施（**Jehoash**，**Joash**）

同名叫约阿施的共有八个人。其中一人是犹大国王，另有一人是以色列国王。其他六人，他们的事迹较少。

1. 基甸的父亲约阿施。（士 6：11；士 6：28—32）

2. 亚哈王的儿子约阿施。（王上 22：26）

3. 示拉族人约阿施。（代上 4：22）

4. 归顺大卫的勇士约阿施。（代上 12：3）

5. 比结的儿子约阿施。（代上 7：8）

6. 大卫王时管理油库的约阿施。（代上 27：28）

7. **犹大国的第八代国王约阿施。**

   1）约阿施的祖父犹大王约兰曾娶了亚他利雅为妻。亚他利雅是以色列的恶王亚哈和耶洗别的女儿。（王下 8：17—18）亚他利雅和她母亲耶洗别一样，是个凶恶的妇人。（代下 24：7）约兰死后，他的儿子亚哈谢继续作王。（王下 8：24）但亚哈谢死后，亚他利雅便杀害了犹大王室的家族，篡夺了犹大国的王位。（王下 11：1—3）当亚他利雅杀戮王室人员的时候，亚哈谢的儿子约阿施还是个初生不久的婴儿。约阿施被她的姑母偷了出来，在耶和华的殿中藏了六年。（王下 11：2—3）

   2）第七年，祭司耶何耶大招聚犹大人的首领和民众，在耶和华的殿中，拥立约阿施为王，众人齐声高呼。耶何耶大吩咐人把亚他利雅杀死后，约阿施进入王宫登基，那时他才 7 岁。（王下 11：3—21）

   3）约阿施在耶何耶大的辅助教导下，使犹大人敬奉耶和华，拆毁了巴力的庙，杀了巴力的祭司。（王下 11：17—18）

   4）约阿施作耶和华眼中看为正的事，并且修理了圣殿的一切破

坏之处。（王下 12：1—12）

5）但是后来，当亚兰王来攻打耶路撒冷时，约阿施竟把圣殿中分别为圣的物品和王宫里的金子送给了亚兰王。（王下 12：17—18）

6）耶何耶大死后，犹大的众首领来朝见约阿施，约阿施就听从他们离弃耶和华，事奉假神。耶何耶大的儿子撒迦利亚警戒他们说："你们为何干犯耶和华的诫命，以致不得亨通呢？因为你们离弃耶和华，所以他也离弃你们。"众人竟照约阿施的吩咐，用石头把撒迦利亚打死在圣殿的院内。这样，约阿施王不想念撒迦利亚的父亲耶何耶大向自己所施的恩，却杀了他的儿子。所以撒迦利亚临死的时候说："愿耶和华鉴察伸冤。"（代下 24：17—22）耶稣在世的时候，曾讲到被杀在坛和殿中间的撒迦利亚，就是指的这件事。（路 11：51）

7）约阿施后来身患重病，他的臣仆要报他杀害耶何耶大儿子之仇，便杀死了约阿施。（代下 24：25）约阿施在位作王共有40 年。（代下 24：1）

8. **以色列国的第十二代国王约阿施。**

1）约阿施作以色列的王共 16 年，在位时作耶和华眼中看为恶的事。（王下 13：10—11）

2）那时先知以利沙曾多次帮助以前的以色列王，保护了以色列人。（王下 6：8—12）当约阿施作王时，以利沙得了必死的病。约阿施亲自去看望以利沙，称呼以利沙为父亲，把以利沙看作以色列的战车马兵。以利沙叫约阿施拿着弓箭，打开朝东的窗户，以利沙按手在约阿施的手上，让他用箭射地。约阿施只射了三次便止住了。以利沙说约阿施若射五六次，

就能灭尽亚兰人，而约阿施只射了三次，就只能打败亚兰人三次了。（王下 13：14—19）

3）从前亚兰王和约阿施的父亲争战，攻取了一些以色列的城邑。后来约阿施三次打败亚兰王，收回了以色列的城邑。（王下 13：25）

4）约阿施死后，葬在撒玛利亚。（王下 13：13）

约伯 （Job）

1. 约伯是一位义人。居住在东方的乌斯。他为人正直，敬畏神，远离恶事。他生了七个儿子，三个女儿。他的家产有 7000 只羊，3000 匹骆驼，500 对牛，500 母驴，并有许多仆婢。在东方人中算是首富的人。（伯 1：1—3）

2. 有一天神的众使者侍立在耶和华面前，（伯 1：6 新译）撒但也来在其中。耶和华问撒但说："你曾用心察看我的仆人约伯没有？地上再没有人像他完全正直，敬畏神，远离恶事。"撒但回答耶和华说："约伯敬畏神，岂是无故呢？你岂不是四面圈上篱笆围护他和他的家，并他一切所有的么？……你且伸手，毁他一切所有的，他必当面弃掉你。"耶和华对撒但说："凡他所有的，都在你手中，由你摆布，只是不许你加害他本身。"（伯 1：12 新译）于是撒但从耶和华面前退去，极力攻击约伯，使约伯的子女尽都死去，失去了所有的产业和几乎所有的仆婢。但是约伯伏在地上向耶和华神下拜说："我赤身出于母胎，也必赤身归回。赏赐的是耶和华，收取的也是耶和华。耶和华的名是应当称颂的。"在这一切的事上，约伯并不犯罪，也不对神妄加评论。（伯 1：6—22）

3. 又有一天，神的众使者来侍立在耶和华面前，撒但也来在其中。

耶和华问撒但说:"你从哪里来?"撒但回答说:"我从地上走来走去,往返而来。"耶和华说:"你曾用心察看我的仆人约伯没有?……你虽然向我游说,要我准许你无故地攻击他,无故地毁灭他,他仍然持守他的纯正。"(伯2:3新译)撒但回答说:"人……情愿舍去一切所有的保全性命。你且伸手,伤他的骨头,和他的肉。他必当面弃掉你。"耶和华说:"他在你手中,只要存留他的性命。"于是撒但退去,击打约伯,使他从脚掌到头顶长毒疮。约伯就坐在炉灰中,拿瓦片刮身体。他的妻子对他说:"你仍然持守你的纯正么?你弃掉神,死了吧!"约伯却说:"难道我们从神手里得福,不也受祸么?"在这一切的事上,约伯并不抱怨神。(伯2:1—10)

4. 约伯的三个朋友以利法等人,各人从自己的本处而来,要安慰约伯,甚至为约伯放声大哭。但是他们三个人都从不同的方面指责约伯,反而越发加增了约伯心灵上的痛苦。(伯4—31章)

5. 后来耶和华神亲自向约伯说话。(伯38—41章)约伯向耶和华神说:"我从前风闻有你,现在亲眼看见你。"约伯为他的朋友们祈祷,耶和华就使约伯从苦境中转回,并且耶和华后来赐给约伯的福分,比先前更多。他又有了七个儿子和三个女儿,牲畜产业比以前所有的都增加了一倍。(伯42:5—13)

6. 约伯从苦境中转回后,又活了140年,直到年纪老迈,日子满足而死。((伯42:16—17)

7. 先知以西结曾提到挪亚、但以理、约伯这三个人都是以义自救其生命的。以西结曾四次提到他们三人在饥荒、刀剑、恶兽、瘟疫临到大地时,都能以义自救自己的生命。(结14:14—20)

8. 耶稣的兄弟雅各曾对信徒说:"那先前忍耐的人,我们称他们是

有福的。你们听见过约伯的忍耐，也知道主给他的结局，明显主是满心怜悯，大有恩慈。"（雅5：11）

约珥（Joel）

圣约中同名叫约珥的共有 13 人。

1. **先知约珥**。是圣经约珥书的作者。（珥1：1）他预言耶和华将审判列国。（珥3：9—12）约珥劝勉人悔改归向耶和华，"因为他有恩典，有怜悯，不轻易发怒，有丰盛的慈爱。"（珥2：12—13）在新约圣经里，记载了彼得于五旬节讲道时引用过约珥的话："神说：'在末后的日子，我要将我的灵浇灌凡有血气的。……'到那时候，凡求告主名的，就必得救。"（徒2：16—21；参珥2：28—32）

2. 其他名叫约珥的人，他们的名字出现在下列经节：

   1）撒上8：2，代上6：34，代上15：17   2）代上4：35

   3）代上5：4   4）代上5：12   5）代上6：36

   6）代上7：3   7）代上11：38   8）代上15：7

   9）代上27：20   10）拉10：43   11）代下29：12

   12）尼11：9

约哈斯（Jehoahaz）

圣经中同名叫约哈斯的有三个人。

1. **以色列国的第十一代国王约哈斯。**

   1）约哈斯是耶户的儿子，在位 17 年。（王下13：1）

   2）约哈斯作耶和华眼中看为恶的事，效法耶罗波安，拜金牛犊和偶像。（王下13：2）

3）于是耶和华向约哈斯和以色列人发怒，把他们屡次交在亚兰王的手中。（王下 13：3）亚兰王在约哈斯年间，攻取了许多城邑。（王下 13：22—25）

4）约哈斯悔改恳求耶和华，耶和华就应允他，赐给以色列人一位拯救者。于是以色列人仍旧安居在家里。（王下 13：4—5）耶和华因为与亚伯拉罕、以撒、雅各所立的约，仍旧施恩给以色列人，不肯灭绝他们。（王下 13：23）

5）但是约哈斯仍然不离开拜亚舍拉①的罪。因此亚兰王践踏以色列人，如同禾场上的尘沙，只给约哈斯留下五十马兵，十辆战车，一万步兵。（王下 13：6—7）

6）有资料说约哈斯每年向亚兰王缴纳巨款，如同约哈斯的父亲在位时一样。约哈斯和邻国犹大还未修好。这时虽然有先知以利沙的能力，也未能遏止当时以色列人信仰与道德方面的败坏。所以约哈斯的王位很不稳定。

7）约哈斯死后，他的儿子约阿施继续他作以色列王。（王下 13：9）

2. **犹大国的第十七代国王约哈斯。**

1）约哈斯又叫沙龙，是约西亚的儿子，他继承了约西亚的王位，但作王仅有三个月。（王下 23：31；参看耶 22：11 中的小字注释）

2）约哈斯作耶和华眼中看为恶的事。（王下 23：32）他被埃及王掳到埃及，埃及王立了约西亚的另一个儿子约雅敬为以色列国王，罚了以色列人大量的金银。约哈斯最后死在埃及。（王下 23：33—34）

---

① 亚舍拉是亚哈从异族引进的木偶像，参看王上 16：33。

3. **犹大国第六代国王约哈斯，又名亚哈谢。**（代下 21：16—17，参看经文中的小字注释）他的事迹详见本书"亚哈谢"条。

约翰（John）

同名叫约翰的共有五人，都在新约。

1. **施洗的约翰。**

1) 当犹太王希律在位的时候，有个祭司名叫撒迦利亚，他和他妻子以利沙伯都是义人。虽都年纪老迈了，却还没有孩子。有一天，神的使者对撒迦利亚说，他的妻子要给他生一个儿子，要给孩子起名叫约翰。这孩子从母腹里就要被圣灵充满，他必有以利亚的心志能力，为救主预备百姓。只因撒迦利亚不相信他的妻子能老年生育，因此暂时成了哑巴。直到约翰出生后第八天行割礼的时候，撒迦利亚才开口说话，称颂神。（路 1：5—64）

2) 约翰渐渐长大，心灵强健，住在旷野。（路 1：80）到了该撒提庇留在位第十五年的时候，神的话临到约翰，他就来到约但河一带的地方，宣讲悔改的洗礼，使罪得赦。（路 3：1—3）约翰身穿骆驼毛的衣服，腰束皮带，吃的是蝗虫野蜜。（太 3：4）他在犹太的旷野传道说："天国近了！你们应当悔改。"（太 3：1—2）"那时耶路撒冷和犹太全地，并约但河一带地方的人，都出去到约翰那里，承认他们的罪，在约但河里受他的洗。"（太 3：5—6）

3) 约翰传道乃是为耶稣预备道路。正像先知以赛亚所预言说："在旷野有人声喊着说：'预备主的道，修直他的路！'"（太 3：3）约翰说："我不是基督。"（约 1：19—20）约翰又说：

"有一位站在你们中间，是你们不认识的，就是那在我以后来的，我给他解鞋带也不配。"（约1：26—27）约翰还说："我是用水给你们施洗，他却要用圣灵给你们施洗。"（可1：8）约翰这些话，都是指着耶稣说的。

4）约翰曾为耶稣施洗。（太3：13—17）并且为耶稣作见证说，耶稣是"神的羔羊，背负世人罪孽的"。（约1：29—30）约翰还用许多的话劝勉百姓，向他们传讲福音。（路3：18）

5）约翰是个嫉恶如仇、刚正不阿的先知。当时希律王娶了他兄弟的妻子希罗底，另外希律又作了许多恶事，所以约翰就直言责备希律和希罗底，因此被下到监里，（路3：19—20）但是希律怕百姓拥护约翰，不敢杀他。到了希律的生日，希罗底的女儿出来当众跳舞祝贺，希律非常高兴。希律起誓说，她无论要什么他都应许她。希罗底指使女儿要约翰的人头。希律感到为难，但已当众发了誓，只好在监里斩了约翰。（太14：5—10）

6）后来耶稣传道，行了许多神迹。"分封的王希律听见耶稣的名声，就对臣仆说：'这是施洗的约翰从死里复活了，所以这些异能由他里面发出来。'"（太14：1—2）足见约翰的声望是很高的。

2. **使徒约翰**。使徒约翰和他的哥哥雅各都是耶稣喜爱的门徒。约翰的家庭及最初的经历都与雅各相同，请参看本书"雅各"条中第三项"西庇太的儿子雅各"。约翰除了与哥哥雅各的共同经历之外，还有下列一些事迹：

1）耶稣受难之前，曾打发彼得、约翰去预备逾越节的筵席。（路22：8）

2）约翰看见一个人，素日不和使徒们一同跟随耶稣，但是却奉耶稣的名赶鬼。约翰就禁止他不许这样作。耶稣对约翰说："不要禁止他，因为不反对你们的，就是帮助你们的。"（路9：49—50 新译）

3）约翰是耶稣所爱的门徒。耶稣在最后的晚餐上说有一个人要卖他，约翰便靠着耶稣的胸膛问他说："主啊，是谁呢?"耶稣说："我蘸一点饼给谁，就是谁。"（约13：23—26）从此看出约翰是多么愿意明白耶稣的心意和心情。

4）有些人分析考证，下列经文中所提的"那个门徒"，都是约翰。

①耶稣被捉拿后，把彼得带进大祭司院中的"那个门徒"。（约18：15—16）

②耶稣在十字架上时，受耶稣的托付，看顾耶稣的母亲的"那个门徒"。（约19：26—27）

③耶稣复活的那天，和彼得一起跑着到耶稣的坟墓那里去的"那个门徒"。（约20：1—8）

④耶稣在提比哩亚海边向门徒显现时，彼得问耶稣"这人将来如何"时所指的"那个门徒"。（约21：20—23）

5）教会初期，约翰常和彼得共同行动（徒3：1—4：23；徒8：14—17），显然是信徒公认的声望较高的信徒。

6）保罗认为彼得、约翰和耶稣的兄弟雅各乃是教会的柱石。（加2：9）

7）约翰老年被囚在拔摩海岛上历尽艰辛。他离开拔摩写启示录时，保罗和彼得都已殉道。那时约翰可能已是十二使徒中惟一在世的人。但是他却对亚西亚众教会的信徒说："我约翰就是你们的弟兄，和你们在耶稣的患难、国度、忍耐里一同有分。"（启 1：9）语言谦卑亲切，动人肺腑。

8）约翰作为一名渔夫，被人称为"没有学问的小民"，（徒 4：13）但是却写了约翰福音、约翰一书、约翰二书、约翰三书和启示录五卷经文，这本身也是件神迹奇事。

3. **马可福音的作者马可也叫约翰。**参看本书"马可"条。

4. **大祭司亚那的亲族约翰。**当年审问使徒彼得和约翰时，亚那的亲族约翰也曾到场会审。（徒 4：5—6）

5. **西门彼得的父亲约翰。**西门彼得的父亲约翰，也被称为约拿。（约 21：15）西门彼得又被称为"西门巴约拿"（太 16：17），"巴约拿"意即"约拿的儿子"。

约兰（Jehoram，Joram）

圣经中同名叫约兰的有四个人。

1. **以色列的第九代国王约兰。**

1）约兰是亚哈的儿子，亚哈谢的兄弟。约兰作以色列王 12 年。（王下 3：1；王下 1：17）

2）约兰行耶和华眼中看为恶的事，但还不像他的父母（亚哈和耶洗别）那样严重。因为约兰除掉了他父亲亚哈所造的巴力像。然而约兰仍是像耶罗波安的罪行一样（即是使以色列人拜金牛犊）。（王下 3：2—3）

3）约兰曾和以东王、犹大王一起去攻打摩押人。他们绕行了七天的路程，这三个国王的军队和牲畜都没有水喝水。在犹大王约沙法的倡议下，他们三人便去求见先知以利沙。耶和华的灵降在以利沙身上，以利沙便说："耶和华如此说：'你们要在这谷中满处挖沟。'因为耶和华如此说：'你们虽不见风，不见雨，这谷必满了水。'"次日早晨，遍地就满了水。约兰等人终于打败了摩押人。（王下 3：9—26）

4）后来，以色列国的将军耶户，被先知以利沙派人去膏立他为王。（王下 9：1—26）耶户用箭射死了约兰，把约兰的尸体扔在约兰的父亲所杀害的人的田地里。（王下 9：24—26）

2. **犹大国的第五代国王约兰。**

1）犹大王约兰是约沙法的儿子，登基时年 32 岁，做王八年。（王下 8：16—17）

2）约兰娶了以色列的恶王亚哈的女儿为妻，因此约兰的恶行竟像亚哈的家族一样，作耶和华眼中看为恶的事。（王下 8：18）

3）约兰离弃耶和华，建筑邱坛，使居民行邪淫，诱惑犹大人。（代下 21：10—11）

4）约兰残杀了自己的同胞兄弟，和一些以色列国的首领。（代下 21：4）

5）非利士人来攻击约兰，侵入境内，掳掠了王宫里的财物，也掳走了他的妻子和儿女，除了他的小儿子约哈斯之外，没有留下一个儿子。（代下 21：16—17）

6）耶和华惩罚约兰，患病两年，肠子坠落下来，病重而死。（代下 21：18—19）

3. 哈马王的儿子约兰。（撒下 8：10）

4. 摩西的后代约兰。（代上 26：24—25）

约拿（Jonah）

1. 简介：约拿是旧约时代的一个先知。旧约的约拿书，就是主要记载约拿的事迹的。

2. 圣经记载：

1）约拿是亚米太的儿子，生在迦特希弗城。（王下14：25）迦特希弗在耶稣的本城拿撒勒以北，两城相隔仅数公里，都在加利利一带。当年法利赛人诽谤耶稣，说："加利利没有出过先知。"（约7：50—52）这完全是偏见，也是无知。他们不肯想一想，耶稣所说的"在这里有一人比约拿更大"。（太12：41）这句话又有多么深的意义。

2）耶和华曾命令约拿往尼尼微传道。（拿1：1）尼尼微是当时亚述帝国的首都。根据一些历史资料记述，那时亚述人经常侵犯以色列国，因此约拿不愿到尼尼微去传道，惟怕尼尼微人蒙神怜悯，免受灾害。（拿3：10—4：2）所以约拿坚决不肯去传道给尼尼微人，却坐船往相反的方向而去，其目的乃是逃避这一传道的使命。（拿1：3）

3）耶和华为了阻止约拿，便使海上狂风大作，约拿乘坐的船几乎倾覆。船上的人终于得知，这次危难乃是由于约拿逃避神的命令而造成的。同船的人问约拿怎样才能使海浪平静，约拿却宁肯死在海中，也不肯去尼尼微传道。他竟然要求同船的人把他扔到海中去。船上的人危急无奈只好把他投到海中，风浪立即就平息了，使船上的人对耶和华极其敬畏。（拿1：4—16）

4）但是耶和华安排了一条大鱼吞了约拿。约拿在鱼腹里过了三天三夜。后来他求告耶和华，神就使大鱼把他吐到旱地上。（拿1：17—2：10）

5）耶和华再一次指示约拿到尼尼微去传道。这一次约拿遵照耶
和华的命令，到了尼尼微。尼尼微人听约拿说，再过 40 天，
尼尼微就必覆灭。他们"信服神，便宣告禁食"，远离恶道，
丢弃强暴，神便未降灾给尼尼微人。（拿 3：1—10）

6）约拿因为耶和华不降灾给尼尼微人，很不高兴。但耶和华教导他
说，尼尼微城中，还有 12 万多个不能分辨左右手的人，神岂能
不爱惜他们呢？（拿 4：1—11）这就说明了耶和华不仅是以色列
的神，也是普天下的神。"他愿意万人得救，明白真道"（提前
2：4），却"不愿有一人沉沦，乃愿人人都悔改"（彼后 3：9）。

7）耶稣在世时，曾提到约拿的事，教训众人。（太 12：39—41；
路 11：29—32）

约瑟 （Joseph）

1. 简介：圣经中同名叫约瑟的共有 12 人。

1）其主要事迹记载于新约中的共有八人：

①马利亚的丈夫约瑟。

②耶稣的兄弟约瑟。

③尊贵的议士约瑟。

④被称为犹士都的约瑟。

⑤被称为巴拿巴的约瑟。

⑥玛他提亚的儿子约瑟。

⑦犹大的儿子约瑟。

⑧约南的儿子约瑟。

2）其主要事迹记载于旧约中的共有四人：

①雅各的儿子约瑟。

②亚萨的儿子约瑟。

③巴尼的后裔约瑟。

④示巴尼族的祭司约瑟。

2. 新约圣经记载的几个约瑟。

1) **马利亚的丈夫约瑟。**（参看"马利亚条"中"耶稣的母亲马利亚"一项，其共同经历不再详述）

①约瑟是耶稣的养父。（路3：23）

②约瑟乃是大卫王的后裔。（太1：20；路2：4）居住在加利利的拿撒勒（路2：4），以木匠为职业。（太13：55）为人良善纯洁，被人称为义人。（太1：19）

③约瑟与马利亚订了婚约，还没有结婚的时候，"马利亚就从圣灵怀了孕"。约瑟"不愿意明明地羞辱她，想要暗暗地把她休了"。但是有主的使者向他梦中显现，说明马利亚所怀的孕是从圣灵来的。并说："她要生一个儿子……要将自己的百姓从罪恶里救出来。""约瑟遵照主使者的吩咐"，便把马利亚娶了过来。（太1：18—24）

④约瑟和马利亚到伯利恒报名上册的时候，马利亚的产期到了，耶稣降生在一个马棚里。（路2：1—7）

⑤耶稣降生后满了八天，约瑟给他行了割礼。（路2：21）

⑥耶稣降生40天后，约瑟和马利亚带他到耶路撒冷去，把耶稣奉献给神，而且用斑鸠或雏鸽献祭。（路2：22—24）

⑦约瑟与马利亚带着婴孩耶稣，由耶路撒冷又返回到伯利恒。那时有东方的博士来寻找耶稣，向他敬拜。（太2：1—12）

⑧当时的希律王听到博士说，有个孩子是生下来作犹太人之王的，希律就想杀害这个孩子。约瑟在梦中有天使向他显现，

叫约瑟带着耶稣和马利亚逃往埃及去。（太2：13—15）

⑨希律王死后，约瑟在梦中又有天使向他显现，叫他离开埃

及，返回以色列去。（太2：19—21）

⑩由于亚基老接着他父亲希律作了王，约瑟在梦中再一次被主

指示，往加利利的拿撒勒去居住。（太2：22—23）

⑪约瑟和马利亚年年到耶路撒冷去守逾越节。当耶稣12岁的

时候，约瑟和马利亚就带耶稣一同去守节，守节期满，在回

家的路上，他们发现耶稣没有回来，就又返回耶路撒冷去找

他，最后却发现耶稣在殿里和教师们交谈。以后，他们又一

同回到拿撒勒居住。（路2：41—51）

⑫耶稣13岁之后，圣经中记叙耶稣的家庭成员时，再未提到

约瑟有什么言行事迹。因此很多人都认为约瑟是在耶稣受难

之前去世的。

2）**耶稣的兄弟约瑟**。耶稣的兄弟约瑟也叫约西（太13：55），圣

经没有记载他的事迹。

3）**尊贵的议士约瑟**。他是亚利马太地方的人，他的地位较高，

也是个财主。因为怕犹太人，原来是暗暗地作门徒的。（太

27：57；约19：38）他为人善良公义，虽然身为议士，但

是并不附从别人作恶。（路23：50—51）耶稣受难后，他

去见彼拉多，求来耶稣的身体，把耶稣安葬在自己的新坟

墓里。（太27：58—60）

4）**被称为犹士都的约瑟**。他从约翰施洗起，直到耶稣升天，常与

使徒们一起跟随耶稣。五旬节时要补选一个使徒，起初选出了

两个人来，他便是其中的一个。（徒1：21—23）

5）**被称为巴拿巴的约瑟**。（参看"巴拿巴"条）

6）玛他提亚的儿子约瑟。（路 3：25）

7）犹大的儿子约瑟。（路 3：26）

8）约南的儿子约瑟。（路 3：30）

第 6）、7）、8）三项中的约瑟，圣经中只提到他们的名字，别无其他记载。

3. 旧约圣经中的几个约瑟。

1）**雅各的儿子约瑟。**

①被父亲喜爱

A. 约瑟是雅各老年时所得的第十一个儿子（创 30：22—24），雅各有两个妻子两个侍妾，但特别喜欢约瑟的生身母亲拉结，（创 29：30）约瑟的十个哥哥都不是拉结所生的。（创 29：31—30：21）而且拉结在生最小的一个孩子便雅悯期间又去世了。（创 35：16—19）约瑟幼年间失去了母亲，就受到了雅各格外的疼爱，并且给他作了一件彩色的衣服。（创 37：3）

B. 约瑟全家住在迦南，他 17 岁的时候便和哥哥们一起放羊，常把哥哥们作的坏事告诉父亲，因此哥哥们对他特别嫉恨。（创 37：1—4）

②被哥哥出卖

A. 约瑟向他的哥哥们说，他作了一个梦，梦见大家一起收庄稼。约瑟捆的庄稼站在中间，哥哥们捆的庄稼倒在周围，向他捆的庄稼下拜。后来约瑟说他又作了一个梦，梦见太阳、月亮、和 11 个星星都向约瑟下拜，他的哥哥们听见他的梦越发地恨他。他的父亲虽然也责备他，但心里却是思索这件事。（创 37：5—11）

B. 有一次约瑟的哥哥们到远处去放羊。雅各叫约瑟去看望他的哥哥们。他的哥哥们远远看见约瑟来了，便想杀害他。约瑟同父异母的大哥流便想要救约瑟。这些弟兄们便背着流便竟把约瑟卖给了以实玛利人，以实玛利人便把他带到埃及去了。流便回来只见到约瑟的彩色衣服，却不见了约瑟，十分悲痛。他们便杀了一只羊，把约瑟的衣服染上血，打发人送到雅各那里说，他们捡了一件衣服，让雅各认一认看是不是约瑟的彩衣。雅各认为约瑟被野兽吃了，哀伤万状。（创 37：12—35）

C. 约瑟被以实玛利人带到埃及后，又被转卖给法老的护卫长波提乏，作了波提乏的奴隶。（创 37：36）

③被主母诬害

A. 约瑟虽然自幼被父亲宠爱，但仍然勤于劳动，（创 37：2）他坚信他所遭遇的是出于神，所以就毫无怨言，默然顺服（诗 39：9），他在波提乏家中，尽心操作，很受波提乏器重，逐渐地波提乏就叫他管理家务。又见约瑟信实可靠，最后就叫约瑟总管家务中所有的财物农田等等事务，波提乏甚至到了对一切家事都不闻不问的地步。（创 39：1—6）

B. 约瑟非常秀雅俊美，波提乏的妻子竟起了歹念，她诱惑约瑟，提出了罪恶的要求。约瑟正言拒绝说，主人波提乏对自己这样信任，自己怎能作恶得罪神呢？但是她天天用话引诱他，约瑟就避免和她接近。有一天约瑟到屋里去办事。家中没有人，那个无耻的女人就把他堵在屋内，拉住约瑟的衣裳纠缠不放，约瑟只好把衣服丢在那个女人的手里，挣脱着逃了出来。谁想到，那个女人竟反咬一口说，是约瑟来调戏她，只因她当时大声喊叫，所以约瑟才顾不得衣服而逃走的。护卫长波提乏听到这件事非常生气，便把约瑟囚禁到护卫长府内的监狱里。（创 39：7—20）

④被酒政忘记

A. 约瑟在监狱中行事为人很受监狱长尊重，监狱长就派他管理其余的囚犯。凡是约瑟负责办理的事，监狱长都不必操心，因为耶和华赐福约瑟，使他经管的一切事项全都顺利。（创 39：20—23）

B. 那时为埃及王管理酒宴的酒政，和为埃及王管理饭食的膳长，两个人得罪了埃及王法老，法老把他们也下到护卫长府内的监狱里。护卫长波提乏便指派约瑟伺候这两个官员。（创 40：1—4）

C. 过了很长一段时间之后，酒政和膳长各人都作了一个梦。酒政梦见一棵葡萄树，树上有三根枝子。酒政把枝子上的葡萄挤在法老的酒杯里，又把杯子递到法老的手中。约瑟给他解梦说，三根枝子是三天。三天之内，法老会叫酒政官复原职。约瑟并且请求酒政在法老面前救他出监。约瑟对酒政说他并没有作什么坏事，就被下到监狱里来了。（创 40：5—15）

D. 膳长也来请约瑟解梦，膳长梦见自己头上顶着三筐饼，有飞鸟来吃那些食物。约瑟说三个筐子就是三天。三天之内法老要斩了膳长的头，有飞鸟来吃膳长的肉。到了第三天，那天是法老的生日，他为臣仆们摆设筵席，法老把酒政、膳长提出监来，杀了膳长，使酒政官复原职，完全应验了约瑟所解的梦。但是酒政却忽略了约瑟的事，把他完全忘掉了。（创40：16—23）

⑤被法老重用

A. 过了两年，法老连着作了两个梦。第一个梦，梦见河里先上来七只肥壮的母牛，但被七只瘦牛吃了这七只肥牛。第二个梦，梦见一棵麦子长了七个饱满的麦穗，随后又长出七个细弱的麦穗，吞了那七个饱满的麦穗。法老心里不安，叫埃及所有的术士和学者来解梦，但是没有一个人能解释。这时酒政才想起了约瑟。他向法老说明约瑟给酒政和膳长解梦的始末。法老便立即召见约瑟。（创41：1—14）

B. 约瑟剃头、刮脸，换掉了囚犯的衣服去见法老。法老叫他给解梦。他说法老的两个梦乃是一件事。七只肥母牛和七个好麦穗，预示将先有七个丰收年。但后来的七只瘦母牛和细麦穗，乃是跟着而来的七个灾荒年，甚至饥荒甚大，使人们忘记了先前的丰收。所以约瑟建议法老，要派一个有智慧的人来管理埃及全地，以便在丰收的时候储存粮食，防备后来的荒年。法老对他的臣仆们说，像约瑟"这样的人，有神的灵在他里头，我们岂能找得着呢？"于是法老封立约瑟为宰相，使他穿上宰相的细麻衣服，治理埃及。（创41：25—44）约瑟在被卖的时候失去了少年的彩衣，在被诬陷的时候失去了总管的外衣，在出监的时候脱去了罪犯的囚衣，到了神的时候又穿上了宰相的细麻衣。（创37：23；39：16；41：

14；41：42）几种衣服，对人颇有启迪。

C. 约瑟被卖的时候年 17 岁。（创 37：2）治理埃及的时候年 30 岁。法老赐给约瑟一个埃及名字，叫撒发那忒巴内亚。他娶了亚西纳为妻。（创 41：45）生了两个儿子，名叫玛拿西和以法莲。（创41：50—52）那时果然连续七年丰收，约瑟积存的五谷，不可胜数。丰收之后果然饥荒遍满天下，各地的人便都往埃及来，到约瑟那里购买粮食。（创41：48—57）

⑥使以色列全家得救

A. 那时雅各（即以色列）全家因为荒年，也少粮食。雅各便叫他的儿子们到埃及去买粮以便活命。但雅各疼爱便雅悯，不肯叫便雅悯一同前去。约瑟的十个哥哥到了埃及买粮的时候，他们已有 20 年未曾见到约瑟，他们也绝不会想到这个名叫撒发那忒巴内亚的宰相，就是他们卖掉的同胞兄弟。他们见了约瑟，便脸伏于地向他下拜。但约瑟却认出了他的哥哥们，约瑟故意地讲埃及话，通过翻译和他们谈话，（创42：23）约瑟说他们是来窥探埃及的奸细。他们分辩说，他们本是弟兄十二人。有一个弟弟已经死了。老父亲和小弟弟都在家里，绝不会是奸细。约瑟先把他们关押了三天，其后约瑟提出，可以把他们当中的一个人囚禁起来作为人质，叫其余的九个人带粮回去，解救家里的饥荒。但必须把他们的小兄弟带来，以便证实他们不是奸细。如果他们同意这个条件，即可免予处死他们。这十个哥哥在惊吓之会同意了这个条件。彼此之间纷纷用希伯来话追悔，并且回忆说，当初在自己的兄弟约瑟身上实在有罪，所以神才刑罚他们有这场灾难。他们一点也想不到约瑟完全能听懂他们的话。约瑟听到伤心之处，便转身出去，痛哭了一场。约瑟回来之后，扣留了他的哥哥西缅，却叫人把哥哥们的口袋装满了粮食，连他们买粮的钱，也放回到他们的口袋里。他们便返回迦南去了。（创42：1—25）

B. 约瑟的哥哥们发现银子仍在口袋里，就提心吊胆战战兢兢地回到家中。他们把购粮的经过告诉了父亲雅各，并且希望把便雅悯带去以便救回西缅。但是雅各怕便雅悯遭害，坚决不肯让便雅悯到埃及去。（创42：26—38）

C. 不久，他们带来的粮食吃尽了，雅各叫儿子们再去买粮，他的儿子们说，这次若不带便雅悯去，恐怕就无法再见埃及宰相了。雅各为了一家活命，只好同意他们带着便雅悯一同去埃及买粮，同时也可请埃及宰相放回西缅。于是他们一起又到了约瑟那里。这一次约瑟见自己同母所生的弟弟便雅悯也来了，就立刻吩咐自己的管家，把这些人先领到自己的家中，让管家预备筵席，约瑟说要和他们一同吃午饭。管家遵照约瑟的命令，把他的弟兄们领到约瑟的家里以后，这些弟兄们却非常害怕，不知道约瑟有什么用意。管家一方面劝慰他们，一方面又把西缅带出来和他们相会。他们就在那里等候约瑟。午饭前，约瑟回到家里。这十一个弟兄马上俯伏在地向约瑟下拜。约瑟请他们起来，一面问他们好，同时又问他们的父亲那位老人家可好。他们回答说老父亲还好。他们可能是觉得约瑟这样关心他们的老人，理当表示感谢，就又一次向约瑟跪拜。约瑟看见弟弟便雅悯，就情不自禁地为他祝福说："孩子啊，愿神赐恩给你！"这时约瑟心情激动，再也难以抑制，就急忙进到自己的内室，痛哭了一场，他洗了脸，再一次出来，勉强隐忍着吃完了午饭。（创43：1—34）

D. 饭后，约瑟吩咐管家，给十一个弟兄的口袋里装了粮食，把他们买粮的银子又放回到口袋里。并且故意暗暗地把约瑟的银杯装在便雅悯的口袋中。约瑟等他的弟兄们走后不久，便立即叫管家去追问他们为什么偷窃银杯。管家追上他们之后，责备他们以恶报善，偷了主人约瑟的酒杯。他们不知实情，都异口同声地断然否认偷过任何东西。他们保证说，若是谁偷了东西，搜出来之后就把他处死，其余的人也都留在宰相家中作奴隶。但是他们万没有想到，竟从便雅悯的口袋里搜出了银杯，大家当时甚感意外，不知所措。他们撕裂了衣服，悲痛万分，只好跟着管家又回到约瑟的家中。（创44：1—13）

E. 约瑟说既是在便雅悯那里搜出杯来，只须把便雅悯扣留作奴隶，其余的人都可以回去。约瑟的哥哥犹大就陈述了父亲失去约瑟后的悲痛心情，并且说父亲失去约瑟之后，就更加疼爱便雅悯，原本是不肯叫他来的。如今便雅悯若被扣押不能回去，只怕老父亲雅各就要白发苍苍悲悲切切地离开人世了。最后犹大恳求约瑟，由他代替便雅悯作奴隶，以免父亲雅各凄凄惨惨地死去。这时候，约瑟再也无法制止自己的感情，便叫仆从人等都一起出去。他放声大哭地向他的弟兄们说，他就是当年被卖的约瑟，约瑟伏在便雅悯的颈项上流泪哭泣不止，他的十个哥哥起初十分惊惶，但看出约瑟仍然待他们如同骨肉，弟兄十二人便抱头痛哭。（创 44：16—45：15）

F. 约瑟安慰他的哥哥们说："不要因为把我卖到这里就自忧自恨。这是神差我在你们以前来"，为的是要保全以色列全家的性命。（创 45：5）从约瑟的经历看，也确实是如此。约瑟被卖虽然是件坏事，但是他却因此到了埃及，他被主母诬害也是件坏事，但是他却因此得以见到酒政，他被酒政亏负遗忘也是件坏事，但是假若酒政复职后立即救他出狱的话，他一定会离开埃及回去看望父亲。这样法老即或要再找约瑟解梦，也难于找到了。为此则连续七年的灾荒中，以色列全家如何都难于想像。在人看来，约瑟一生诸多不顺，但是圣经中却一再说他凡事顺利。（参看创 39：2—3；创 39：23）13 年的奴隶和囚犯生活，却炼出一个济世的宰相。这乃是耶和华奇妙的作为。

⑦全家再次团聚

A. 约瑟要把雅各全家都接到埃及来居住，以度过未尽的荒年，他的弟兄们回去见雅各，说约瑟还活着，而且已经作了埃及宰相，雅各听了以后，却心里冰凉，不信他们。最后，听到他们的详细叙述，才如梦初醒，决心到埃及去再与约瑟相会。（创 45：21—28）

B. 约瑟套车赶到歌珊地方去迎接雅各。父子相见，又痛

哭了许久。最后法老欢迎雅各一家，叫他们选择任何
的好地方居住，他们便居住在歌珊地区。（创 46：
28—47：6）

C. 雅各死后，仍然葬回迦南。（创 50：12—13）约瑟在
110 岁时去世，人们用埃及的香料熏了他的尸体，把他
收殓在棺材里，约瑟的遗命也要把自己的骸骨运回迦
南。（创 50：25—26）表明他们都未忘记，迦南是神应
许他们的地方。

2）**亚萨的儿子约瑟**。是大卫时代的奏乐唱诗人员。（代上 25：2；
25：8—9）

3）**巴尼的后裔约瑟**。这一约瑟曾娶外邦女子为妻。（拉 10：17；
10：34 —42）

4）**示巴尼族的祭司约瑟**。（尼 12：14；参看尼 12：1）

约沙法 （Jehoshaphat，Joshaphat）

圣经中同名译作约沙法的共有六人。

1. 犹大国的第四代国王约沙法。

1）约沙法登基的时候，年 35 岁，在耶路撒冷作王 25 年。（王上
22：41—42）

2）约沙法大有尊荣和财物，但竟与以色列的恶王亚哈结亲。（代
下 18：1）

3）约沙法还随从亚哈的意愿要去进攻拉末，甚至约沙法还对亚
哈说："你我不分彼此。"（代下 18：3）

4）约沙法虽然提出在进攻拉末之前应当先求问耶和华，但是当
耶和华的先知米该雅警诫他们亚哈将会阵亡时，约沙法和亚

哈并没有听从先知的警告。亚哈反而囚禁了米该雅，约沙法
竟然仍是和亚哈一同去攻打拉末。（代下18：4—28）

5）亚哈怕应验了米该雅的预言而阵亡，就让约沙法仍然穿着国
王的服装上阵，而亚哈自己却改换了服装。对这样阴险的谋
算，约沙法竟毫无反对之意。终于按照亚哈所说的上阵去了。
（代下18：29）

6）幸而耶和华帮助约沙法，又感动敌人离开了他。结果亚哈受
伤而死，约沙法却平安地回到耶路撒冷。（代下18：31—19：
1）那时先知耶户来接迎约沙法说："你岂当帮助恶人，爱那
恨恶耶和华的人呢？……然而你还有善行，因你从国中除掉
木偶，立定心意寻求神。"（代下19：2—3）

7）耶户所说的约沙法的善行乃是：

①约沙法行他祖大卫初行的道，只寻求耶和华神，遵行他的诫
命。（代下17：3—4）

②从犹大除掉一切邱坛和假神偶像。（代下17：6）

③除去了他父亲在世时剩下的娈童。（王上22：46）

④差遣大臣、祭司、利未人，带着耶和华的律法书，走遍犹大
各城，去教训百姓。（代下17：7—9）

8）后来一些外族人联合起来攻击约沙法，强敌当前，约沙法定意
寻求耶和华，在犹大全地宣告禁食，向他祷告。（代下20：1—
13）由于耶和华的帮助，那些来攻击犹大的外族人便被打败
了。（代下20：22）这样，约沙法的国得享太平，因为耶和华
神赐他四境平安。（代下20：30）

9）但是，以后约沙法又和以色列王亚哈谢交好。亚哈谢作恶太
甚。他们二人合伙造船要往他施去。（代下20：35—36）他施

是装载金银象牙等物的地方。（代下9：21）然而约沙法因为
和亚哈谢交好，神破坏了他们所造的船，他们就不能往他施
去了。（代下20：37）

10）约沙法死后，他的儿子约兰接续他作王。（代下21：1）

2. 其他几个名叫约沙法的人记载于下列经文中：

1）撒下8：16；撒下20：24；代上18：15；王上4：3

2）王上4：17　　3）王下9：2，14　　4）代上11：43

5）代上15：24

约书亚（Joshua，Jeshua）

在中文圣经里，名字被译作为约书亚的有五人。

1. **率领以色列人进入迦南的约书亚。**

1）约书亚原名叫何西阿，他是以法莲支派的人。他起先是摩西
的助手，摩西给他改名叫约书亚。（民13：8；13：16）"约
书亚"的意思是"耶和华是拯救者"。约书亚为摩西所器重信
任，成为勇敢而有毅力的军长之一。摩西逝世后，约书亚继
承了摩西的职位，率领以色列人，进入神应许他们的迦南美
地。详见约书亚记。

2）约书亚早年在军旅服役中，就表现出能担负重大事工的能力。
他第一次出现在利非订战役。那时以色列人出离埃及后，正
在去往何烈山，在旷野的路途中，亚玛力人来到了利非订，
要和以色列人争战，摩西派约书亚选出人来出去迎战亚玛力
人。约书亚照着摩西对他所说的话便和亚玛力人去争战。摩
西手拿神的杖和亚伦、户珥都在山顶上。摩西何时举手，以
色列人就得胜；摩西何时垂手，亚玛力人就得胜。但摩西的

手发沉，他们就搬石头来，让摩西坐在石头上面，户珥和亚伦各扶摩西的手，摩西的手就稳住了。直到日落，约书亚率领当年曾为奴隶的以色列民众，勇猛非凡，用刀杀了亚玛力王和他的百姓，由此可见约书亚是个勇士。（出17：8—13）

3）约书亚作为摩西的助手，偕同摩西上了神的山。摩西登山时，约书亚和众长老、亚伦、户珥都留在山脚下。（出24：12—18）

4）摩西携带两块法版转身下山时，约书亚与摩西为伴。约书亚一听见百姓呼喊的声音，就对摩西说："在营里有争战的声音"。摩西说："这不是人打胜仗的声音，也不是人打败仗的声音，我所听见的，乃是人歌唱的声音。"摩西挨近营前，就看见了金牛犊，又看见人们跳舞，便发烈怒，把两块版扔在山下摔碎了。又将他们所铸的牛犊，用火焚烧，磨得粉碎，撒在水面上，叫以色列人喝。（出32：15—20）

5）摩西奉耶和华神的命，选派了12名探子，并且面授机宜，叫他们为以色列民窥探迦南，将以色列人上去该走何道，必进何城，都回报摩西。（申1：22）在12名探子中，惟有约书亚及迦勒二人深信以色列人能战胜所探之地的居民，并能获得所探诸地，所以最终只有他们二人才能进入神所应许的美地，其他的人都死在了旷野。（民14：3—38；26：65；32：12）

6）摩西死后，约书亚代替摩西为以色列的首领，耶和华晓谕约书亚说："我的仆人摩西死了，现在你要起来，和众百姓过这约但河，往我所要赐给以色列人的地去。凡你脚掌所踏之地，我都照着我所应许摩西的话赐给你们了。"（书1：2—3）神并且应许说："耶和华你的神必与你同在。"（书1：9）当那

日，耶和华使约书亚在以色列众人眼前尊大，在约书亚平生的日子，百姓敬畏他，像从前敬畏摩西一样。(书1：16—17)

7) 以色列人过约但河时，正值水涨，河水漫到岸上。但约书亚遵照耶和华神的命令，让众祭司扛抬约柜到约但河，当抬约柜的祭司的脚一踏进约但河水，水即在远处停住，河中显现出陆地，直达对岸，此时以色列人踏干地过约但河，这是显明耶和华神为他的子民所行的神迹，当时约书亚命令各族各从河中取一块石头，立于吉甲，作为渡河的纪念。(书3：14—4：20)

8) 约书亚带领以色列民众过约但河后，就在吉甲安营。此时正是正月十四晚上，他们就在耶利哥平原守逾越节。(书5：10—12)

9) 在危机四伏的敌境中，神第二次显现，鼓励约书亚进行工作。(书5：13—15)

10) 攻取耶利哥城时，耶和华神晓谕约书亚说，"我已经把耶利哥和耶利哥的王，并大能的勇士，都交在你手中。你们的一切兵丁要围绕这城，一日围绕一次，六日都要这样行。七个祭司要拿七个羊角走在约柜前。到第七日你们要绕城七次，祭司也要吹角。他们吹的角声拖长，你们听见角声，众百姓要大声呼喊，城墙就必塌陷"。约书亚遵照耶和华神的晓谕而行，攻取了耶利哥城。当耶利哥塌陷后，百姓便上去进城，各人往前直上，将城夺取，又将城中所有的，不拘男女，老少，牛羊和驴都用刀杀尽。惟有妓女喇合一家得救，因她曾隐藏了以色列所打发的使者。(书6：1—25)

11) 那时约书亚的军队声威大震。以后，又攻克艾城，伯特利。

约书亚统率军兵，占领迦南的南部，攻取各城，并杀灭当地的异族人。此后即返回吉甲营中。（书 10：28—43）

12）约书亚攻取北部领土之前，又与北部诸王的联军作战。以色列人突然出击大获全胜，以色列人追击败军，攻占各地。这时约书亚年已老迈，不得不乘在世的时候，将约但河西之地分给各个支派。（书 11：1—书 21：45）

13）约书亚最后在示剑的大会中效法摩西临终的遗嘱，让以色列人回忆一生的历史与耶和华的应许，劝告他们应该忠心顺服他，而立石于耶和华圣所之旁的橡树下，以纪念耶和华神与民重订约章。约书亚享年 110 岁而死，葬于以法莲山地的亭拿西拉。（书 24：26—30）

2. 其他名叫约书亚的人，出现于下列经文中。

1）撒上 6：14　　2）亚 3：1　　3）王下 23：8

4）代上 24：11

约坦（**Jotham**）

圣经中同名叫约坦的有三个人。

1. 基甸的小儿子约坦。

1）基甸又叫耶路巴力。（士 6：32）当年基甸曾以 300 人打败米甸的 135000 人，从而使以色列人太平了 40 年。（士 7：1—8：28，参看本词典"基甸"条）基甸有 70 个儿子，他的妾给他生了个儿子名叫亚比米勒。（士 8：30—31）基甸死后，以色列人竟忘记了耶和华救他们的恩典，去敬拜许多假神。亚比米勒雇了些匪徒，杀死了基甸的 70 个儿子，他自己从此称王。（士 8：33—9：6）但是基甸的小儿子约坦却躲藏起来，

幸免于难。（士9：5）

2）人们立亚比米勒为王以后，约坦就去站在山顶上向众人大声
说了一个寓言。他说，从前森林里的树木要立一棵树为王，
它们对橄榄树说："请你作我们的王。"（橄榄树结出的橄榄，
是可以制出橄榄油来供奉神或供人使用的。）当时橄榄树拒绝
作王说："我岂肯止住供奉神和尊重人的油，飘摇在众树之上
呢？"森林里那些树木便对无花果树说："请你来作我们的
王。"无花果树说："我岂肯止住所结甜美的果子，飘摇在众
树之上呢？"众树木于是对葡萄树说："请你来作我们的王。"
葡萄树却回答说："我岂肯止住使神和人喜乐的新酒，飘摇在
众树之上呢？"最后众树木对荆棘说："请你来作我们的王。"
荆棘说："你们若诚诚实实地膏我为王，就要投在我的荫下。
不然愿火从荆棘里出来，烧灭黎巴嫩的香柏树。"约坦讲完这
个寓言，接着便对众人说，从前约坦的父亲基甸冒死为众人
争战，救了大家。现在这些蒙过基甸之恩的人们，反倒帮助
婢女所生的儿子亚比米勒，杀害基甸的70个儿子，甘心拥立
亚米比勒为王。约坦说，大家若是按诚实正直对待基甸〔即
耶路巴力）和他的全家，约坦将祝贺大家和亚米比勒彼此都
快乐；不然的话，但愿有火从亚比米勒那里发出来，烧灭拥
护他的人；也愿有火从拥护亚比米勒的人们那里出来，烧灭
亚比米勒。（士9：6—20）

3）约坦讲完上述含意深远的寓言之后，因为怕亚比米勒，就逃
跑了。（士9：21）

2. 犹大国第十一代的国王约坦。

1）约坦是乌西雅王的儿子，登基的时候年25岁，在耶路撒冷作

王 16 年。（王下 15：32—33）

2）约坦作耶和华眼中看为正的事，建立了圣殿的上门。（王下
15：34—35）

3）约坦又在犹大山地建造城邑，在树林中建造营寨与高楼。他
战胜了亚扪人，使亚扪人连年进贡。约坦在耶和华神面前行
正道，以致日渐强盛。（代下 27：3—6）

4）只是约坦不入圣殿，（代下 27：2）邱坛还没有废去，百姓仍
在邱坛那里献祭烧香。（王下 15：35）约坦死后，他的儿子亚
哈斯接续他作王。（王下 15：38）

3. 迦勒人雅代的儿子约坦。（代上 2：47）

约西亚 （Josiah）

圣经中同名叫约西亚的有两个人。

1. **犹大的第十六代国王约西亚。**

1）约西亚是亚们王的儿子，他继位登基时年方 8 岁，在耶路撒
冷作王 31 年。（王下 21：26—22：1）

2）约西亚作耶和华眼中看为正的事，效法他的先祖大卫王的榜
样，谨守耶和华的法度。（王下 22：2）

3）约西亚在位时，除掉邱坛、木偶和所有的假神偶像，拆毁了
巴力的祭坛，把偶像打碎成灰，撒在祭偶像的人的坟上。把
假神祭司的骸骨烧在坛上，洁净了犹大国和圣城耶路撒冷。
（代下 34：3—7；王下 23：15—16）

4）约西亚洁净圣地圣殿之后，又差人修理了耶和华的殿，宣读
耶和华的律法书，立约守节。（代下 34：8—35：19）

5）但约西亚晚年时，未能听从耶和华神的话，和埃及王争战，

以致受了重伤而死。约西亚死后，犹大人和耶路撒冷人都为他悲哀。耶利米为他作了哀歌，所有歌唱的人们也唱哀歌，追悼约西亚。（代下 35：20—25）

2. 西番雅的儿子约西亚。（亚 6：10）

约押（Joab）

圣经中同名叫约押的有三个人。

1. **大卫的元帅约押。**

1）约押是大卫的姐姐洗鲁雅的儿子，也就是大卫的外甥。约押、亚比筛、亚撒黑兄弟三人，都是大卫部下有名的战将。（代上 2：15—16；撒下 2：13—18）

2）扫罗死后，扫罗的元帅押尼珥拥立伊施波设为以色列王。大卫作犹大王。有一次，约押率领的大卫的兵丁和押尼珥率领的兵丁，双方先是比武打斗，跟着便激烈地争战起来。押尼珥和以色列兵丁败走。约押带着犹大兵士，直追到日落。（撒下 2：8—24）

3）后来，押尼珥和伊施波设不合，押尼珥来见大卫，希望能归顺大卫王。约押知道以后，他认为押尼珥是诈降而来，目的是探看大卫这一方面的情况。约押认为大卫不应放押尼珥回去，就派人去追押尼珥，把押尼珥带了回来。大卫却不知道这件事。约押把押尼珥骗到城门前，将押尼珥刺杀而死。约押的目的，乃是为了报押尼珥杀死其弟亚撒黑的仇。（撒下 3：6—27；参看本书"押尼珥"条）大卫对约押杀死押尼珥非常不满，大卫说，但愿杀害押尼珥的罪归到约押的头上。（撒下 3：29）大卫并且说，愿耶和华照着恶人所作的恶报应

约押。（撒下 3：39）

4）大卫作以色列和犹大的王以后，他便带领全体以色列人去攻打耶路撒冷城，耶路撒冷城那时叫耶布斯，当地的居民耶布斯人还住在那里。耶布斯人对大卫说，大卫决不能进入那个地方。然而大卫攻取了当地锡安山的堡垒，从此那里便叫大卫城。大卫说谁先攻打耶布斯人，必作首领元帅。约押领先上去攻打，他就作了元帅。大卫在四周建筑城墙，约押也修理了一部分城垣。（代上 11：1—8）

5）大卫曾差派约押统带全军和亚扪人与亚兰人作战，约押和他的兄弟亚比筛分兵打败了亚扪人和亚兰人。（代上 19：8—15）

6）后来约押率领军兵，围攻拉巴，占领了该城，使大卫夺得了亚扪王的金冠冕。（代上 20：1—2）

7）大卫与乌利亚的妻子拔示巴犯罪后，曾写信给约押。叫约押把乌利亚派到危险的阵地上让他被杀阵亡。约押照大卫的命令使乌利亚被杀后，大卫便娶了拔示巴为妻。对于大卫这一罪行，约押是非常清楚的。（撒下 11：2—27）

8）大卫的儿子押沙龙杀了自己的弟兄逃跑后，约押帮助押沙龙，使他蒙大卫准允又返回耶路撒冷。以后又为押沙龙向大卫求情，使押沙龙得以拜见大卫。（撒下 13：28—14：33）

9）后来押沙龙反叛大卫，约押仍是忠于大卫，亲领军兵击败押沙龙。但是约押却违背了大卫的命令，杀死了押沙龙，使大卫非常伤痛。（撒下 15：7—12；18：1—15；18：32—33）过后不久，大卫改任亚玛撒为元帅，代替了约押的官职。（撒下 19：13）

10）约押嫉妒亚玛撒。当示巴背叛大卫后，在约押等人追赶示巴时，亚玛撒来迎接约押。那时约押装作要与亚玛撒亲嘴说：

"我兄弟，你好啊。"却用右手抓住亚玛撒的胡子，左手用刀杀了亚玛撒。（撒下 20：1—10）

11）约押和亚比筛扫平叛乱后，又当了元帅。（撒下 20：23）

12）大卫在世时早已确定他的儿子所罗门继承王位。（代上 22：5—6；22：16）但在大卫年纪老迈时，他的另一个儿子亚多尼雅却妄自尊大，想夺取王位。（王上 1：5）那时约押竟顺从亚多尼雅而帮助他。（王上 1：7）

13）大卫临终之前，遗命给所罗门说，约押曾杀了以色列的两个元帅，叫所罗门惩办约押。（王上 2：1；5—6）所罗门即位作王之后，约押听到些风声，就逃到耶和华的帐幕，抓住祭坛的角，希望得到赦免，但是所罗门仍是差人去把约押处死了。（王上 2：28—34）

2. 工匠约押。（代上 4：14）

3. 某族始祖约押。（拉 2：6）

约雅斤（Jehoiachin）

1. 约雅斤是犹大国第十九代国王。他是约雅敬的儿子，登基时年 18 岁，在位仅三个月。（王下 24：8）

2. 约雅斤作耶和华眼中看为恶的事。那时巴比伦王尼布甲尼撒围攻耶路撒冷，约雅斤无力抵御，就率领群臣投降了尼布甲尼撒，因而被掳到巴比伦。同时被掳的，自王族人员到一般工匠共一万人。被掳去的这些人都是有地位有才能的人，同时圣殿和王宫里的宝物也被掠去。耶路撒冷只剩下了继位的国王西底家和一些极贫穷的人。（王下 24：9—17）

3. 约雅斤被掳后 37 年，巴比伦的新王忽然释放了约雅斤，并且对他说恩言，使他的地位高过与他一同在巴比伦的众王。约雅斤脱去了囚服，终身常在巴比伦王面前吃饭。巴比伦王赐给他所用的食物，天天赐他一分，终身都是这样。（王下 25：27—30）

约雅敬 （**Jehoiakim**）

1. 约雅敬是犹大国第十八代的国王。是犹大王约西亚的儿子，（王下 23：34），也是约哈斯的哥哥。（代下 36：4）约西亚死后，国民拥立约哈斯继位作了国王。（代下 36：1）从此来看人民是爱戴约哈斯的。但约哈斯作王仅三个月，埃及王便把约哈斯掳去，却使约雅敬作了国王。（代下 36：2—4）

2. 约雅敬登基的时候，年 25 岁，作王 11 年，作耶和华眼中看为恶的事。（代下 36：5）

3. 约雅敬作王以后，遵着埃及王的命令，向国民征收金银，按照各人的力量派定、索要钱财，以便送给埃及王。（王下 23：33—35）

4. 有关历史记述，约雅敬仿效埃及和东方各国邪教的离奇典礼，以致他的父亲约西亚所作的改革，不过仅存形式。当时的先知耶利米曾警诫劝告人们悔改（耶 26：1—7），但约雅敬并未悔悟，乌利亚曾照着耶利米的话说预言，约雅敬竟想把乌利亚治死，甚至当乌利亚逃到埃及后，约雅敬还派人到埃及去把乌利亚带回来，用刀杀死。（耶 26：20—23）

5. 先知耶利米又叫巴录把耶利米的预言写成了书卷，（耶 36：1—4）但是约雅敬却烧毁了这一书卷。（耶 36：27—28）

6. 后来巴比伦王来攻打约雅敬，约雅敬被掳，巴比伦人用铜链锁着他，把他带到了巴比伦。（代下 36：5—8）

约亚拿（Joanna）

约亚拿是希律宫廷官员苦撒的妻子，是一位热心的基督徒。她和其他几位女信徒，常常捐献财物，供给耶稣和门徒们的需用。（路8：3）耶稣受难后，约亚拿曾和几个女信徒，一同去看望耶稣的坟墓，一同听见了天使宣告耶稣复活的喜讯，一同向使徒去传报耶稣复活的消息。（路24：1—10）

附录一：犹太人被掳与回归期间的
重大事件

....

　　1. 以色列国是被亚述帝国灭亡的。当时"亚述王上来攻击以色列遍地，上到撒玛利亚，围困三年。何细亚第九年，亚述王攻取了撒玛利亚，将以色列人掳到亚述"。（王下 17：5—6）根据历史资料所记，亚述的京都是尼尼微。自公元前 885 年起，亚述拿西帕二世（Assur-nasipal Ⅱ）使亚述成为强大的帝国。到公元前 722 年，亚述王撒珥根二世（Sargon Ⅱ）开始攻取以色列的都城撒玛利亚，跟着便掳走了以色列人。当时亚述实行的政策，是尽量把所征服的人民从其本土上掳走，放逐到其他地方，以便消灭这些人的国家观念，进而消灭这些人的种族。但是以色列人这么小的一个民族，亡国两千多年，像球似地被人从世界各地抛来抛去，却竟未被消灭。

　　2. 犹大国是被巴比伦帝国灭亡的。根据历史资料所记，公元前 625 年巴比伦总督挣脱了亚述王的管辖，建立了独立的巴比伦帝国。以后并且打败了亚述，毁灭了它的京城尼尼微。公元前 606 年，尼布甲尼撒和他父亲同摄巴比伦的国政，成为当时的强国。巴比伦国的京城也叫巴比伦。他们前后数次掳去犹大人。当时巴比伦王尼布甲尼撒率领全军来攻击犹大的都城耶路撒冷，城被攻破，尼布甲尼撒剜了犹大国王西底家的眼睛，把他带到巴比伦去。以后尼布甲尼撒王派他的臣仆来到耶路撒冷，用火焚烧耶和华的圣殿和犹大王宫。又烧了耶路撒冷的房屋，拆毁耶路撒冷四围的城墙。把城里剩下的百姓都掳去了，只留下最穷的以色列人使他们耕种田地。（王下25：1—12）先知但以理、以西结都在被掳的人民之中。

3. 历史记述公元前 540 年前后，波斯帝国逐渐强大。公元前536 年，波斯王古列攻陷巴比伦城，巴比伦帝国逐亡于波斯。当年，即波斯王古列元年，古列下谕叫犹太人返回耶路撒冷。（拉1：1—4）犹太人自公元前 606 年被掳，到公元前 536 年回国。应验了先知耶利米所说的预言："这些国民要服事巴比伦王 70 年。70 年满了以后"，神"必刑罚巴比伦王"。（耶25：11—12）

4. 所罗巴伯在耶稣降生（公元）前 536 年，即古列元年，率领约 50000 名以色列人回耶路撒冷重建圣殿。（拉1：1—2：65；3：8）

5. 哈该于公元前 520—505 年作先知。（该1：1）

6. 撒迦利亚在公元前 520—488 年作先知。（亚1：1）

7. 犹大女子以斯帖在公元前 478 年被立为波斯王亚哈随鲁一世的王后。她与末底改和犹大众人同心祷告后，冒死去见亚哈随鲁王，使犹大人免于灭族之灾。（以斯帖记全卷）

8. 以斯拉在公元前 457 年，即波斯王亚达薛西一世年间回国，向耶和华认罪献祭。（拉7：1—13；8：35—10：4）

9. 尼希米在耶稣降生前 444 年，即亚达薛西王 20 年，回国重修耶路撒冷圣城。（尼1：1—2：8）

10. 玛拉基于耶稣降生前 439—400 年作先知。（玛1：1）他预言说神要差遣使者在前面预备道路，并向以色列人说："你们所寻求的主，必忽然进入他的殿。立约的使者，就是你们所仰慕的快要来到。"（玛 3：1）在玛拉基的预言 400 年之后，耶稣基督降生于伯利恒城。（太 1：18—25）

附录二：圣经中古以色列人的历法与节气

....

月份顺序	名　称	节　日	相当于现今阳历月份
正月（出 12：2）	尼散月（尼 2：1）[起初叫"亚笔月"（申 16：1）]	14 日：逾越节（出 12：6—11）15—21 日：无酵节（利 23：6—8；出 12：18；民 28：16—25）	3 月
			4 月
二月	以珥月[起初叫"西弗月"（王上 6：1）]		5 月
三月	西弯月（斯 8：9）	6 日：五旬节（利 23：15—16）又名七七节（民 28：26）收割节（出 23：16）收藏节（出 23：16）	6 月
四月	搭模斯月（结 8：14）		7 月
五月	埃波月		
六月	以禄月（尼 6：15）		8 月

（续表）

月份顺序	名　称	节　　日	相当于现今阳历月份
七月	提斯利月 ［新年］ ［起初叫"以他念月"（王上8：2）］	1 日：新年 　　　吹角节（利23：23—25） 10 日：赎罪日（利16：29—30）	9 月
		15—21 日：住棚节（利23：34，民29：12—38） 21 日：最大之日（约7：37） 22 日：严肃会（利23：36）	10 月
八月	马西班月 ［起初叫"布勒月"（王上6：38）］		11 月
九月	基斯流月（尼1：1）	25 日：修殿节（约10：22）	12 月
十月	提别月（斯2：16）		1 月
十一月	细罢特月（亚1：7）		2 月
十二月	亚达月（拉6：15）	13—14 日：普珥节（斯9：26—28）	3 月
	闰亚达月（每年共354日，所以每19年增加闰亚达月或闰亚笔月共七次）		

附录三：圣经中（古以色列人）的时间与现代时间对照表

....

中文圣经所译的时间	约相当于现代的时间
1. 日出	上午 6 时
2. 巳初	上午 9 时
3. 午正	中午 12 时
4. 未时	下午 1 时
5. 申初	下午 3 时
6. 申正	下午 4 时
7. 酉初	下午 5 时
8. 日落	下午 6 时
9. 亥初	夜晚 9 时
10. 一更末 二更初	夜晚 10 时
11. 半夜	夜晚 12 时
12. 二更末 三更初	凌晨 2 时
13. 第一次鸡叫	凌晨 3 时
14. 第二次鸡叫	凌晨 4 时半

附录四：圣经中的度量衡换算表

....

（一）长度

1. 古代长度换算

(1) 1 竿 = 6 肘

(2) 1 肘 = 2 虎口

(3) 1 虎口 = 3 掌

(4) 1 掌 = 4 指（或 4 趾）

2. 折合现今的公制长度

(1) 1 竿约合 2.67 米

(2) 1 肘约合 44.5 厘米

(3) 1 虎口约合 22.25 厘米

(4) 1 掌约合 7.4 厘米

(5) 1 指（或 1 趾）约合 1.85 厘米

（二）重量（有时也表示钱币）

1. 古代重量换算

(1) 1 重他连得 = 2 他连得

(2) 1 他连得 = 60 弥那

(3) 1 弥那 = 50 舍客勒

（4）1 舍客勒 = 2 比加

（5）1 比加 = 10 季拉

2. 折合现今的公制重量

（1）1 重他连得约合 60 公斤

（2）1 他连得约合 30 公斤

（3）1 弥那约合 500 克

（4）1 舍克勒约合 10 克

（5）1 比加约合 5 克

（6）1 季拉约合 0.5 克

（三）**液体容量**

1. 古代液体容量换算

（1）1 贺梅珥 = 10 罢特

（2）1 罢特 = 6 欣

（3）1 欣 = 3 卡夫

（4）1 卡夫 = 4 罗革

2. 折合现今的公制容量

（1）1 贺梅珥约合 220 公升

（2）1 罢特约合 22 公升

（3）1 欣约合 3.6 公升

（4）1 卡约合 1.2 公升

（5）1 罗革约合 0.3 公升

（四）**固体容量**

1. 古代固体容量换算

（1）1 贺梅珥 = 2 贺梅珥半

（2）1 贺梅珥半 = 5 伊法

（3）1 伊法 = 3 细亚

（4）1 细亚 = 6 卡夫 = 3 俄梅珥

（5）1 俄梅珥 = 2 卡夫

（6）1 卡夫 = 4 罗革

2. 折合现今的公制容量

（1）1 贺梅珥约合 220 公升

（2）1 贺梅珥半约合 110 公升

（3）1 伊法约合 22 公升

（4）1 细亚约合 7.3 公升

（5）1 俄梅珥约合 2.4 公升

（6）1 卡夫约合 1.2 公升

（7）1 罗革约合 0.3 公升

图书在版编目（CIP）数据

圣经人名词典／白云晓编著
—北京：中央编译出版社，2015.6
ISBN 978-7-5117-2227-0

Ⅰ.①圣… Ⅱ.①白… Ⅲ.①《圣经》-人名录 Ⅳ.①B971-61

中国版本图书馆 CIP 数据核字（2014）第 146395 号

圣经人名词典

出 版 人：刘明清
出版统筹：贾宇琰
责任编辑：贾宇琰　王　琳
责任印制：尹　珺
出版发行：中央编译出版社
地　　址：北京西城区车公庄大街乙5号鸿儒大厦B座（100044）
电　　话：（010）52612345（总编室）　（010）52612375（编辑室）
　　　　　（010）52612316（发行部）　（010）52612317（网络销售）
　　　　　（010）52612346（馆配部）　（010）55626985（读者服务部）
传　　真：（010）66515838
经　　销：全国新华书店
印　　刷：北京紫瑞利印刷有限公司
开　　本：880 毫米×1230 毫米　1/32
字　　数：359 千字
印　　张：14
版　　次：2015 年 6 月第 2 版第 1 次印刷
定　　价：49.00 元

网　　址：www.cctphome.com　　邮　箱：cctp@cctphome.com
新浪微博：@中央编译出版社　微　信：中央编译出版社（ID: cctphome）
淘宝店铺：中央编译出版社直销店（http://shop108367160.taobao.com）
　　　　　（010）52612349

本社常年法律顾问：北京市吴栾赵阎律师事务所律师　闫军　梁勤
凡有印装质量问题，本社负责调换，电话：（010）55626985